《千字文》注析

王剑 著

周口历史文化典籍丛书

河南人民出版社
·郑州·

图书在版编目(CIP)数据

《千字文》注析 / 王剑著. — 郑州：河南人民出版社，2022.12
(周口历史文化典籍丛书)
ISBN 978-7-215-13223-8

Ⅰ. ①千… Ⅱ. ①王… Ⅲ. ①古汉语-启蒙读物 Ⅳ. ①H194.1

中国版本图书馆 CIP 数据核字(2022)第 243496 号

河南人民出版社 出版发行

（地址：郑州市郑东新区祥盛街 27 号 邮政编码：450016 电话：65788055）
新华书店经销　　　　　　　河南灏博印刷有限公司印刷
开本　710 毫米×1000 毫米　　1/16　　印张　13.5
　　　　　字数　206 千字
2022 年 12 月第 1 版　　　　2022 年 12 月第 1 次印刷

定价：49.00 元

总　序

诚　明　不　易

——读书和思考很重要

　　有文化,对于一个人或一个地方来讲,都是件很荣耀的事。

　　但对任何事物的评判,是要有标准的,除了感情因素、动机因素,还要有客观现象或现实作为依据。

　　评判一个人是否有文化,需要把握三个核心要素:

　　思考问题的深刻性、系统性,即能力标准;做人做事的原则性,即道德标准;处世的格局与方式,即表现形式。

　　评判一个地方是否有文化,是这三条个体标准的群体化,千年相沿,影响带动,形成民风。

　　也可以量化对比一些现象,比如历史文化资源中某地域科举考试进士数量,比如时代文化气息中某地域人均线下图书购书量和借阅量。这一个历史数字和一个现实数字,以今天的地市级行政区划来比较,如果都没能进入全国的前100位,就要在崇文重教方面加压奋进了。

　　也可以观察考量一些群体社会表现,比如对于名利的态度和追求方式,比如人际交流中能否自然而准确地表达。如果在名利面前都可以弹性处理道义和手段,如果平常说话要么是词不达意要么是轻浮卖弄,就要在民风淳正方面强化引领了。

　　还可以客观分析这个地方对于历史文化资源传承弘扬的着眼点和着力

点,即以什么理念和什么方式来做。

不去研究老子、孔子的思想和生平,而只专注于附会渲染他们出生时天有异象;不去探讨孔庙、太昊陵的历史沿革、礼制内涵、建筑格局,而是津津乐道于怎么跳龙门、怎么摸子孙窑生儿子;不去领悟楚辞、理学的文化意蕴,而去无谓地争夺屈子投江、程门立雪的发生地;不准确把握历史名人资源的界定标准,而一味自作多情地生拉硬拽、认亲攀附;不深入全面地研读文化典籍,而是听说了几个名词术语就敢写文章谈观点,误认为能溜滑板就能开飞机;不科学地研判文化资源价值,明确地域文化定位,而是敢把梦话当学术宣言,动辄自称"宇宙元点";输了赛道之后,不是反省自己体质、技能或装备上的不足,而是到处喧嚷"我祖上会飞"。

这种现象不是个别的,不是一时的,是大面积长期存在。

为什么要这样?就是因为这样做成本低,不需要下苦功夫,不需要钙铁硒、精气神、勤奋和天赋的支撑,只需要在村头听听老奶奶是怎么哄孙子的,在酒桌上借鉴些别人的豪言壮语,再掺些自己常用的聪明,就可以跳出来鸣锣起舞了。

这样做的直接后果,是把科学的变虚幻了,把真实的变模糊了,把厚重的变轻薄了,把人格塑造变成生活调味了。一场弘扬历史文化的恢弘大剧,变成了戏谑小品。

把这些现象都观察分析一番,再来衡量一个地方是否有文化,是否有健康正确的文化观,相信有些自我文化定位很高的地方,也会有一定程度的失落。

一个地域内,文化的阶段性、类别性缺失,是由多种原因造成的,就像一个人的体质不佳,有的是先天不足,有的是大病之后元气没能恢复,有的是长期不良习惯致使免疫力弱,等等。这本身不可怕,辨症施治就行了。要注意的是,不能误把病态作强健,再以不健康的方式试图去勉力维护这虚幻的强健。

失落之余,不是沉沦颓废,不是自欺自诩,而是要冷静下来,分清楚病态与健康,查明白遗传或病理,以对时代负责的态度,对子孙负责的态度,努力去弥补缺失。

前人留下的东西，我们要科学地传承好；前人留得少的东西，在我们手中变多；前人没有留下的东西，我们努力给子孙创造。

要促进文化的发展与繁荣，不能靠空谈，是需要付出的。要下笨功夫，去研究，去实践，持续发力引导，以一代人甚至几代人的付出，不断优化一个地方的文化基因。

最基本的方式，是读书与思考，有质量的读书与思考。

读书的目的，不完全是获取知识，不单单是做些学问。读书的最根本目的，是让人有思想、有灵魂，有至诚之德和洞明之智，是要塑造健全人格。

所以，要多读有用之书，想明白做人做事的道理，外化于言行。一人如此，千万人如此，当下这样，世世代代这样，努力实现我们这个时代新的文化灿烂。

周口，有着悠久的历史，有着丰富的文化资源，是中华道德文明起源传承的核心区。相传伏羲氏在这里演八卦，探索自然规律，追求天人合一，开启人类文明大道之源；老子在这里研道悟道，辨明道德关系，引领尊道贵德，道德理念厚植于这方土地。

同是在这块土地上，先贤留下了无数典籍，是民族文化的瑰宝。我们从中选择9个方面的内容，邀请若干学界有影响、学术有专长、地域有关联的学者，共同编纂"周口历史文化典籍丛书"，在继承前人思想文化的同时，形成我们这个时代自己的文化成就，为大家提供阅读，引发大家思考，为"道德名城　魅力周口"文化标识增添亮度。

以后，我们还会不断努力。希望有更多人参与支持。

编　者

2022 年 10 月 11 日

前　言

《千字文》原名《次韵王羲之书千字》，是用1000个不重复的汉字编写的韵文，编撰者是南朝梁代的周兴嗣。这本书既是古代流传最广、使用时间最长、影响最大的启蒙识字教材，又是学习书法的范本，在中国文化史上有独特的地位。

关于周兴嗣，《梁书》和《南史》上都有他的传记。周兴嗣是南朝梁代的著名文臣。史书记载："周兴嗣，字思纂，陈郡项人也。世居姑孰，博学善属文。"他的祖籍是"陈郡项（地）"。"陈"就是陈州，治所在今河南省周口市淮阳区，南北朝时为陈郡。"项"，古县名，春秋时为项国，秦置项县，治所在今河南省周口市沈丘县槐店镇一带。南北朝时，项县在今沈丘，隶属陈郡。到明朝时，项县迁移到今项城市秣陵镇，称"项城"，而将原项县东部划归沈丘县，沈丘县城由临泉西迁至乳香台，即今沈丘县老城镇。也就是说，秦汉至南北朝时的项县，在今沈丘县区域。所以南北朝时的"陈郡项人"周兴嗣，祖籍应为今沈丘。

周兴嗣是西汉经学家、太子太傅周堪的后代。其高祖周凝，晋时曾任征西府参军、宜都太守。周兴嗣祖籍在今沈丘，但在晋代"永嘉南渡"时全家迁到了江南姑孰（今安徽省当涂县）。周兴嗣13岁时，只身到齐的京师建康（今南京）游学10余载。在此期间，他博览群书，通晓古今，常与江南名士唱和，以其文采飞扬、才学超凡而名重一时。传说周兴嗣游学时，曾在一家旅店住宿，夜里听见有人对他说："你才学盖世，不久就会结识到尊贵的大臣，最后被圣明的君主重用。"可是一直到声音消失，他也没能听出说话的人在哪儿。著名文学家谢朓任吴兴太守时，经常与周兴嗣谈论文史，并极力向朝廷推荐周兴嗣的才学。后来萧衍代齐建梁，周兴嗣上奏《休平赋》，文章非常优美，受到萧衍重视，被任为安成王国侍郎，成为皇帝身边的文学侍从。萧衍就是南朝梁代的开国皇帝梁武帝，他博通文史，善音律，精书法，是一位文学艺术修养极高的皇帝，后人认为"历观古帝王艺能博学，罕或有焉"。梁武帝将南京城内自己的旧居，改建为光宅寺，命周兴嗣与另一个文臣各写一篇碑文。碑文完成后，梁武帝只采用了周兴嗣的作品。自此以后，《铜表铭》《栅塘碣》《北伐檄》《次韵王羲之书千字》等文章，梁武帝都命周兴嗣完成。周兴嗣每成一篇，都会受到梁武帝的称赞和赏赐。此后，周兴嗣任员外散骑侍郎，协助编撰国史，又升任给事中，主要职责是为皇室撰写文稿。梁武帝普通二年（521年），周兴嗣病故。周兴嗣作为皇家御笔，撰有《皇帝实录》《皇德记》《起居注》《职仪》等专著百余卷、文集十卷，其流传最广、影响最大的则是《千字文》。

　　关于《千字文》的成书过程，唐宋时的文献讲了一个颇为传奇的故事。唐代李绰在《尚书故实》中说："《千字文》，梁周兴嗣编次，而有王右军书者，人皆不晓。其始，乃梁武帝教诸王书，令殷铁石于大王书中拓一千字不重者，每字片纸，杂碎无序。武帝召兴嗣，谓曰：'卿有才思，为我韵之。'兴嗣一夕编缀进上，鬓发皆白，而赏赐甚厚。右军孙智永禅师自临八百本，散与人间，江南诸寺各留一本。"这件事在唐宋多有记载，如《刘公嘉话录》《太平广记》等书，其内容与《尚书故实》基本相同。

　　这个故事提供了五点信息：第一，《千字文》是周兴嗣奉梁武帝之命编写的，后来流传版本大多有"敕员外散骑侍郎周兴嗣次韵"的题注，"敕"就是皇帝诏令。第二，《千字文》1000字的来源是梁武帝命人拓写的晋代书法家王羲之的字，王羲之官至右军将军，人称"王右军"，与其子王献之合称"二王"，故称"大王"。梁武帝萧衍最为欣赏王羲之的书法，他在《古今书人优劣评》中评价说："王羲之书字势雄逸，如龙跳天门，虎卧凤阙，故历代宝之，永以为训。"第三，所拓王羲之的1000字，每字片纸，字字孤立，杂碎无序，不好记忆，梁武帝召令周兴嗣："卿有才思，为我韵之。"周兴嗣奉命将这1000个杂乱无序的零散汉字编排成为一篇意义完整、结构严密、文采斐然、音韵和谐的四言韵文。所谓"次韵"，在这里是按照韵律编排成文的意思。

第四，梁武帝命周兴嗣将王羲之千字编缀成文，目的是"教诸王书"，即是教他的皇子们识字、写字。也就是说，《千字文》自从诞生时起，就是启蒙识字教材和书法范本。第五，王羲之的七世孙智永禅师临写了八百本散发各寺庙，对《千字文》的流传起到了巨大作用。

至于故事中所讲周兴嗣只用了一夜编缀而成，鬓发皆白，则有些演义和夸张了。更为夸张的，是唐代李冗的《独异志》所记："周兴嗣为梁散骑常侍，聪明多才思。武帝出千言无章句，令嗣次之，因成千字文。归而两目俱丧，及死，开视之，心如掬燥泥。"为了《千字文》，周兴嗣做到了鞠躬尽瘁：鬓发白了，眼睛瞎了，心也碎了。这一方面是说周兴嗣才思过人，另一方面也表明先集字后成文，在一千个固定的汉字的限制之下，遣词用字不得自由选择，实在是极其困难的事情，即使是周兴嗣这样的才子，也为之呕心沥血、心力交瘁。

但是，关于《千字文》的作者，历史上有一些争论。有一种说法是，与周兴嗣同时代的另一个文人萧子范编写了《千字文》。《梁书》卷三十五《萧子范传》载，梁武帝的异母弟萧伟命萧子范制《千字文》，"其辞甚美"。不过，《旧唐书·经籍志》著录有"《千字文》一卷，萧子范撰；又一卷，周兴嗣撰"，则可知萧子范所撰《千字文》与周兴嗣所撰不是同一本。明代顾炎武《日知录》说："《千字文》元有二本。"只是萧子范所撰没有流传下来，我们今天所见的《千字文》乃周兴嗣所编撰。

另有一部宋代编的法帖《淳化阁帖》，第一帖是所谓汉章帝用章草书体书写的《千字文》残帖。它的第一句与周兴嗣《千字文》的第四句"辰宿列张"相同，因此此帖被称为《辰宿帖》，其他残留下来的句子，与周兴嗣《千字文》相同，只是字数较少，只有84个字。《淳化阁帖》是存世法帖之祖，现在还有印本传世，今故宫博物院收藏有《宋拓淳化阁帖》。汉章帝比周兴嗣早约500年，如果这个帖真是汉章帝所写，那么周兴嗣次韵《千字文》一说就必须推翻了。但据考证，宋明时期就已有人指出，所谓汉章帝残帖是集古章草字体而成的残篇《千字文》，因传说章草乃汉章帝所创，故标为汉章帝书。至于何人何时所集，一般认为是唐代人，产生于周兴嗣之后。

还有一个至今争论不休的说法是，《千字文》早有作者，先是三国时魏国太尉、书法家钟繇写过《千字文》,后来王羲之也写过,最后经周兴嗣重新编定。《宋史·李至传》载,宋太宗曾说:"《千字文》乃梁武得破碑钟繇书,命周兴嗣次韵而成。"说周兴嗣所编次的是钟繇的字,与《梁书》等史书所载集王羲之的字不同。《太平御览》(文部卷十七)的记载是:"《梁书》曰:武帝取钟、王真迹,授周兴嗣,令选不重复者千字,韵而文之。"这种说法被清代赵翼在《陔余丛考》(卷二十二)中否定,认为是"宋人传记之误"。因为《梁书》《南史》成书较早,所记梁代的事,比后来的《宋史》等书更可靠。但是在存世的书法墨迹中,确有一本被认为是王羲之所书的《千字文》,被乾隆帝收为《三希堂法帖》第三篇,我们今天还能看到。这个帖的前面,标有"魏太尉钟繇千字文右军将军王羲之奉敕书"。而且内容与周兴嗣《千字文》不太一样,开头是"二仪日月,云露严霜;夫贞妇洁,君圣臣良"。全文共970字,多不成句,但许多用词与周兴嗣《千字文》相同,结尾也是"谓语助者,焉哉乎也"。钟繇、王羲之比周兴嗣早300多年,所以有人据此认为,周兴嗣就是根据王羲之的这个粗糙的《千字文》,进行重新加工"次韵"编排的。不过,据考证,这本"王羲之书钟繇千字文"的墨迹,每一个字都是勾描摹写,不是一笔写成的,而且其中用字不避王羲之家讳,所以作者可疑。其实乾隆帝在收录此帖时就已作跋说:"此卷托名钟王,故掇易其辞句,以别于周兴嗣,盖好事者为之。"

此外,还有一部现存于日本的抄写本《上野本注千字文注解》,内有署名为"赵人李暹序注"的序文。这个注本在日本还有一个版本《篆图附音增广古注千字文》,序文署名为"梁大夫司马李暹",可知这个《千字文注》的注解者为李暹。李暹又写为李逞,此人不见于史书记载,但法国国立图书馆所藏的敦煌本中著录有"《千字文》钟繇撰、李逞注、周兴嗣次韵",可知确有其人。根据他的序文所述考证,这个李逞是北朝时人,曾做过北朝东魏的秘书郎中,年代稍晚于周兴嗣。《上野本注千字文注解》序文中较为详细地叙述了《千字文》的产生过程:"《千字文》者,魏太尉钟繇之所作也。……逮永嘉,失据迁移丹杨,然川途重阻,江山迴险,兼为石氏逼逐,驱驰不安,复经暑雨,所载典籍,因兹靡烂,《千字文》几将湮没。晋中宗元皇帝恐其绝灭,遂敕右军琅琊之人王羲之缮写其文,用为教本。但文势不次,音韵不属,及其将导,颇以为难。至梁武帝受命员外散骑侍郎周兴嗣,令推其理致,为之次韵也。"这个故事讲得相当完整而复杂:原有钟繇作《千字文》,晋末永嘉之乱,石勒追逼,载书南迁,途中遇雨,几至靡烂,《千字文》亦在其中。晋中宗元皇帝司马睿(《纂图附音增广古注千字文》记的是"晋末宋元皇帝"即刘宋文帝刘义隆)恐其绝灭,于是命王羲之重为编缀缮写。但是文理、音韵不顺,至梁武帝乃命周兴嗣重为次韵。这个序言把所谓"钟繇作、王羲之写、周兴嗣次韵"三个人物环节编成了一个圆满周到的传奇故事。但据研究,《上野本注千字文注解》为1287年抄写。日本的研究者指出这个序言矛盾、错误较多,可能是后来传抄时所妄加的;劫掠敦煌文书的法国人伯希和在《千字文考》一文也论证其不可靠。不过,还有一种说法:据日本典籍《古事记》载,早在285年日本应神天皇时期,就有一名来自朝鲜百济的学者王仁,曾向日本天皇献书,所献汉籍有《论语》10卷、《千字文》1卷。这是中国书籍传入日本的最早记录。王仁献书的年代相当于中国西晋时代,早于周兴嗣200多年,如果属实,所献《千字文》应是钟繇所作。但《古事记》成书于712年,是一部史实与传说相混杂的著作,所载王仁献《千字文》之事,亦有学者认为可疑。

关于《千字文》的编者,虽有过争论,但多认为是周兴嗣,几成定论。其实纵然《千字文》确为所谓"钟繇作、王羲之书",也决不可否认周兴嗣的编定之功,因为史书上说得很明白,周兴嗣是在王羲之所书的一千个字的基础上所作的重新"次韵"。

《千字文》从其诞生起,就有两个属性,一是书法范本,二是识字教材。这也是它得以经久不衰、流传至今的根本原因。《千字文》自面世,便成为历代书法家的竞技场。南朝陈末隋初,禅师智永,本名王法极,是"书圣"王羲之的七世孙,他继承家学,也是一位书法家。智永为满足时人需求,临摹了800本《千字文》赠友,江南各寺院均保留一份。智永临摹,既保存了王羲之的书法艺术,又使《千字文》得到了广泛传播,对《千字文》的流传居功至伟。即使现在,智永《真草千字文》依然是书法学习的经典字帖。此后,因为《千字文》是一千个不重复的字组成,最能体现书法家的笔力,所以举凡书法史上有成就的书法家,都曾在《千字文》上一显身手,智永禅师以下,欧阳询、褚遂良、颜真卿、柳公权、怀素、宋徽宗、米芾、赵孟頫、文徵明等，都有《千字文》书法作品传世。

《千字文》作为蒙学识字教材，其价值和影响更大。我国蒙学教材的编写有悠久的历史。最早的是周代的《史籀篇》，《汉书·艺文志》载："《史籀篇》者，周时史官教学童书也。"秦代的蒙学教材有李斯《仓颉》、赵高《爱历》、胡毋敬《博学》，"文字多取《史籀篇》"，并称"三仓"。到了汉代，又有司马相如作《凡将篇》和史游作《急就篇》等。从汉中叶到南北朝时期，《急就篇》最为盛行。《急就篇》共用字2144个(其中最后128字为东汉人所补)，内容包括姓氏名字、饮食服饰、动植物、器物、官职、法律、地理等，形式上是三言、四言和七言韵语。隋唐时期，随着社会的发展，《急就篇》的一些内容已显陈旧，"自唐以下，其学渐微"。《急就篇》的地位被《千字文》取代。

《千字文》既继承了《史籀篇》《急就篇》等蒙学教材的成功经验，如以教识字为主、结合识字进行知识和思想教育，形式上整齐押韵、便于诵读记忆等优点，同时，又在内容和形式上有所创新和发展。

其一，《千字文》使用1000个不重复的汉字，这些汉字都是生活中最为常用的字，收字精练通用，特别适合教育蒙童识字应用。我们今天对照现代汉语简化字来看，《千字文》中有7个字出现了两次，但这7个字在繁体字中是两种写法，或者是两个不同的字，并不重复。如"发"——周發殷汤、盖此身髮；"巨"——剑号巨阙、钜野洞庭；"昆"——玉出崑冈、昆池碣石；"戚"——感谢欢招、亲戚故旧；"云"——雲腾致雨、禅主云亭；"洁"——女慕贞潔、纨扇圆絜；"并"——百郡秦并、並皆佳妙。对照1988年发布的《现代汉语常用字表》(3500字)和《现代汉语通用字》(7000字)，《千字文》用字的89%在如今还属于现代汉语常用字，98.9%还属于现代汉语通用字，除"清"外均见于《新华字典》。《千字文》诞生1500年了，但这些字仍然属于汉语的核心用字。

其二，《千字文》内容丰富，涵盖了天文、地理、历史、自然、社会、伦理、生活等多方面的知识，包罗万象，可以称得上是一部生动的小百科全书。而且《千字文》运用了大量典故，引用了大量典籍，旁征博引、博古通今，几乎句句引经、字字用典。编者将这些经典中的名诗名句、历史上的人物故事巧妙地融入文中,做到了自然天成、水乳交融。我们可以想象,将如此丰富的内容融汇在有限的千字之中,建构成一个完整的体系,何其之难!但《千字文》整篇思想连贯,脉络清晰,结构完整,行文自然。周兴嗣以其超凡的语言功力、娴熟的声律技巧、渊博的知识储备,将互不关联而散乱无序的既定文字,如此巧妙地编织成一篇文采绚丽、内容博雅的锦绣篇章,戴着镣铐的舞蹈,竟然如此出神入化,实在是古今独步!清代小说家褚人获盛赞《千字文》,"局于有限之字而能条理贯穿,毫无舛错,如舞霓裳于寸木,抽长绪于乱丝"。无怪乎有人称《千字文》为"绝妙文章"。

其三,《千字文》又可称为"蒙训长诗",形式上沿用了《诗经》的四言诗体,简洁明快,庄重典雅,符合汉文化中"以四言为正""以偶为佳"的审美要求,最大限度地展示了汉字的功能,把汉语简洁明了、优美雅致的特性发挥到了极致。全文四字一句,两句一韵,声律和谐,朗朗上口,便于阅读记诵。古人讲究"诗教",教化儿童的课本多用韵文,目的在于提供一种语感教学法,通过有节奏的朗读背诵,在低吟浅唱中识记文字,培养语感,感知汉语的魅力,涵泳做人的道理。旧有打油诗云:"学童三五并排坐,天地玄黄喊一年。"生动地描绘了乡村私塾中孩子们诵读《千字文》的情景。

其四,用韵是诗化的重要特征,但《千字文》的诗性不只表现在用韵成文和文采华丽、辞藻丰厚上,还表现在对宇宙人生的情感体悟和诗性表达上。开篇"天地玄黄,宇宙洪荒",起笔就显示出诗人观察和把握世界的方法,通篇从天地开辟、历史演进、季节变换、万物生长,叙及文明发生、自然与社会的运动,寥寥数语,以纵横交错的线索勾勒了气势恢宏的历史画卷,使人置身于万事万物的运动之中,感受到宏阔的气势和厚重的历史感。文中触及生活,偶涉哲理,不忘劝诫,甚至还有对自然景物生机盎然、富于情感的描绘,表达敏锐细腻的人生感受,极具诗性美感。行文中表露出的俯瞰宇宙、纵观自然、把握历史人生的深邃眼光,叩问人生、探索心灵、洞穿人性本质的哲学思考,充分显示出编写者的诗人气质。

其五,也是最为重要的一点:《千字文》作为蒙学教本,在内容上体现了中国传统文化的基本精神。在启蒙教育阶段,对学童进行识字、学书、习文教学的同时,辅之以道德修养的教化,是中国古代蒙学教育的传统。作为梁武帝文学侍臣的博学鸿儒周兴嗣,特别注重传统文化的传承和教育。《千字文》通篇灌输着儒家伦理道德、政治历史观念和人生价值追求;那些忠君孝亲、仁爱亲友、贵贱尊卑、忠孝节义、礼仪规范等内容,扣住了儒家伦理思想的核心部分;"爱育黎首,臣伏戎羌。遐迩壹体,率宾归王"等,表现的是汉代以来儒家大一统的历史观念和政治理想;"景行维贤,克念作圣。德建名立,形端表正",讲的是儒家修身立德、培养君子人格的道理。而且教育内容细致入微,具体到了言谈举止、着装、饮食等细节。如对待自己,要"知过必改,得能莫忘";对待他人,要"罔谈彼短,靡恃己长";与人谈话时,要"容止若思,言辞安定";庙堂行礼时,要"束带矜庄,徘徊瞻眺";饮食时,要"具膳餐饭,适口充肠"。正因为如此,《千字文》被后人视为解读中华文化的钥匙,通向历史和传统的达道,隐现中华文明基因的图谱,称得上是一部"中国文明简史"。

顾炎武在回顾蒙学教材发展史时指出:"盖小学之书,自古有之。李斯以下,号为'三仓',而《急就篇》最行于世。自南北朝以前,初学之童子,无不习之。而《千字文》则起于齐梁之世。今所传'天地玄黄'者,为梁武帝命其臣周兴嗣取王羲之之遗字次韵成之。不独以文传,而又以其巧传。后之读者苦'三仓'之难,而便《千文》之易,于是至今为小学家恒用之书。"《千字文》在中国古代的童蒙读物中,是一篇承上启下的作品。隋唐以来,各朝各代都把《千字文》作为启蒙读物,久传不衰。宋明直至清末,启蒙读物层出不穷,特别是《百家姓》《三字经》风行于世,可是没有影响《千字文》作为启蒙读本的继续传播。《千字文》与《三字经》《百家姓》一起,构成了我国最基础的"三、百、千"启蒙读物。

《千字文》是国学经典之一,是中华优秀传统文化的组成部分。作为一部思想性、艺术性近乎完美结合的作品,《千字文》问世以来,传承文化,培育根基,蒙以教正,在中国文化史、教育史上发挥了巨大作用。我们今天读来,仍然具有重要的借鉴意义。

目录
CONTENTS

1 第一章 开天辟地

第一节　天文气象 / 1

第二节　地产名物 / 20

第三节　上古圣王 / 30

第四节　天下太平 / 43

50 第二章 人生修养

第一节　修身律己 / 50

第二节　建德立名 / 60

第三节　忠孝美德 / 68

第四节　为政事业 / 73

第五节　亲友相处 / 79

第六节　高雅操守 / 90

98 第三章 国家政治

第一节　都城宫殿 / 98

第二节　文武百官 / 110

第三节　辅政名相 / 115

第四节　国事良将 / 127

第五节　神州圣迹 / 138

第四章
社会生活
149

第一节　治家立身 / 149

第二节　归隐田园 / 158

第三节　日常生活 / 164

第四节　居家礼仪 / 169

第五节　纷杂事物 / 177

第六节　名人奇技 / 179

第七节　岁月感怀 / 183

第八节　举止风仪 / 185

第九节　结束全文 / 187

189 | 附录一

《千字文》全文 / 189

191 | 附录二

智永《真草千字文》(部分) / 191

199 | 后记

第一章　开天辟地

　　《千字文》使用1000个不重复的汉字,编写成一篇"绝妙文章"。其内容涉及天文、地理、历史、社会、政治、人生、伦理等各个方面,涵盖广泛,包罗万象,又构成一个相对严密完整的篇章结构。《千字文》原文并没有划分章节,为讲析方便,清代汪啸尹纂辑、孙谦益参注的《千字文释义》将其分为四章。本书参照此方法将《千字文》划分为四章二十四节,各章节的标题根据内容而拟定。

　　开篇第一章从天地开辟讲起,人生天地之间,天和地是我们认识世界的开端。此章的主旨是讲天地人之道,分为四节。第一节讲天文气象,从天地宇宙说起,天有日月星辰、云雨霜露、四季阴阳,以言天道之大。第二节讲地产名物,地生金玉珠宝、山川草木、鸟兽虫鱼,以言地道之广。第三节和第四节讲古皇圣君,三皇五帝,开创文明,奠定基业;圣君爱民,垂治天下,江山一统,天下太平,以言人事之盛。

第一节　天文气象

　　第一节讲天文气象,说的是天道之大。从天地宇宙开始,讲日月星辰、季节变化、历法阴阳、云雨露霜。

天[①]地[②]玄[③]黄[④],宇宙[⑤]洪荒[⑥]。

【注释】

①天:"天"的甲骨文字形 ![字形], 像正面站着的"人"形,用方框突出了人的头部。义同"颠"(头顶)。"天"字本义是人的头顶,又表示人的头顶上方、日月星辰所在的无边苍穹。引申出天空、太空等义,与"地"字相对。"天",是中国古典哲学中的重要概念。在中国哲学上,"天"有多种含义,归纳起来至少有三种:一是自然之天,有自然界义,如中国哲学中的"天人合一"观念中的"天"就是指"自然界";二是主宰之天,有人格神义,如中国哲学中的"天命"观念和"天人感应"理论,就是以天为最高的神灵、万物的主宰,即所谓"皇天上帝";三是义理之天,有超越性、道德性之义,如宋明理学的"天理"观念,程颢认为"天者,理也",类似于西方哲学中的"绝对精神"。

②地:东汉许慎《说文解字》(全书简称《说文》):"元气初分,轻清阳为天,重浊阴为地。万物所陈列也。"本义为大地,与"天"相对。《周易·象传》:"天行健,君子以自强不息;地势坤,君子以厚德载物。"万物陈列于地,土地承载万物而博厚广大。

③玄:赤黑色,引申为幽昧深远的意思。《说文》:"玄,幽远也。黑而有赤色者为玄。象幽而入覆之也。""玄"的小篆字形 ![字形],是"入"覆盖"丝",字义取自染丝,"黑而有赤色"为玄色。黑赤色不是单纯色,色调幽暗,显得模糊、隐晦,所以引申为"幽远",幽深旷远,不可知,不可测。《老子》第一章言"道":"玄之又玄,众妙之门。"苏辙《老子解》:"凡远而无所至极者,其色必玄,故老子常以玄寄极也。"吴澄《道德真经注》:"玄者,幽昧不可测知之意。""天地玄黄",此句指天色为玄,天道亦为玄,幽远沉静,遥不可知。《淮南子·主术》:"天道玄默,无容无则。"幽远难见,沉静深奥。

④黄:《说文》:"黄,地之色也。"古代以木、火、金、水、土"五行"与东、南、西、北、中"五方"相配,又与青、赤、白、黑、黄"五色"相配,形成了"五方色"的对应关系:东方属木,其色为青;南方属火,其色为赤;西方属金,其色为白;北方属水,其色为黑;中央属土,其色为黄。《左传·昭公十二年》:

"黄,中之色也。"《论衡·验符》:"黄为土色,位在中央。"中华文明的中心是黄河冲击而形成的中原地区,土色为黄,故黄为中央之色。古代又以"五方""五色"配"五帝",《礼记·月令》称:"中央土,其帝黄帝。"黄帝与赤、白、青、黑四帝并立而为中央之帝,因为位居中央,所以黄帝最为尊贵,黄色也是最为尊贵的颜色。

⑤宇宙:所有的空间、时间、物质及其所产生的一切事物的统称。哲学上又叫"世界",是"时间无尽永前、空间无界永在、质量无限永有"的存在。在中国古代,"宇"和"宙"都是指人们居住的房屋的部件。"宇"本义是指屋檐,《说文》:"宇,屋边也。"释文:"屋四垂为宇。"后来"宇"所指代的空间范围越来越大,先是指整个房屋,如《楚辞·招魂》"高堂邃宇"。而《墨子·经上》"宇,东西家南北",这里的宇则是指以"家"为中心扩展到东西南北的广大范围。贾谊《过秦论》"振长策而御宇内",唐骆宾王《帝京篇》诗"声名冠寰宇,文物象昭回",这里"宇内"和"寰宇"中的"宇"则指国家或天下。所以"宇"可指无限的空间。"宙"的本义是房屋中的"栋梁",甲骨文的"宙"字,是一座房屋里面加一个"由"字,表示房屋靠一根上细下粗的梁顶着。"宙"又可指舟和车上的大梁,舟和车都是交通工具,不停地从此至彼、由彼至此而循环往复,如同时间的无始无终,于是再引申为古往今来、无限的时间。《说文》段玉裁注(以下简称"段注"):"由今溯古,复由古沿今,此正如舟车自此至彼、复自彼至此,皆如循环然。"所以"宙"引申为无限时间的总称。"宇"指代空间,"宙"指代时间,是以具象表抽象,用房屋最大空间的屋檐之"宇"来表示空间的无边无际,用循环不息的舟车或贯彻房屋的栋梁之"宙"表示时间的无始无终。《尸子》:"上下四方曰宇,往古来今曰宙。"《文子·自然》:"往古来今谓之宙,四方上下谓之宇。"这里的"宇"已不是指某一个具体的方位、处所,而是指所有的空间;这里的"宙"表示没有开始没有终末的无限时间;"宇宙"已经无限大,是指空间无限阔大和时间无限延长的总和。

⑥洪荒:"洪",指大水,又泛指大;"荒",是指田地生草,无人耕种。《说文》:"荒,芜也。从草巟声。一曰草淹地也。"远古洪水泛滥,大水过后,百

草丛生,覆盖四野,田地荒芜。"洪荒"一词,有二义:一是指混沌、蒙昧的状态,借指远古时代。南朝徐陵《在北齐与杨仆射书》:"凡自洪荒,终乎幽厉。"宋杨万里《汉文帝有圣贤之风论》:"洪荒之世,人与禽之未别。"二是指荒漠的旷野。明许承钦《风行至南阳湖》诗:"绕岸平山趋断陇,连空野水入洪荒。"

【讲析】

　　天空黑色,幽深高远;大地黄色,博厚广大。宇宙无边无际,无始无终;世界开辟之时,万物混沌,苍茫辽阔。

　　开篇句,起笔宏阔,境界高远。"天地玄黄",语出《周易·文言》:"夫玄黄者,天地之杂也,天玄而地黄。"

　　《千字文》虽然只有1000个字,篇幅不长,但作为启蒙教材,编者不仅教人识字,还要引导人认识宇宙自然和社会人生,传授其思想文化观念,所以在结构体例的安排上,有意建立一个丰富完整的系统。开宗明义地从我们在日常生活中仰观俯察的天地宇宙讲起,既是全文的开端,也是全文的纲领。天地是万物之始,从天地万物再到人、人生,再到国家与社会,脉络清楚,次第井然,体系完整。

　　"天地玄黄,宇宙洪荒。"这是我国古人对天地之始和世界本源的哲学追问,是对空间观念的探询和对生命意识的无限感叹。"往古来今谓之宙,四方上下谓之宇。""宇"如房屋或盒子,是我们日常所见的物理空间。但我国古人认为,我们生活在其中的"宇宙",是一个四维空间,在长、宽、高三维的"宇"之外,还有"往古来今"的"宙",即时间一维。这反映了我国古人的时空宇宙观念。在欧洲,直到20世纪初爱因斯坦提出相对论,才把空间和时间科学地统一起来。但在中国古代,远在先秦时期,就已经把空间和时间联系起来了。在三维物理空间中加上时间一维,就有了哲学意识和人生意味。因为历史和人生的直接表现就是时间,人的生命的长短是用时间来衡量的,子在川上曰:"逝者如斯夫!"这是对生命流逝的感叹!

　　天地幽远,宇宙辽阔。人生在其中,如蓬如芥,极其渺小。世界永恒,人生短暂,"人生天地间,忽如远行客"。人不能突破时间和空间的局限而获得生命的永恒,这是人生最大的悲哀。"生年不满百,常怀千岁忧。"天地辽阔而个人渺小,宇宙永恒而人生短暂,在这强烈的对比之下,总让人有一种对历史的沧桑之感和对人生的悲凉之叹。一如唐代陈子昂《登幽州台歌》中所发出的千古浩叹:"前不见古人,后不见来者。念天地之悠悠,独怆然而涕下。"

日月盈①昃②,辰③宿④列张⑤。

【注释】

①盈:《说文》:"盈,满器也。"指器皿中的物多则满。又引申为丰满、饱满、圆满。这里指月圆。

②昃:音 zè,指太阳西斜。《说文》:"日在西方时,侧也。"段注:"日在西方则景侧也。"过了中午,太阳西落,则日影倾斜。

③辰:《说文》:"辰,震也。三月阳气动,雷电振,民农时也,物皆生。辰,房星,天时也。"本义是蛰虫在惊蛰时苏醒后蠢蠢欲动的样子,引申为震动。到了每年农历三月,阳气动,雷电振,雨水多,蛰虫苏醒,万物皆生,正是春耕时节,农民开始耕种。所以"農"("农"的繁体字)与"耨"皆与"辰"有关。农耕社会,天象、星象主要为农时服务,因而用"辰"表示时间和星名,如"时辰""星辰"。"辰"是地支的第五位,与天干相配用以纪年,如丙辰年即农历1976年;用以纪月即农历三月;用以纪时,即上午七至九时,也就是早晨。古人以辰计时,所以辰引申为时间,如"良辰吉日""时辰""诞辰"等。辰又指星名,指房星。《说文》段注:"房星辰正,为农事所瞻仰,故曰天时。引申之,凡时皆曰辰。"房星在立春日早晨出现在正南,一轮农事开始。可见房星作为"辰",是人们观测农时的重要参照点。后来连二十八宿和日、月、星均可以叫"辰"了。日、月、星并称"三辰",《左传·桓公二年》"三辰旂旗,昭其明也";北极星也可称为"北辰",《论语·为政》:"为政以德,譬如北辰,居其所而众星共之",外延明显扩大。一个"辰"字,便把农事、星象和时间三者联系在一起,透露出中国古代天文学和时间观的丰富文化内涵。

④宿：多音多义字。此字始见于商代甲骨文，其古字形像人在屋子里，躺在席子上睡觉。本义就是夜晚睡觉，音 sù。引申为人居住、住宿的地方，如宿舍。又引申为量词，指一夜，音 xiǔ。又指天上的星辰，音 xiù。"宿"有止的意思，星宿就是天上不同星座所处的位置。《释名》："宿也，言星各止住其所也。"《论衡·祀义》："天有列宿，地有宅舍。"徐灏《注笺》："因之日月五星所舍谓之二十八宿，亦曰舍。"中国古代天文学家把天上某些星的集合体叫作"宿"："星宿"，二十八宿。单颗的称"星"，两颗以上的一团星、一组星，就称为"宿"。

⑤列张：排列、张开。

【讲析】

太阳东升西落，月亮圆缺变化；星辰排列有序，分布在浩瀚天空。

这句讲天文，承接开头，天地开辟，则有日月星辰。

"日月盈昃"，语出《周易·丰卦》："日中则昃，月盈则食，天地盈虚，与时消息，而况于人乎！"这里"日月盈昃"是并提，意思是"日昃、月盈"，同时在"昃"中隐含着"升"，在"盈"中隐含着"缺"，所以完整的意思是："太阳有升有落，月亮有圆有缺。"

"辰宿列张"，语出《淮南子·泰族》："天设日月，列星辰，调阴阳，张四时。"日月星辰、各星宿在天空中张开排列，调节阴阳，确定四季和节气。

天文学是最早的科学。在人类的童年时代，先民们仰望天际星空，面对无边无际的未知世界，投注着探询的目光。他们看到日月经天、斗转星移，联想到寒来暑往、花开花落的自然变化，体悟到天地自然神秘的力量，驰骋着瑰丽的想象，在对神秘天穹的想象和崇拜中建立起一个精神世界，并按照对天地自然的认识和理解安排生产生活。

我国是世界上最早进入农耕时代的国家之一。农业生产要求有准确的农时季节。古人在观测天象时发现，天象的变化决定着季节气候的变化，季节气候的变化决定着农业生产的安排，于是"观象授时"，通过观测天象而确定农时。我国古代天文知识非常丰富，应用也十分广泛。现代考古发现，河南濮阳西水坡距今6000多年的仰韶文化时期古墓中，就已经有用蚌壳摆放的龙虎"四象"和北斗图形，显示当时的天文历法知识已达到相当高度。文献记载，尧舜时代已设置掌管天文历法的官职，《尚书·尧典》："乃命羲和，钦若昊天，历象日月星辰，敬授民时。"殷商时期的甲骨文记载，商人已能够准确地记录日食、月食和星象，将一年分为12个月。《尚书》《诗经》《春秋》《左传》《国语》《尔雅》等书有许多关于星宿和天象的记录，《史记》有《天官书》，《汉书》有《天文志》，可以说远在汉代以前我国的天文学就已经很发达了。古人仰观天象，根据天象安排农事，生活随着自然季节周期的轮转而变换，对于他们来说，天上的星辰并不遥远，而是其农耕劳作的依据，是其生活的一部分。明末清初的学者顾炎武在《日知录》中说："三代以上，人人皆知天文：七月流火，农夫之辞也；三星在户，妇人之语也；月离于毕，戍卒之作也；龙尾伏辰，儿童之谣也。"

古人先观察日月，"日月盈昃"，日出日落一昼夜，是一天；月亮盈亏一周期，是一个月。天穹中有金、木、水、火、土五大行星在绕天运行，这五星加上日、月，称为"七政"或"七曜"。古人观测日月和五星的运行是以恒星为背景的，这是因为这些星体相互间的位置永恒不变。古人将这些恒星星体分为二十八星宿，这二十八星宿就相当于将天空划分了二十八个区域，然后又将这二十八宿以东南西北四个方位划分为四组，每组七宿。根据每组星宿分布的形状，古人用四个神灵称呼它们：

东方青龙七宿：角亢氐房心尾箕。

南方朱雀七宿：井鬼柳星张翼轸。

西方白虎七宿：奎娄胃昴毕觜参。

北方玄武七宿：斗牛女虚危室壁。

古人把每一方的七宿联系起来，分别想象成青龙、朱雀、白虎、玄武（龟蛇）四种动物的形象，称为"四象"。以东方青龙为例，从角宿到箕宿可以看成一条龙，角像龙角，氐房像龙身，尾宿即龙尾，共同构成一条舒展于东方的巨龙，龙头向南，龙尾向北。南方朱雀从井宿到轸宿可以看成一只鸟，柳为鸟嘴,星为鸟颈,张为嗉,翼为翅膀。这和外国古代把某些星座想象成大熊、狮子、天蝎等动物的形象很相似。

　　古人观察一年四季星空的变化,并根据四象和二十八星宿中每象每宿的出没和到达位置的时刻来判定季节,安排历法和农耕。二十八宿起于东方青龙,东方青龙七宿共由30颗恒星组成,青龙七宿的起点是龙角二星。《说文》上说:"龙,春分而登天,秋分而潜渊。"每年初春的黄昏,隐没不见的东方龙星,开始将它的双角露出东方地平线,"二月二,龙抬头",这是春的消息,蛰伏的百虫开始苏醒,春雷开始震响,春天到了,该耕田了。

　　生活在黄河流域的古人观察北方的天空,认为北极星是恒稳不动的。距北极星不远,有北斗七星。北斗七星的形象,像一个古代舀酒的斗。古人很重视北斗星,因为可以利用它来辨别方向,定季节。北极不动北斗动,北斗七星围绕着北极星,在不同的季节和夜晚不同的时间出现于天空不同的方位,古人根据北斗斗柄所指的方向来决定季节:斗柄指东,天下皆春;斗柄指南,天下皆夏;斗柄指西,天下皆秋;斗柄指北,天下皆冬。瑰丽的北斗,天生一支颀长美丽的斗柄,恰似一支以北极星为轴心的巨大指针,规律而永恒地转动,周期性极为明显。这不正是日历和钟表发明之前,上天提供给人们的理想的无字日历和天体钟摆吗?我国远古根据黄昏时北斗星斗柄的指向确定季节和月份的标准,称为"斗建"(亦称"月建")。《史记·历书》集解:"随斗杓所指建十二月。"几千年来,中国的斗建纪历法恒久不废,阴阳合历延续至今,其端点即开始于古人从"辰宿列张"和天体运行中受到的启示。

　　先民们生活在一个自然世界中,头顶蓝天,脚踏大地,日出而作,日落而息,一切都是自自然然、实实在在。然而,反映在他们的思想观念中,这世界却远非如此简单。先民们感悟到,是上天在冥冥之中安排和主宰着他们的生活,这其中必定有一种神秘的力量,于是就有了对"天"的崇拜。中国古代并没有西方宗教意义上的"上帝",中国人认为"天"就是主宰一切的上帝。中国古人从莽莽苍天、盈盈河汉星空中悟出了许多规律和原则,这些从天文中得到的体悟,使他们兴奋。他们认为这是上帝神明在天象中蕴藏的神秘奥义,是上天用来启示人类的原则和道理。《周易·系辞上》:"天垂象,见吉凶,圣人象之;河出图,洛出书,圣人则之。"天道与人道相通,天人合一,天人感应,天理蕴含在上天垂示的"象"中,圣贤明君通过对天象的"仰观俯察",总结出人世必须遵奉的各种原则和道理,用以指导社会、政治和人生。《易传》:"观乎天文,以察时变;观乎人文,以化成天下。"上天是仁慈的,有意志的,天象中出现吉凶征兆和启示,圣人按照上天启示的原则和道理安排处理人生、社会和政治的各种问题,就可以使天下太平。

"天人合一"是中国人自古以来就有的思维方式,认为天地宇宙与人生社会是全息同构的。古人在对巍巍苍穹神秘力量的直观体悟和崇拜中,产生了中国文化的原始宗教观念和稳定的文化原型。"日月盈昃,辰宿列张",镶嵌在湛蓝天幕上的日月星辰,组合成一个天穹模式——以北极星为中心,以三垣、四象、二十八宿为主干的天象体系。中国古人将这个天象体系作为最高的理想境界和精神家园所在,虔诚地用它来指导自己民族国家的社会政治生活和文化实践,由此产生了一整套哲学观念、政治原则、国家体制、民风民俗、文化现象,形成了独具民族风格的文化特色。

北斗的运转,好像总是围绕着一个点。这个点就是北极。在肉眼看来,浩瀚苍茫的天穹中,北极位处天之中心,恒定不动,而北斗偕同满天的星辰,按部就班,围绕它做规律的运动,好像一群藩臣紧紧拱卫着天上的主子。在中国古代先民的眼中,众星拱卫的北极和天穹中排列有序的星宿,显现了一种理想的等级分明的秩序,于是先民自觉地把人事政治、国家体制与天象模式相比附。孔子说:"为政以德,譬如北辰,居其所而众星共之。"(《论语·为政》)董仲舒说:"为人君者,其法取象于天。"(《春秋繁露·天地之行》)董仲舒按照他的"天人感应"学说,在《春秋繁露》中提出了一个"官制象天"的理论体系,以天象体系为原型,君君臣臣,尊卑有序,各司其职,形成了一种理想化的政治结构,提供了中央神圣、四方来效、等级有差的道德和秩序的范式,奠定了儒家学说成为中国封建社会统治思想的基础,建成了为时既久的大一统的国家体制。在民众生活中,这一原型文化模式又投射到家族家庭结构中,产生了"家国同构"的文化特征。中国的家庭以父系家长为核心,乃是遵循国家的构架而来的——家庭是国家的缩影,国家是家庭的扩大,二者同出于对天国那个理想秩序的认同。家庭结构以血缘为纽带,一家之长与诸多子女、亲属的关系,结构上也如同一个群星拱北极的格局,形式上与以等级、伦常为纽带维系君臣关系的国家结构如出一辙。

从这个意义上说,中国古代的天文学,不仅仅是一种科学,它实际上是一种政治统治术,是一种政治天文学。整个中国的思想、政治、文化基因,它的源头是中国古代天文学!

寒①来暑②往,秋收冬藏。

【注释】

①寒:《说文》:"寒,冻也。从人在宀下,以茻荐覆之,下有仌。"在甲骨文和小篆中,"寒"字都是一个人在房屋受冻的形象:一个人在屋子里,盖着草(茻),下边有冰(仌)。寒比冷更冷。《尚书·洪范》:"曰燠曰寒。"孔颖达疏:"寒是冷之极。"

②暑:《说文》:"暑,热也。从日者声。"本义为炎热。夏季日在正午最热,所以从字形上看,从日从者。也可以看成"日、土、日",夏天的土地上下都是热的,上下两个太阳在烘烤。但"暑"与"热"又不同,暑是湿热,如同蒸煮;热是干热,如同烘烤。《释名》:"暑,煮也。热如煮物也。"朱骏声《通训定声》:"暑近湿如蒸,热近燥如烘。"

【讲析】

寒冷的冬天到来,炎热的夏季过去;秋天收获粮食,冬天把粮食储藏。这两句的字面意思很好理解。寒来暑往,说的是气候的变化,寒冷到来则炎热就会离去,炎热到来则寒冷离去,交替变化;秋收冬藏,说的是四季的推移,农作物春季出生,夏季成长,秋季收获,冬季贮藏。

在修辞上,这句分别用了互文和隐含的方法。"寒来暑往"是互文,可以理解为"寒来暑往",也可以说成"寒往暑来"。"秋收冬藏"是隐含,一年有四季,这里说了"秋"和"冬",隐含着"春"和"夏"。

"寒来暑往",语出《周易·系辞》:"寒来则暑往,暑往则寒来,寒暑相推而岁成焉。""秋收冬藏",语出《史记·太史公自序》:"春生夏长,秋收冬藏,此天道之大经也。"

上句讲天象,这句讲季节。季节是根据天象和气候确定的。春夏秋冬,一年四季。季节更迭的原因是地球在围绕太阳公转时,地轴(地球自转轴,是一根通过地球南北两极和地球中心的假想线)与公转轨道平面不垂直,永远保持一个交角。也就是说,地球总是斜着身子在绕着太阳旋转。这样,地球有时是北半球倾向太阳,有时又是南半球倾向太阳,因而太阳光直射地球的位置会随时间而发生南北的移动。当太阳直射点接近赤道时,两个半球的日照情况相当;当太阳直射点北移时,北半球逐渐变暖,而南半球逐渐变冷;反之亦然。太阳直射点移动到南北回归线(南纬、北纬 23°26′的两条纬度圈)时,自然回归,如此周而复始地循环移动。地球围绕太阳公转一周,恰好是寒来暑往的一年四季。

中国大陆大部特别是中原地区,位于北回归线以北,所以四季分明。"寒来暑往","寒"是冬,"暑"是夏,四季之中冬寒夏暖,气温变化最明显,春季和秋季则为过渡季节。这里虽然只说了冬与夏,其实春秋两季也包含在内了。但值得注意的是,在中国古代,常以"春秋"指代一年。王力先生在《中国古代文化常识》一书中指出,在商代和西周前期,一年只分为春秋二时,所以后来称"春秋"就意味着一年。春天是播种的季节,秋天是收获的季节。古代历史学家认为历史是由一系列事件组成的,而每个事件的起因相当于春播,事件的结果相当于秋收,所以中国古代学者把历史叫作"春秋"。鲁国史官把当时各国的重大事件按年、季、月、日记录下来,简括起来就把这部编年史名为《春秋》。《春秋》是儒家极为重视的一部史书,据传是孔子编定,所以被奉为"经"。《春秋》经文的开篇第一句是:"隐公元年春正月。"《春秋公羊传》的解释说:"元年者何?君之始年也。春者何?岁之始也。"《春秋谷梁传》的解释说:"虽无事,必举正,谨始也。"这一年本来没有什么要记的大事,但也必须注明这是鲁隐公元年的春天正月,因为要郑重地对待第一年的开始。《春秋》之后历史学家们把历史书都称为"春秋",如《晏子春秋》《吕氏春秋》等。"春秋"还用来表示一年四季,因为中国古代先民极其重视春、秋两季的祭祀,由此"春秋"衍生出更多的语言含义,常常用来表示年、四季、光阴、年龄等。有时我们问人的年龄:"您春秋几何?"

一年四季气候不同,影响和决定着农业生产生活。对农业影响最大的是种子、土壤和气候。古代农业"靠天吃饭",因而农民对时令和气候十分关注。在长期的农业实践中,中国古人又把一年四季划分为二十四节气。一年四季,春夏秋冬各三个月,每月分两个节,每季也各有六节。二十四节气分别为:立春、雨水、惊蛰、春分、清明、谷雨、立夏、小满、芒种、夏至、小暑、大暑、立秋、处暑、白露、秋分、寒露、霜降、立冬、小雪、大雪、冬至、小寒、大寒。

　　二十四节气中每一个节气都有一定的含义。例如,雨水:雨季开始,降雨量开始增加。惊蛰:气候回暖,天气晴朗,万物复苏。谷雨:降水增加,对谷类农作物的生长有帮助。农业生产具有强烈的季节性,必须因时制宜,不违农时,否则必然会导致减产,甚至颗粒无收。农谚有云:"人误地一时,地误人一年。"几千年来,中国农民正是按照二十四节气安排着农业生产和日常生活。正如农谚所说:"一月有两节,一节十五天。(一月)立春天气暖,雨水粪送完。(二月)惊蛰快耙地,春分犁不闲。(三月)清明多栽树,谷雨要种田。(四月)立夏点瓜豆,小满不种棉。(五月)芒种收新麦,夏至快种田。(六月)小暑不算热,大暑是伏天。(七月)立秋种白菜,处暑摘新棉。(八月)白露要打枣,秋分种麦田。(九月)寒露收割罢,霜降把地翻。(十月)立冬起菜完,小雪犁耙开。(十一月)大雪天已冷,冬至换长天。(十二月)小寒快积肥,大寒过新年。"二十四节气是上古农耕文明的产物,它是上古先民顺应农时,通过观察天体运行,认知一年中时令、气候、物候等变化规律所形成的知识体系,是我国宝贵的农业科学遗产,被誉为"中国的第五大发明",被联合国教科文组织列入人类非物质文化遗产代表作名录。

　　二十四节气蕴含着悠久的文化内涵和历史积淀,是中华文化的重要组成部分。从二十四节气中不仅能看到中国人的时间观念,又能感悟到"天人合一"的生命节律。古人很早就注意到顺时而为、顺势而行的重要性。宇宙是一个循环体,人的生命也是一个循环体。古人认为,人的生命中早已注入与二十四节气变迁一样的节律。人与自然是统一的整体,人体的气血运行和脏腑活动都与二十四节气同步相连,只有顺应四时,根据节气变化合理安排饮食起居,才能以自然之道养自然之身。

　　季节和节气,是对于时间的规定和表现,也是人对于时间的感受。二十四节气是大自然母亲说给我们的语言。它讲的是天,说的是地,记录的是自然。而今,现代人已经渐渐远离了传统农业社会,生活在钢筋水泥构建的都市中,工作在四季恒温的空调房间里,对季节和节气的"寒来暑往,秋收冬藏"已不甚关心。但无论人类创造的都市文明多么发达,人始终是在大自然的怀抱中繁衍生息。而且,大自然是按照自身的节奏在循环变化。人类只有应天地之运,顺四时之气,尊重自然时间,把握生命节律,关注节气时令,体验民俗活动,才能生活得更愉快、更幸福。

德国诗人荷尔德林有句名言:"生命充满了劳绩,但还要诗意地栖居在这土地上。"寒来暑往,春生夏长,秋收冬藏,一年四季,周而复始,这是大自然赋予我们的生命节律,让我们用心感受这世界,"诗意地栖居",创造并享受生活的美好吧!

闰余①成岁②,律吕③调阳④。

【注释】

①闰余:农历一年和一回归年相比所多余的时日,这里指闰月。《汉书音义》:"以岁之余为闰,故曰闰余。"

②岁:在古代指木星。古人认识到木星约十二年运行一周天,其轨道与黄道相近,因将周天分为十二等分,称十二星次(星空区域)。古人根据木星在哪个星次来纪年,所以岁有"年""年龄"的含义。《说文》:"岁,木星也。越历二十八宿,宣遍阴阳,十二月一次。从步,戌声。《律历书》名五星为五步。"年、岁、祀、载四字都表示"一年"的意思。"岁"本指岁星,它十二年行一周天,称十二次,岁星每行一次为一岁。"年"本指谷物成熟,所以谷物成熟一次为一年。"祀"是"祭祀"的意思,对祖先四时祭祀,祭祀一遍为一祀。"载"是"始"的意思,万物更新重新开始为一载。它们所经过的时间都是现代人所说的一年。

③律吕:乐律的合称。我国古代用十二个长度不同的律管,吹出十二个高度不同的标准音,称作十二律。十二律从低到高依次排列,奇数各律为阳律,叫"六律";偶数各律为阴律,叫"六吕",合称"律吕"。古人将十二律与

《千字文》注析

十二个月相对应,认为可用律吕调阴阳,使时序不相紊乱。有的《千字文》版本为"律召阴阳",大概是因为在书法作品中草书的"召"和"吕"很容易相混。唐代智永禅师所写的《千字文》墨迹,确为"召"。初唐欧阳询行书、李阳冰篆书所写的《千字文》也是"召"。现在所能见到的最早写为"律吕"的是怀素的草书《千字文》,所以大概从晚唐时起,改"律召"为"律吕"了。"召"是"引"的意思。

④阳:这里代指"阴阳"。《说文》:"阳,从阜,昜声。"阜是高山,所以阳的字义与山有关,本义为山南水北朝向日光的地方,或高处阳光照得到的地方;后引申为日光、光亮的、明显的等意思。"阴"则与"阳"相反,其本义为山的北面,水的南面,阳光照不到的地方。"阴阳"是古代中国哲学概念。古代朴素的唯物主义思想家把矛盾运动中的万事万物概括为"阴""阳"两个对立的范畴,并以双方变化的原理来说明物质世界的运动变化。

【讲析】

积累数年的闰余并成一个闰月,来调节年岁的差异;用乐律中的六律六吕与十二月相配合,来调节时序的阴阳。

这两句讲历法。我国历法形成得很早。上古时期的先民很早就能够"观象授时"。《尚书·尧典》:"乃命羲和,钦若昊天,历象日月星辰,敬授民时。"远古时代,中国历法用的是一年366天。《尚书·尧典》说:"期三百有六旬有六日,以闰月定四时,成岁。"这个366的天数,是根据太阳的回归年这一运动(即寒暑变化)来认识的。竺可桢在《我国古代天文学上的伟大贡献》中指出"三百又六旬又六日,就是阳历年"。所谓太阳回归年,是指地球环绕太阳公转一周。在地处北半球的中国,经历春夏秋冬四季,实际周期为365.2422天。《尚书·尧典》中的一年366天要比太阳回归年的天数多出0.7578天。这多出的天数就是"闰余"。《汉书音义》:"以岁之余为闰,故曰闰余。"闰余的天数要通过"闰月"来安排调节,从而制定一年的历法,即"闰余成岁"。

大概到了殷商时代,我国开始实行阴阳历。不仅要看太阳,还要看月亮。这种历法是把"回归年"和"朔望月"的长度,作为制历的基本准则。所谓"朔望月",就是月亮圆缺的一个周期。回归年的长度是365.2422日,朔望月的长度是29.5306日。这两个数不能通约,如果规定十二个朔望月构成一个农历年,则农历年的长度就是29.5306×12=354.3672日,比回归年的长度少11天左右;如果规定十三个朔望月构成一个农历年,那么29.5306×13=383.8978日,比回归年多18天多。显而易见,按照这两种规定制定历法,都会出现天时与历法不合、时序错乱的现象。以规定农历年为十二个朔望月为例,某年春节在大雪纷飞的冬天,过了这个农历年之后的第二个春节,就要比前一个春节在季节上提前11天。依此类推,经过16个农历年之后,春节就会提前到赤日炎炎的盛夏了。长此以往,春节可能列在一年的任何季节里。如此,历法也就失去其作用了,农业生产不能以时安排,政治也会随之紊乱。

如何用闰月来调节和确定一年的天数呢?月亮的变化周期是29.5306天,但不能用这一带有小数的时间计月,于是就人为地规定大月30日,小月29日。全年12个月,6×30=180,6×29=174;180+174=354,比回归年约少10日。三年少30日,差不多就是一个月,这一差数必须补足,季节才不会提前。因此每三年设一闰,五年再闰,十九年中七闰。《谷梁传·文公六年》:"闰月者,附月之余日也,积分而成于月者也。"平年十二个月,到闰余的天数够一个月的时候,加上闰月,闰年就十三个月。

《左传·文公六年》:"闰以正时,时以作事,事以厚生,生民之道,于是乎在矣。"置闰是确定岁的基本工作,"闰余成岁","以闰正时",关乎农业生产,关乎百姓生活,甚至也关乎国家政治的运行,所以古人十分重视。这一点我们从"闰"字的字形也可以看出来。

关于"闰"字的结构,《说文·王部》是这样说解的:"闰,余分之月,五岁再闰。告朔之礼,天子居宗庙,闰月居门中。从王在门中。《周礼》曰:闰月王居门中,终月也。""闰"字构形为什么是"从王在门中"呢?依据《说文》的解释,这与古代的"告朔"礼有关。周代礼制,天子在每年的冬季要把下一年的历书颁发给诸侯,称为"告朔"。《周礼·春官·大史》:"颁告朔于邦国。"郑玄注云:"天子颁朔于诸侯,诸侯藏之祖庙,至朔朝于庙,告而受行之。郑司农云:以十二月朔,布告天下诸侯。"告朔礼是先秦时期非常重要的一种礼,它的顺利施行,能使全国政令、时令统一,保证农业生产的顺利进行。天子在每年的冬季把下一年的历书颁发给诸侯,而诸侯则从天子处接受一年十二个月的朔政,归藏于祖庙。来年每月朔日(初一)到祖庙祭祀,将天子所颁之朔政告于祖宗神灵,然后杀特羊(一只羊)以享于太庙,接着出国门颁布这个月的政令。按照周代制度,天子居明堂,明堂有十二室,天子每月居一室听政,闰月时无所居,则要合上明堂左边那扇门,只打开右边那扇门,天子在门中行听朔之礼。天子闰月居门中,《周礼·大史》:"闰月,诏王居门终月。"郑司农:"《月令》十二月分在青阳、明堂、总章、玄堂左右之位。惟闰月无所居,居于门,故于文,王在门中谓之闰。"所以,"闰"是个会意字,王在门中。

　　颁布历法的告朔之礼如此郑重其事,可见历法是国之大事,是国之政治。成语故事"告朔饩羊",出自《论语·八佾》。说是鲁国自文公起行告朔之礼时不亲到祖庙告祭,只杀一只羊应付一下,敷衍了事。孔子的弟子子贡见告朔之礼已废,连羊也不想杀了,"欲去告朔之饩羊",孔子对此非常生气,说:"赐也,尔爱其羊,我爱其礼。"孔夫子坚守传统制度,对这个颁布历法的告朔之礼十分重视,不容敷衍。

　　通过这样"闰余成岁"制定出来的阴阳合历的历法,古人还恐有差错,于是"律吕调阳",再用律管和吕管分辨声音高低,对照月份,以调和阴阳,力保月季相符。

　　至于如何"律吕调阳"?这也是一个十分神秘玄妙的故事。这里也有一个典故"律管吹灰"。据《吕氏春秋·古乐》上说,黄帝时有一个名叫伶伦的乐官发明了"律吕"。传说伶伦来到昆仑山的北面,取来那里的竹子,把长得均匀的竹管截下来,长九寸,径三分,用它吹出来的声音,称为黄钟律。再以此基础,依次制作了十二根长度不等的竹管,吹出来的声音各不相同。把这些竹管带到昆仑山下,听凤凰的鸣叫,把叫声与十二根竹管吹出来的声音相配,与雄凤的鸣声相配的有六根,与雌凰的鸣声相配的有六根。模仿雄凤的六根律管发出的音律为六阳声,模仿雌凰的六根律管发出的音律则为六阴声。《汉书·律历志上》:"律十有二,阳六为律,阴六为吕。"这样便确定了十二"律吕"。

律吕的产生难道仅仅是为了迎合人们欣赏音乐的需要吗？显然不是。在欣赏音乐的同时，先民们还用创制的音律来"候气"，即用音律所反映的阴阳节气来确定时间日期。《尚书·尧典》："协时月正日，同律度量衡。"古人认为时日节气均需与音律协调。古人把十二音律与一年中的十二个月对应起来，《淮南子·天文训》："律之数六，分为雌雄，故曰十有二钟，以副十二月。"调节阴阳的方法是"律管吹灰"。"吹灰"是中国古人候气的方法，据说是用葭莩的灰塞在律管中，某个月到了，和它相应的律管里的灰便飞动起来。

据《后汉书·律历志》记载，"律管吹灰"的具体方法是：按照长短次序将律管排列好，上面的管口一边齐，下边长短不一，像切大葱一样，留齐茬，然后插在土里。竹管是空的，里面灌满用苇子膜烧成的灰，这种灰最轻，叫葭莩。把这些管埋在西北的阴山，用布幔遮掩起来，外面筑室，绝对不能吹到一点风。到了冬至的时候，阳气生，第一根九寸多长的叫黄钟的律管里面的灰，自己就飞出来，同时发出一种"嗡"的声音。以此确定冬至日。我们今天看来，"律管吹灰"过于神秘微妙，没有多少科学道理。其实在南北朝以前，此法便已很少为人知晓了。

音乐由来既久，管律的出现当然不可能是晚近的事情，至少在今天看来，出土于地下的资料足以证明，古代文献中关于音律起源的种种记载似乎并非无稽之谈。20世纪80年代中期，位于河南省舞阳县的贾湖新石器时代遗址出土了一批远古遗物，其中不仅发现了先民占卜时使用的龟甲，而且还有30多支用丹顶鹤腿骨制作的骨笛。骨笛多为七孔，据对骨笛的测音研究表明，十二律在当时很可能已经产生，而贾湖骨笛实际就是迄今我们所知的以骨为管的最早的骨律。骨律均由飞禽的骨骼制成，制作年代距今已逾7000年，这些事实似乎都在提醒人们注意，我们的祖先关于黄帝制律以应凤鸣的追忆看来真是事出有因！远古骨律的再现引起了我们对古老的候气法的种种思考。贾湖骨笛律管多数呈两支一组随葬于墓葬之中，这使人想起雄律雌吕的律吕古制，况且测音的结果同时表明，出土于同一墓穴中的两支律管的宫调具有大二度音差，证明当时的律制确有雄雌之分。候气法的起源想来是十分悠久了，但它的具体做法是否应像后世文献中记述的那样，现在还不敢妄断,这里既有因时而异的变化,也自然会有亘古不变的传统。司马迁记载周武王讨伐殷纣,吹律听声,从春至冬,杀气相并,音律都有所反映,则是候气的另一种形式。

现代的人们距大自然已经愈来愈远了,除了城市中车水马龙的喧闹,我们恐怕已很难听到在乡间才能享受到的虫声、蛙声,甚至是蚯蚓的鸣叫声。与今日万籁俱寂的世界不同,上古社会却呈现出一派天籁争鸣的景象,先人们被森林和野兽包围着,自然更有资格成为大自然中的一员。百鸟的鸣唱,野兽的咆哮,山涛水泻,风雨雷霆,无一不有韵有调,与他们日日相伴。渐渐地,他们发现,鸟兽的鸣叫、毛色、迁徙都会随着季节的变化而不断改变。通过《尧典》的记载我们知道,至少在帝尧时代,人们已经懂得鸟兽在春分时会交尾繁殖,夏至时羽毛会脱去,秋分时羽毛又重新生出,而冬至时则已羽翼丰盈,这些变化显然是为适合四时阴阳变化的必然结果。当然,古人最初很可能是通过对候鸟的观察才深切地感悟到这一点。据现代科学对候鸟迁徙的研究表明,一个没有历法的鸟群为什么会沿着一定的方向定时出发,又定时返回?原来它们是靠着星辰的指示来决定方向,靠着昼夜长短的变化来决定行期,这种神奇的生命节律真好像是有一只操纵一切的无形之手。但是在不明真相的古人看来,鸟当然最可能被认为是善知天时的神物,它的鸣唱预示着天时变化,而这种声音自然也就是表现天地阴阳调和的协和之音。于是先民们模仿凤鸟的鸣叫创制了十二律,并兼取雄雌之音,作为十二个月中每月阴阳和谐的标准音律。因此,这种能够发出协和之声的律管也就自然可以充当检验天时和谐与否的工具。《吕氏春秋·大乐》:"音乐之所由来远矣,生于度量,本于太一。凡乐,天地之和,阴阳之调也。"讲的就是这番道理。

云腾①致②雨,露结为霜。

【注释】

①腾:本义为驿车。《说文》:"腾,传也。"又指马奔跃。引申为升、登。

②致:本义为送到。《说文》:"致,送诣也。"常用为"达到"的意思。引

申为招致、给予等。

【讲析】

地气腾升至天而为云,遇冷下降而成雨;露水遇冷凝结之后,会成为霜。

这两句讲的是天气现象。我国古代有关天气现象的理论是很多的。《黄帝内经·素问》提出了水分循环和云雨形成的理论:"地气上为云,天气下为雨。雨出地气,云出天气。"云是地气上升所形成的,雨是天气下降所形成的。雨虽然是从天下降,追踪它的根本,却来自地气上升所致;云虽然是地气上升而成,追踪它的根本,却又是天气下降的雨所供应的。因而是一个循环过程。东汉王充在《论衡·说日篇》中也有相似的解释:"雨从地上不从天下,见雨从上集,则谓从天下矣,其实地上也。"西汉董仲舒在《雨雹对》一文中说:"攒聚相合,其体稍重,故雨乘虚而坠。"雨滴是由小水滴受风合并变重,下降而成的。他说:"风多则合速,故雨大而疏;风少则合迟,故雨细而密。"这种从微观角度说明的雨滴形成过程,基本上和现代的暖云降雨理论是相符的。关于雾的形成,《尔雅》:"地气发,天不应,曰雾。"是说地面水分向上扩散,但是无法充分扩散出去,就成为雾。宋代蔡卞在《毛诗名物解》中说:"水气之在天成雾,雾,云之类也。"王充《论衡》:"云雾,雨之微也。夏则为露,冬则为霜,温则为雨,寒则为雪。雨露冻凝者,皆由地发,不从天降。"

露水是空气中水汽因冷而凝结于地面或物体表面的水珠。《玉篇》:"露,天之津液,下所润万物也。"二十四节气中寒露一过,就是霜降。农历九月,天气转凉,露水凝结,所以称为"寒露";天气再降,夜间气温更低,露水就变成了白色的霜。"秋风萧瑟天气凉,草木摇落露为霜。"霜降时,草木黄落,百虫蛰伏,该飘零的飘零,该潜藏的潜藏。俗语说:"寒露百花湖,霜降百草枯。"

每种天气似乎也有人文属性,人们下意识地将某种天气与某种情感联系起来,触景生情,或情景交融。本来,"物系于时也","春也吐华,夏也布叶,秋也凋零,冬也成实,无为而自成者也"。寒来暑往,天气变化,自然景物也随着变换场景,草木百花应候而荣,顺时而凋,或许一切自当如是,便可了无怨念。一切都只是时令之物象,这是自然现象,但在怀有不同情感的人看来,眼中的景物是不一样的,即所谓"以我观物,则物皆着我之色彩",自然的物象变成了意象。说起霜降,便会想起《诗经·秦风·蒹葭》:"蒹葭苍苍,白露为霜。所谓伊人,在水一方。"芦苇茂盛,天气转凉,白色的露水,凝结为霜,念念不忘的那个人啊,在水的那一方!因为天气和景色的变化,引发起怀人的惆怅。还有《西厢记》里的长亭送别:"碧云天,黄花地,西风紧,北雁南飞。晓来谁染霜林醉?总是离人泪。"在离人看来,霜降之后的景物太凄凉,我们知道,那是因为她满怀的离愁。

《千字文》到这里,可分为一节。开篇十句,从天地宇宙、日月星辰,到季节时序、历法阴阳,再到云雨露霜,都是天上的事物,所言都是天道。天道神明,化育万物。《淮南子·泰族》:"天设日月,列星辰,调阴阳,张四时,日以暴之,夜以息之,风以干之,雨露以濡之。其生物也,莫见其所养而物长;其杀物也,莫见其所丧而物亡。此之谓神明也。"上文"言天时之利备矣",从天上到地下,下文接着讲"地利之盛"。

第二节　地产名物

第二节写地产名物,讲地利之盛、地道之广。依次写地上的矿产、珍品、果蔬、海河、鱼鸟。最后用飞翔的鸟回应上一节的天空。

金生丽水①,玉出崑冈②。

【注释】

①丽水:金沙江流入云南丽水县的一段,称丽江,亦称丽水。金沙江是长江上游的一段。《韩非子·内储说上·七术》:"荆南之地,丽水之中生金,人多窃采金。"明代宋应星《天工开物》:"水金多者出云南金沙江,此水源出吐蕃,绕流丽江府,至于北胜州,回环五百余里,出金者数截。"《丽江府志》载:"元时改丽江。其曰丽江者,则以产沙金得名金江,即古若水,一名

丽水者是也。"

②崑冈：一般认为是昆仑山，在中国的新疆。昆仑山是中国第一大山，在中华民族的文化史上具有"万山之祖"的显赫地位，古人称昆仑山为中华"龙脉之祖"，是道教传说中的神仙所居之地。昆仑山脉自古出产玉。著名的和田玉就出产于新疆和田地区。崑，也写作"崐"或"崑"。也有人认为"崑冈"指的是蓝田山。《尚书·胤征》："火炎崑冈，玉石俱焚。"《辞海》中说："或谓此崑冈即指后来以产玉著名的蓝田山。"蓝田山在今陕西西安市东部，出产中国四大名玉之一的蓝田玉。

【讲析】

黄金产于金沙江，美玉出自昆仑山。这两句讲物产，说明黄金和玉石的主要产地。黄金和玉石都是非常珍贵、非常稀有的天然物产。

黄金是百金之首，众金之王，是财富的代表，也是尊贵和荣耀的象征。黄金之所以贵重，主要是由于其稀有、漂亮、便于保存、易于加工、用途广泛等多种特点。黄金在地球上的储量较少，不易开采，物以稀为贵。黄金颜色非常漂亮，闪耀着像太阳一样的光芒，而且从化学性质上讲，金是一种极其稳定的元素，不仅难以被氧化，也不容易被酸碱腐蚀，长久保存不变色、不变质、不生锈。黄金质地均匀，分割后只要重量相等就可认为价值相等，因此非常适宜用作货币。马克思曾经说："金银天然不是货币，但货币天然是金银。"

世界上几乎所有的民族都崇尚黄金，而且几乎所有的人类早期文明都留下了"黄金时代"的传说，并且大都发掘出并使用了黄金。可以说黄金是人类发现并应用的第一种金属。

在中国，早在夏商时期就已制作和使用黄金制品了。甘肃省玉门火烧沟发掘出的两只精美的金耳环，均为椭圆形，周长8—9厘米，经考古人员研究证明是上古时期夏朝的遗物，年代距今3800—4000年。安阳殷墟曾发现过金叶片，四川广汉三星堆遗址中出土了许多黄金面具、包着金箔的权杖、金冠带，据考证是距今3000—5000年前的文物。特别是三星堆遗址出土的"太阳神鸟金箔"，重量20克，直径12.5厘米，厚度只有0.02厘米，图案采用镂空方式表现四只神鸟围绕着旋转的太阳飞翔,生动再现了远古人类"金乌负日"的神话传说故事。"太阳神鸟"被确定为"中国文化遗产标志",成为中国文化遗产的代表和象征。

中国黄金的使用最起码已经有了4000多年历史,不过在全世界范围来看,中国的黄金历史可就年轻多了。古埃及早在6000多年前就有了关于黄金的记载,而苏美尔人至少也在5000年前就能够熟练地加工黄金。黄金的熔点高达1064.43℃,在使用木炭的时代,古人是怎样冶炼黄金的呢?这是一个难解之谜。

中国最有名的沙金产地在丽水,就是云南的丽江。当地的土人都在江边筛沙沥金,丽江因为出金沙,自古就被称为金沙江。

玉石也是很珍贵的物产。玉在中国传统文化中具有很高的地位。"黄金有价玉无价",玉的价值比黄金更高。中国人爱玉崇玉,甚至把玉当成能够"绝地天通",与天地精神相交流的神物。中国人对玉的尊崇在世界各民族中是独一无二的。

玉是精美的石头,它既不像水晶那样清澈直透,也不像石头那样冥顽混浊。仿佛是山石感受日精月华变化而成,温润莹泽,富有生命的灵性。玉,神之灵也。古人在造字时,就反映了这一"神灵"思想。"三玉之连",即三横一竖,象征着一根丝绳贯穿着三块美玉,代表着"天地人参通"。西周和春秋时期金文的"玉",在字形上与"王"差别不大,三横画等长,中竖上下不出头,不带点。战国时为了与"王"字相区别,附加一二斜笔为区别符号。在古人看来,玉能代表天地四方以及帝王,与"王"一样,能沟通神与人的关系,传达上天的信息和意志,是天地宇宙和人间祸福的主宰。人与神对话,是通过巫人用玉器进行沟通的,玉是凡人与神灵沟通交流的语言工具。《说文解字》说:"靈('灵'的繁体字),巫也,以玉事神,从玉。"清代学者段玉裁注云:"巫能以玉事神,故其字从玉。"这说明了在古人的心目中玉和巫的关系。

古人相信玉是通灵之物,所以在祭祀活动中,玉被用来作为沟通天地人的礼器。《周礼·春官·大宗伯》:"以玉作礼器,以礼天地四方。以苍璧礼天,以黄琮礼地,以黄圭礼东方,以赤璋礼南方,以白虎作西方,以玄璜礼北方。"玉礼器的出现,也揭开了我国礼制社会的序幕。

距今5000年以上的新石器时期,是传说中的五帝时代。那时在中国的大地上星罗棋布地分布着众多原始文明,这些文化遗存中的玉文化十分丰富。据不完全统计,在我国已发现的新石器时代文化遗址近万处,出土了数万件精美玉器,所以有人认为在"青铜时代"之前,中国应该有一个"玉器时代"。在这些精美的玉器中,最有代表性的礼器是北方红山文化的玉龙、南方良渚文化的玉琮、中原仰韶文化的玉钺、东方龙山文化的玉圭等。

五帝时期,国家文明已经形成。国家文明最主要的形式之一是祭祀活动,"国之大事,在祀与戎"。主持祭祀的大巫师以玉作礼器,与上天对话,祈求福祉,传达天帝的旨意。这个大巫师,其实就是"王"。这个王"绝地天通",断绝了普通百姓与天神沟通的权利,垄断了对天神的祭祀权,上天的旨意只有通过这个主持祭祀的王才能向人间传达,从此,建立起了"政教合一"的国家体制。

数千年来,玉已经被人格化了,古人以玉喻人,有"君子比德于玉"的说法,赋予玉许多美德,将玉道德化,体现着中国传统的道德标准。《说文》:"玉,石之美。有五德:润泽以温,仁之方也;䚡理自外,可以知中,义之方也;其声舒扬,专以远闻,智之方也;不挠而折,勇之方也;锐廉而不忮,洁之方也。"说玉有五德:仁、义、智、勇、洁。《孔子家语·问玉》讲了一个"君子贵玉而贱珉"的故事。子贡问于孔子曰:"敢问君子贵玉而贱珉,何也,为玉之寡而珉之多欤?"孔子讲了一大篇道理,盛赞玉的美德:"非为玉之寡故贵之,珉之多故贱。夫昔者君子比德于玉,温润而泽,仁也;缜密以栗,智也;廉而不刿,义也;垂之如坠,礼也;叩之,其声清越而长,其终则诎然,乐矣;瑕不掩瑜,瑜不掩瑕,忠也;孚尹旁达,信也;气若白虹,天也;精神见于山川,地也;珪璋特达,德也;天下莫不贵者,道也。《诗》云:'言念君子,温其如玉。'故君子贵之也。"孔子将君子的德行与美玉的性质相比,认为玉石温和、润泽有光彩,正如君子的仁德一般;它纹理细密而又坚实,就好像君子的智慧,心思细腻、缜密,处事周全;当玉石摔碎后,虽然也有棱角,却不尖锐,不会伤人,如同君子之义,正直刚毅,却以仁爱存心;垂挂着的时候,好像要跌落下来的样子,象征着君子的谦下恭谨,有礼有度;敲击它的时候,会发出清澈激昂的声音,最后则戛然而止,与音乐的德性相似;虽然有斑点,但不会因此而遮掩它的优点,如君子之忠,不偏不倚,毫不掩饰。另外,玉的色彩从各个方面都可以看到,好比君子之信,表里如一;它晶莹透亮犹如白虹,与天的白气相似,这是与天相配,与天道相应;而玉的精神可见于山川之中,如"玉在渊则川媚,玉在山而草泽",所在之处皆能受到感化,如同君子之德风,涵容万物,利益一方。行聘之时,手执玉石所制之圭璋,不假借他物而自然合乎礼,如君子之德,无须假借外物显示,自然德风畅然。天下无不以美玉为贵,这是道的显现。《诗经》说:"言念君子,温其如玉。"君子温润如美玉,所以君子以玉为贵。玉所显出的仁、智、义、礼、忠、信,正是仁人君子的德风。

古人非常珍视玉,一定要佩戴玉石,以显示君子之风。《礼记·玉藻篇》中说:"古之君子必佩玉","君子无故,玉不去身,君子与玉比德焉"。一块真正的美玉要有如切、如磋、如琢、如磨等工序,才能达到至美的境界。玉是这样,君子也是这样。在《诗经·卫风·淇奥》中有这样的诗句:"有匪君子,如切如磋,如琢如磨。"意思就是说文雅的君子,要经历像琢玉工序的磨炼,经过仔细切、磋、琢、磨的人,才能成为有修养、有品性的君子。

中国自古有"四大名玉":新疆的和田玉,陕西西安的蓝田玉,河南南阳的独山玉,辽宁岫岩的岫玉。和田玉产地主要分布于新疆莎车—塔什库尔干、和田—于阗、且末县绵延1500公里的昆仑山脉北坡。蓝田玉矿床位于陕西西安蓝田县玉川镇红门寺村一带。独山玉产于河南南阳市城区北边的独山。岫玉是一种软玉,因主要产地在辽宁省岫岩县而得名。

剑号巨阙[①],珠称夜光[②]。

【注释】

①巨阙:剑名。相传为春秋战国之交的铸剑大师欧冶子受越王勾践之父允常之命所铸。"阙"通"缺",残缺。

②夜光:这里指夜里闪闪发光的明珠。

【讲析】

这句赞叹世间的两样珍宝:宝剑和夜光珠。意思是:最著名的宝剑叫巨阙,最宝贵的明珠称夜光。

在中国古代,剑是权势、威仪、优雅、侠气的象征,素有"百刃之君""百兵之帅""短兵之祖"的美称。"古之言兵必言剑。"这句话表明在冷兵器时代,剑具有显赫地位。在文化生活中,剑占据了远非其他兵器所能望其项背的崇高地位。对剑的崇尚,在春秋战国时达到极致,其后流风余韵绵绵不绝。剑修长光洁的形态颇具优雅气质,自古以来,无论武士还是文人,对剑都情有独钟,佩剑俨然成为一种显示仪表和风度的礼仪制度。"自天子以至百官,无不佩剑。"

宝剑难得。从诸多史书的记载可以看到,为制造出梦寐以求的宝剑,许多铸剑者耗尽心血。《吴越春秋》记载了干将莫邪铸剑的传说:吴王阖闾使干将铸剑,铁汁不下。干将妻莫邪问计,干将曰:"先师欧冶子铸剑,曾以女子配炉神,即得。"莫邪闻言,即投入炉中,铁汁出,铸成雌雄之剑,雄为干将,雌为莫邪。这个惊心动魄的故事,讲述了宝剑的难得与神奇。

春秋战国之际,青铜剑铸造技术达到新高度,工艺相当纯熟,铸造考究、装饰精美,尤以越国的最为上乘。越国宝剑里面最有名的是越王勾践的巨阙剑。《越绝书·外传》记载,战国时期,越国有一位著名的剑师叫欧冶子。他受越王勾践之父允常之命铸了五把最有名的宝剑。"欧冶乃因天之精神,悉其伎巧,造为大刑三、小刑二:一曰湛卢,二曰纯钧,三曰胜邪,四曰鱼肠,五曰巨阙。"其中巨阙、纯钧、湛卢是三把长剑,胜邪、鱼肠是两把短剑。三长两短五把剑全都锋利无比,威名赫赫,背后都有着神奇传说。如今这些宝剑大多实物不存,但它们的赫赫威名,亘经千年,依然掷地有声,如同贯穿古今的筋脉,鼓动着一代代中国人的英雄豪气。

巨阙剑全长四尺三寸,是其中规格最大的。巨阙钝而厚重,但坚硬无比,故号"天下至尊",巨阙一出,其他宝剑不敢与之争锋。此剑献于越王勾践。《越绝书·外传记宝剑》载:"然巨阙初成之时,吾坐于露坛之上,宫人有驾白鹿而过者,车奔鹿惊,吾引剑而指之,四驾上飞扬,不知其绝也。穿铜釜,绝铁砺,胥中决如粢米,故曰巨阙。"一日,宫中有一马车失控,横冲直撞,使白鹿受了惊吓。勾践拔出巨阙,剑指马车,强大的剑气即将马车砍断两截。惊异之下,勾践命人取来一口铜锅,用此剑一刺,铜锅便出现了一个大缺口，这一剑毫不费力，就好像切米糕一样轻松容易。"巨阙"由此得名。

　　珠宝里面最著名的是夜光珠。夜光珠即随侯珠。随侯珠与和氏璧并称"春秋二宝"，为稀世珍宝。《淮南子》云："譬如随侯之珠、和氏之璧，得之者富，失之者贫。"《墨子》亦云："和氏之璧，随侯之珠，三棘六异，此诸侯之良宝也。"极言其珍贵。随侯珠能夜间发光。东汉张衡《西京赋》描述："流悬黎之夜光，缀随珠以为烛。"东晋干宝《搜神记》云："珠径盈寸，纯白，而夜有光明，如月之照，可以烛室。"

　　随侯珠的故事，《墨子》《庄子》《淮南子》等汉代以前的文献多有记载。东晋干宝《搜神记》卷二十所载详细："随县溠水侧，有断蛇丘。随侯出行，见大蛇被伤中断，疑其灵异，使人以药封之，蛇乃能走，因号其处'断蛇丘'。岁余，蛇衔明珠以报之。珠盈径寸，纯白，而夜有光明，如月之照，可以烛室，故谓之'随侯珠'。亦曰'灵蛇珠'，又曰'明月珠'。"春秋时随国有断蛇丘。有一天随侯出行，见一条大蛇被伤成两截犹能动，觉得有些灵异，便命随行者用药救治，蛇立即游走了。一年以后，蛇衔来一颗明珠来报答随侯。此珠一寸长，纯白，夜间发光，可以像蜡烛一样照亮整个房间。这就是随侯珠。

　　后来，随国被楚灭后，随侯珠落入楚王之手。有一年秦国派使者观看楚国的宝器，楚宣王说："秦欲观楚之宝器，吾和氏之璧、随侯之珠，可以示诸。"楚被秦灭后，随侯珠及和氏璧落入秦始皇手中。这从李斯的《谏逐客书》中可证实："今陛下致昆山之玉，有随、和之宝，垂明月之珠……此数宝者，秦不生一焉，而陛下说之，何也？"秦始皇统一六国后，命李斯书写"受命于天，既寿永昌"，由玉工孙寿将其刻在和氏璧上，和氏璧成为皇帝的"传国玉玺"。传国玉玺和氏璧在五代十国的动乱中不知所终。至于随侯珠，在秦亡后就下落不明了，不过，有人揣测，随侯珠有可能随秦始皇殉葬，在墓室"以代膏烛"。

　　至于随侯珠到底为何物，也是众说纷纭，莫衷一是。一说是珍珠。东汉班固的《答宾戏》中说："宾又不闻和氏之璧韫于荆石，随侯之珠藏于蚌蛤乎？历世莫视，不知其将含景耀，吐英精，旷千载而流夜光也。"认为随珠是藏于蚌蛤的珍珠。但淡水珍珠不可能如此巨大，而且珍珠的成分是碳酸钙，容易分解，很难流传于百年以上。二说是料珠或玻璃珠。东汉王充《论衡·无形篇》"随侯以药作珠,精耀如真;道士之教至,知巧之意加也",明确提到随侯珠与天然形成的珠玉不同,是随侯用一种特殊的药物人工合成的,精光耀眼如同真珠,是道士的法术所至,已超出人的智慧和技巧。随国故地在今湖北随州随县。20世纪70年代末,湖北随州曾侯乙墓中出土了173颗玻璃珠实物,在表面布满圆圈纹,称作"蜻蜓眼"式玻璃珠,大者直径2.3厘米,据考是天然产的火山玻璃。有专家认为就是文献中所提的著名的随侯珠。三说是萤石。这是世人普遍接受的说法。今随县殷店镇产萤石,而萤石确为发光矿物,所以随国出现萤石夜明珠便不足为奇。

果珍李①柰②,菜重芥③姜④。

【注释】

①李:落叶乔木,叶子倒卵形,花白色,果实球形,黄色或紫红色,是常见的水果。

②柰:音nài。亦称"花红""沙果"。古书上与"林檎"同类,苹果的一种。

③芥:十字花科芸薹属,一年生草本。叶像芸薹,边缘有锯齿,四月开黄色花。茎叶可食用,味道辛辣。

④姜:繁体字为"薑",多年生草本植物,叶子披针形,花冠黄绿色,通常不开花。根状茎黄褐色,有辣味,是常用的调味品,也可入药。

【讲析】

水果中最珍贵的是李和柰,蔬菜中最重要的是芥和姜。这两句讲地上植物所产的瓜果蔬菜。"木实为果,草实为蓏"。地上所产瓜果和蔬菜很多,这里只举李、柰、芥、姜四种代之。

我国古代水果,最常见的是"五果":桃、李、杏、梨、枣。《本草纲目·果之一》:"李味酸,属肝,东方之果也,则李于五果属木,故得专称。"古人将五果与五行相配,李配木,木在东方,五行为首,所以李为"五果之首"。李,蔷薇科落叶乔木,果实有紫红、青绿等颜色,果肉含磷、铁、钙等微量元素,味甘酸,性凉,具有清热生津、泻肝涤热、利水消肿等功效。李子今天仍是我们经常食用的水果。

奈是一种什么水果呢？我们今天大多已经不知晓了。在古代文献中，早在西汉司马相如的《上林赋》中就出现了"樗奈厚朴"的记载，扬雄的《蜀都赋》中也提及"杜樗栗奈"。《本草纲目·果之二》说："奈与林檎一类二种也，树实比似林檎而大。""林檎"是什么？其实就是古人对苹果的称呼，这个名称我们中国不用了，但日语还在用，日语中苹果写作"林檎"。林檎又称"来禽"。《艺文类聚》卷八七引晋郭义恭《广志》："林檎似赤奈，亦名黑檎……一名来禽，言味甘熟则来禽也。"之所以得名"林檎"，是因为古人认为，此果十分甜美，能吸来众多飞禽，故而得名"林檎""来禽"。不得不说，古人取名确实有意思。书圣王羲之喜欢吃水果，他有《来禽帖》，其中说道："青李、来禽、樱桃、日给藤，子皆囊盛为佳，函封多不生。"意思是，寄来青李、来禽、樱桃、日给藤的种子时，最好用布袋装着，如果封在匣子里，种下去往往不能发芽。

所以"奈"就是苹果的一种，这种苹果与我们今天仍能见到的"花红""沙果"相类似。"奈"的名称，在中国多有变化，我们今天称"苹果"，又是从梵语而来。印度称此果为"频婆果"。佛教传入中国后，受其影响，就把"林檎"叫成了"频婆果"。我国古代的水果要么有"木"字旁，要么有"草"字头，于是有人给"频"字安上了草字头成了"蘋"，"频婆果"成了"蘋婆果"，简化后成了"苹婆果"，再去中间"婆"字就成了"苹果"。

"奈"是苹果的古称。苹果原产欧洲中部、东南部，中亚、西亚和中国的新疆。有学者认为，西汉司马相如的《上林赋》和扬雄的《蜀都赋》中的"奈"，是指从新疆传来、在甘肃河西走廊一带种植的绵苹果，与我们今天吃的富士苹果、蛇果等想必味道不太相同。我们今天已经吃不到古代的这种奈子了，那么奈子哪里去了呢？这要从水果的改良和栽培说起。

我们剖开一个苹果，会发现苹果核里卧着五个油亮光滑的褐色种子，但我们现在吃的苹果，却不是苹果种子长出来的，而是靠插枝嫁接长出来的。苹果的种子具有很大的遗传可变性，如果把苹果种子种下去，长出来的苹果与它的父母之间只具有粗略的相似性，甚至一个苹果的五颗种子会长出差别很大的五种苹果。它具有很强的野性，不易驯化，长出来的果子不一定好吃。于是人们为了吃到美味的苹果，就选用最好的那棵苹果树，采用剪枝嫁接的办法培植，这样可以保证我们吃到的苹果都是最好的那颗种子结的果子。也就是说，在嫁接品种的果园里，这些苹果品种，从遗传学上说一代代都是同一的基因。苹果树不是用种子繁殖的——不是有性繁殖。有性繁殖是大自然创造新的遗传组合的一种方式，是生物多样化的途径。无性繁殖则可以避免这种可变性和多样化。但这种剪枝嫁接的无性繁殖培育方式使我们在吃到美味苹果的同时，也使得苹果的品种、口味大量减少，减少到只剩下若干个遗传同一的嫁接品种，失去了那种至关重要的可变性。如此，我们千差万别的口味也被统一化了，被简化了。所以，当我们吃着今天这些看起来悦目、吃起来甜美的品种时，再想品尝其他口味的苹果，已经不可能了。这是我们为毁坏苹果多样性而付出的代价——在甜美的享受中付出的代价，也是苹果对我们的报复。

"芥"和"姜"都是菜，却不是普通的菜，都是在烹饪时的调味品，没有它们菜便没有美好的味道，所以"菜重芥姜"。

芥，指芥菜。《礼记·内则》中说："脍，春用葱，秋用芥。豚，春用韭，秋用蓼。芥，芥酱也。"意思是烹调肉类的时候，春天加葱，秋天加芥菜。芥菜在我国栽培历史悠久，类型和品种很多。芥菜全身可食，按用途分为叶用芥菜（如雪里蕻）、茎用芥菜（如榨菜）、根用芥菜（如大头菜）。把芥菜腌制成咸菜，具有一种特殊的鲜香味，可作为一盘调味的小菜。《神农本草》称："芥味辛，除肾邪，利九窍，明耳目。"但芥菜的主要功效是开胃，李时珍在《本草纲目》中说："芥菜利膈开胃。"芥菜的种子研细末可以作调料，就是芥末，味道辛辣，古话说："望梅生津，食芥堕泪。"

姜是人们日常生活中不可缺少的调味品，做菜时经常使用。生活中的姜除用作调味剂、小食品外，在医疗保健方面也显示出它独特的作用。《神农本草经》："干姜，味辛温，主胸满咳逆上气，温中止血，出汗，逐风湿痹，肠澼下痢，生者尤良，久服去臭气，下气，通神明。生山谷。"俗话说："冬吃萝卜夏吃姜，不劳大夫开药方。""常吃生姜，不怕风霜。"孔子是个美食家，饮食十分讲究。"食不厌精，脍不厌细。食饐而餲，鱼馁而肉败，不食。"孔子就主张"每食不撤姜"，一年四季每天都应该吃姜。据说孔子有每天饭后嚼姜数片的习惯。孔子活了73岁,这个年龄在春秋时期绝对算是高寿。这和孔子健康的饮食和卫生习惯是分不开的,其中就有姜的功劳。南宋朱熹在《论语集注》中对孔子食姜的嗜好进一步作了阐释,说姜能"通神明,去秽恶,故不撤"。明朝《奇效良方》中载方说:"一斤生姜半斤枣,二两白盐三两草(甘草),丁香沉香各半两,八两茴香一处捣,蒸也好,煮也好,修合此药胜似宝,每天清晨饮一杯,一世容颜长不老。"姜味辛性温,辛能发散、温能驱寒,食用价值极高,但孔子虽甚喜食之,但提倡"不多食",一次不可以食用过多。

海咸河淡,鳞①潜羽②翔。

【注释】

①鳞:本义指鱼身上的鳞片。《说文》:"鳞,鱼甲也。"这里指在水下游动的鱼类。

②羽:本义指鸟身上的毛。《说文》:"羽,鸟长毛也。"这里指在空中飞翔的鸟类。

【讲析】

海水是咸的,河水是淡的;鱼在水下游动,鸟在空中飞翔。

这两句讲的是极其普通的自然常识,人人都懂。上面所讲金、玉、剑、珠、果、菜,都是陆地所产,这里所说的鱼、鸟,则是水下和天空中的生物。鳞,是鱼身上的甲片,这里用它来指代鱼;羽,是鸟的羽毛,这里用它来指代鸟类。这种借用与本体事物有联系的事物的名称来代替本体事物的修辞方法,叫借代。

第三节 上古圣王

第三节的主要内容是古皇圣君,讲人事之盛。先从中华民族始祖"三皇五帝"说起,介绍了上古几位帝王:伏羲、炎帝、黄帝、尧、舜、商汤、周武王,讲述了仓颉造字、嫘祖制衣、尧舜禅位、成汤立国、武王灭商等一系列脍炙人口的历史故事。这些先祖开创文明,奠定了民族基业。

龙师①火帝②,鸟官③人皇④。

【注释】

①龙师:太昊伏羲氏,相传他用龙给百官命名,故名"龙师"。

②火帝:炎帝神农氏,相传他以火纪事,命名百官,因而名为"炎帝"。

③鸟官:少昊金天氏,传说他以鸟为图腾,用鸟为百官命名,故名"鸟官"。

④人皇:"三皇"的说法之一,有天皇、地皇、人皇。

【讲析】

龙师是伏羲,火帝是炎帝;鸟官为少昊,人皇为古帝。

说到我们中华民族的历史源头,我们常说:"自从盘古开天地,三皇五帝到如今。""三皇五帝"被认为是中华民族的始祖。"三皇五帝"都是谁?历史典籍中说法甚多。关于"三皇",《尚书·序》云:"伏羲、神农、黄帝谓之三坟,言大道也。"《白虎通·德顺论》说:"三皇者何谓也,伏羲、女娲、神农是也。"又说是燧人、伏羲、神农。晋皇甫谧《帝王世纪》以伏羲、神农、黄帝为"三皇"。唐司马贞《史记·补三皇本纪》以伏羲、女娲、神农为"三皇"。西汉末纬书《春秋命历序》等以"三皇"为天皇、地皇、人皇。关于"五帝",也有许多说法。司马迁作《史记》,列《五帝本纪》于书首。史家多从司马迁之说,认为黄帝、颛顼、帝喾、帝尧、帝舜为"五帝"。

"三皇五帝"都是传说中的历史人物,是远古时代中原各部族的帝王,这些人物在千百年的传说中被神话化了。虽然我们现代考古尚不能证实他们的时代面貌,但关于他们的事迹和功业的古代文化典籍浩如烟海,这些历史文献塑造了远古时代为中华民族的形成和发展建立了丰功伟绩的一系列神圣帝王的鲜活形象。

"三皇五帝"是我们民族基于文化认同而确认的民族始祖。民族始祖是民族精神的支柱,是民族凝聚力的纽带,也是神圣血缘观念和文化认同的具体表现。为了民族的凝聚和政治的统一,儒家从"大一统"的政治理念出发,建立了一个"帝王世系",从"三皇"到"五帝",从伏羲、炎帝、黄帝到尧舜禹汤文武周公一脉相承,以后历朝历代,都沿着这个世系统绪传承下去。这个帝王世系来源于儒家的"道统"观念,承续这个道统,一个朝代的统治才被认为是正统(正朔)。就连入主中原的满族皇帝顺治帝,也在祭告黄帝文中说:"自古帝王,受天明命,继道统而新治统。"何谓"道统"与"治统"?明末清初思想家王夫之说:"天下所极重而不可窃者二:天子之位也,是谓治统;圣人之教也,是谓道统。"简单来说,"道统"是思想的正统,主要指尧舜禹汤文武周公孔孟这些圣人的思想传统,也就是后来的儒家思想传统。"治统"是统治的正统(正朔),主要指政治统治的传统,即朝代国家的正统传承。从"三皇五帝"到历代帝王宗庙里的一个个"天子"皇帝,皇皇二十四史,都勾勒出这种治统。所以,从根本上说,"三皇五帝"这个始祖帝王世系是在文化认同、民族统一的基础上建立起来的,其本质是为了民族国家的大一统,是大一统的文化认同,因而意义无比重大。

在"三皇五帝"的世系中,太昊伏羲氏是居于首位的。班固《汉书·律历志》引刘歆《世经》言:"庖牺继天而王,为百王先。首德始于木,故帝为太昊。"把伏羲推到"三皇之首""百王之先"的地位。《汉书·古今人表》中首叙伏羲,次列炎黄;《汉书·律历志序》认为"稽之于《易》,炮牺、神农、黄帝相继之世可知",以太昊伏羲为历史源头。这就是说,在古帝王系统中,只有太昊伏羲氏是"继天而王"的,他是百王之先,炎、黄诸帝继伏羲而王。

伏羲在古籍中又写作"宓羲、庖牺、包牺、炮牺、伏戏、伏牺",号"太昊",又写作"太皞"。史书记载,太昊伏羲氏,风姓,生于陇西成纪(今甘肃天水),都于陈(今河南淮阳),《左传·昭公十七年》:"陈,太昊之墟。"今河南省周口市淮阳区有太昊陵,被尊为"古今帝王寝陵之首",每年农历二月二龙抬头之日,当地人都要在太昊陵祭拜人祖,即"人祖古会"。伏羲生有圣德。历代典籍对伏羲的文化贡献所载甚多,归结起来有以下几个方面:一、画八卦,开启中华文化之源。《周易·系辞下》说:"古者包牺氏之王天下也,仰则观象于天,俯则观法于地。观鸟兽之文与地之宜,近取诸身,远取诸物,于是始作八卦,以通神明之德,以类万物之情。"二、作甲历,定四时,确立了天文历法。三、造书契,用于记事,取代了以往结绳记事的方式。四、发明网罟,教民渔猎。五、养六畜以充庖厨。六、正姓氏,自姓为风,命定众多姓氏。七、制嫁娶,倡导男聘女嫁的婚俗礼仪。八、造琴瑟,作音乐。

太昊伏羲氏还赋予了中华民族以总徽号——龙。《左传·昭公十七年》记载了"郯子来朝"的故事。东夷小国郯国国君郯子到鲁国,鲁昭公设宴招待,在席间,鲁昭公问到上古历代的纪官制度,郯子知识渊博,他从他的先祖少昊一直上溯到"三皇之首"太昊伏羲氏。他说,少昊登位时,适逢凤鸟出现,所以少昊以鸟纪官。而在少昊之前,黄帝以云纪,为云师而云名;炎帝氏以火纪,故为火师而火名;共工氏以水纪,故为水师而水名。太昊氏以龙纪,故为龙师而龙名。这里所谓"以龙纪官",就是以"龙"作他属下的官职的名号。《竹书纪年》:"太昊伏羲氏,风姓之祖也,有龙瑞,故以龙命官。"传说太昊伏羲时有龙马负图出于河,因而伏羲以龙作为自己的名号,始以龙纪官,号龙师。他用龙为他麾下的大臣命名,让他们各司其职:命朱襄为飞龙氏,造书契;昊英为潜龙氏,作甲历;大庭为居龙氏,治屋庐;浑沌为降龙氏,驱民害;阴康为土龙氏,治田里;栗陆为水龙氏,夏官为赤龙氏,秋官为白龙氏,冬官为黑龙氏,中官为黄龙氏,分理海内,而政化大治。孔子听说了郯子的这番话,十分佩服他的博学,便拜见郯子,向他学习,并告人曰:"吾闻之,天子失官,学在四夷,犹信。"

现代出土的画像砖等文物考古和大量文献资料均表明,伏羲"人首蛇躯"。蛇是伏羲氏的图腾。中华民族的总图腾"龙",正是以蛇为基础,汇合了多民族图腾而成的。闻一多在《伏羲考》一文中指出,龙是"由许多不同的图腾糅合成的一种综合体,因部落的兼并而产生的混合的图腾"。龙的主体部分和基调则是蛇。"大概图腾未合并以前,所谓龙者只是一种大蛇,这种蛇的名字叫做'龙',后来有一个以这种大蛇为图腾的团族兼并了,吸收了许多别的形形色色的图腾团族,大蛇这才接受了兽类的四脚、马的头、鬣的尾、鹿的角、狗的爪、鱼的鳞和须……于是便成为我们现在所知道的龙了。"所以,龙图腾的形成,象征了中华民族主体血脉的汇聚和文化的奠基。

从此，普天下的中国人都有了一个共同的名字——"龙的传人"，共同尊奉同一个祖先——伏羲。在伏羲的旗帜下，多民族团结和合，统一为中华一家。太昊伏羲因此而成为中华民族血缘和文化的广泛代表。

"火帝"指炎帝神农氏。《左传·昭公十七年》中，郯子说："炎帝氏以火纪，故为火师而火名。"炎帝与黄帝是华夏始祖。《国语·晋语》载："昔少典娶于有蟜氏，生黄帝、炎帝。黄帝以姬水成，炎帝以姜水成。成而异德，故黄帝为姬，炎帝为姜。二帝用师以相济也，异德之故也。"这是中国历史最早记载炎帝、黄帝诞生地的史料。黄帝为姬姓，炎帝为姜姓。后来，姬姓和姜姓两个部落争夺领地，展开阪泉之战，黄帝打败了炎帝，两族世代联姻，渐渐融合成华夏族。华夏族在汉朝以后称为汉人，唐朝以后又称为唐人，但是一直没有弃用"华夏族"称谓，共尊炎帝、黄帝为民族始祖，自认为"炎黄子孙"。

相传炎帝神农氏是原始农业的开创者，也是医药、商业的开创者。《周易·系辞下》："包牺氏没，神农氏作，斫木为耜，揉木为耒，耒耨之利，以教天下。"唐代司马贞补《三皇本纪》："炎帝神农氏，姜姓。母曰女登，有蟜氏之女，为少典妃。感神龙而生炎帝，人身牛首，长于姜水，因以为姓。火德王，故曰炎帝，以火名官。斫木为耜，揉木为耒，耒耨之用，以教万人。始教耕，故号神农氏。于是作蜡祭。以赭鞭鞭草木，始尝百草，始有医药。又作五弦之瑟。教人日中为市，交易而退，各得其所。遂重八卦为六十四爻。初都陈，后居曲阜。立一百二十年崩，葬长沙。"炎帝发明农具耒、耜，教民烧荒垦地耕种，艺五谷，把粮食分类定名为稻、黍、稷、麦、菽，"始教天下种谷"，开创古代的农业文化，所以号为"神农"。据《淮南子》等书记载，炎帝神农氏"尝百草之滋味，水泉之甘苦，令民所避就。当此之时，一日而遇七十毒"。神农尝百草，经过亲身实践，辨识许多植物的药性，了解它们的功效，用草药为民疗疾，奠定了中国中医学的基础，开创了中华民族的中医学文化。炎帝神农氏以日中为市，首辟市场。据《周易·系辞下》载，神农"日中为市，致天下之民，聚天下之货，交易而退，各得其所"。神农发明的以日中为市、以物易物的市场是中国商业发展的起源。

"以鸟纪官"的是少昊。少昊，也作"少暤"，名"挚"，又作"质"，号"金天氏",和太昊一样同为上古时期东夷族的祖先和首领。司马迁在《史记·五帝本纪》中说少昊是黄帝之子:"黄帝居轩辕之丘,而娶于西陵之女,是为嫘祖。嫘祖为黄帝正妃,生二子,其后皆有天下:其一曰玄嚣,是为青阳,青阳降居江水;其二曰昌意,降居若水。"这个"玄嚣"就是少昊。《帝王世纪》曰:"少昊帝名挚,字青阳,姬姓也。母曰女节。黄帝时有大星如虹,下流华渚。女节梦接意感,生少昊,是为玄嚣。"有的典籍上把少昊列为五帝之一。如《礼记·月令》中的五帝是:太昊、炎帝、黄帝、少昊、颛顼。古人以五方配五帝:东方太昊,五行属木;南方炎帝,五行属火;西方少昊,五行属金;北方颛顼,五行属水;中央黄帝,五行属土。少昊即位时,有凤凰飞至,于是以鸟纪官,用五鸟、五鸠、五雉为百官命名。《左传·昭公十七》中郯子说:"我高祖少皞挚之立也,凤鸟适至,故纪于鸟,为鸟师而鸟名。凤鸟氏,历正也。玄鸟氏,司分者也。伯赵氏,司至者也。青鸟氏,司启者也。丹鸟氏,司闭者也。祝鸠氏,司徒也。鴡鸠氏,司马也。鳲鸠氏,司空也。爽鸠氏,司寇也。鹘鸠氏,司事也。五鸠,鸠民者也。五雉,为五工正,利器用,正度量,夷民者也。九扈,为九农正,扈民无淫者也。"

《史记·五帝本纪》中,司马迁将"五帝"的关系讲述为:少昊为玄嚣,又名青阳,是黄帝的儿子。颛顼为高阳,是玄嚣的侄子。帝喾为高辛,是玄嚣的孙子。帝喾传位给儿子放勋,放勋就是尧,又称唐尧。尧后来将帝位禅让给舜,称虞舜,所以五帝又为:少昊、颛顼、喾、尧、舜。《史记·三代世表》附录云:"舜、禹、契、后稷皆黄帝子孙也。"

其实近代以来,众多的考古发现以及考古学文化区系类型的研究成果已经昭示:中华文明起源有多个中心。在远古的新石器时期,中华大地上分布着众多文化区类:黄河中上游的仰韶文化,黄河下流的大汶口文化、龙山文化,长江中下游的河姆渡文化、良渚文化,等等,这些都是远古部族生活的遗迹。史籍记载的"三皇五帝"这些远古圣王,可以看作是这些部族文化的代表。如炎帝、黄帝是来自西方黄土高原上的华夏族的代表,太昊、少昊是来自东方华东平原上的东夷族的代表。中华民族起源是多源的,如星斗满天,山花遍地。各部族在长期的交流过程中,逐步融合,如百川归海,汇聚成中华民族的血脉主体。正如费孝通所说:中华民族起源是"多元一体格局"。在古代史籍中,《尚书》记载了尧舜禹的故事,春秋战国时的一些典籍中记载了黄帝的故事,到了司马迁《史记》,以《五帝本纪》开篇讲中国历史,黄帝、颛顼、帝喾、尧、舜,其实这些先圣王只是当时一些并存的部落的代表,本来是横的关系,但司马迁把他们讲成纵的关系,将后面这些人讲成黄帝的裔孙,这样一脉相承。司马迁将"五帝"的故事记入了历史。到了东汉班固《汉书》更明确,第一个帝王是太昊伏羲,伏羲继天而立,炎帝继伏羲而立,黄帝继炎帝而立,等等,这样一路排下来,到西晋皇甫谧《帝王世纪》,将"三皇五帝"的世系定型下来。

中国传统的历史观是以文化为核心的。"三皇五帝"以文化的形态进入了历史,成为历史文化的一部分。我们要认识到,对于伏羲、黄帝等民族共同先祖的确认与尊崇,是一个文化现象。民族始祖只是一个象征,或者说是存在于人们心中的一种观念,历史上是否确有其人,其功业是否如史所载,都不重要。由于这种对民族始祖的确认与尊崇,作为一种文化观念和历史传统,在长期的历史进程中已经形成一种稳定的、巨大的精神力量,陶铸了我们民族的共同文化心理,在中华民族的发展史上为民族团结、民族凝聚发挥了持久的、恢宏的凝聚作用,已经成为我们民族历史不容忽视、不可分割的一个重要内容,成为我们民族文化的象征。这种我们民族共同的文化认同、文化自觉、文化自信,是我们的文明之源、血脉之根、精神之魂,因而就不能抱着虚无主义的态度漠视民族始祖在我们民族文化中的存在,而应该积极地承认、继承和发展这种文化传统,充分发挥其在当今文化建设中的作用。

始制文字[①],乃服衣裳[②]。

【注释】

①文字:记录语言的符号。东汉许慎《说文·叙》:"盖依类象形,故谓之文;其后形声相益,即谓之字。"也就是说,"文"是独体字(包含象形字和指事字),而"字"是由独体字组合的合体字(包含会意字、形声字、假借字)。汉代学者把汉字的造字方法归纳成六种,总称"六书",即象形、指事、会意、

形声、转注、假借。

②衣裳：古时"衣"指上衣，"裳"指下裙。后亦泛指衣服。《诗·齐风·东方未明》："东方未明，颠倒衣裳。"毛传："上曰衣，下曰裳。"《释名》："裳，障也，所以自障蔽也。""障"是保护的意思，"蔽"有遮羞的意思。由于古代纺织工具简陋，布的幅面很窄，所以一件下裳就得用几块窄幅布横拼起来，样子像一个腰围，又像裙子。

【讲析】

　　黄帝时期，开始创造了文字，百姓也按照礼仪穿上了衣和裳。这两句讲文字和衣裳的初创，文字和衣服是人类进入文明时代最主要的标志。相传仓颉创造了文字，嫘祖创造了衣裳。仓颉是黄帝的大臣，嫘祖是黄帝的妻子。所以，这里虽然没有提及黄帝的名号，但实际上说的是黄帝的功业。

　　黄帝是中华民族的始祖，是中华文明的奠基者和创始人。司马迁将黄帝列为"五帝"之首。相传黄帝带领他的部族与炎帝战于阪泉之野，与蚩尤战于涿鹿之野，统一中原各部族，继炎帝而立，成为天下共主。居轩辕之丘，号轩辕氏，建都于有熊，亦称有熊氏。在古人的观念中，黄是土地之色、中央之色。黄帝有土德之瑞，故号黄帝。《礼记·月令》："中央土，其日戊己，其帝黄帝，其神后土。"

　　黄帝时代产生了一系列灿烂的发明，诸如文字、衣冠、宫室、舟车、蚕桑、音乐、历法、指南车等，为古代中国的悠久文明和传统文化奠定了基础。

　　相传仓颉造字。《吕氏春秋》："奚仲作车，仓颉作书。"《淮南子·本经训》："昔者仓颉作书，而天雨粟，鬼夜哭。"许慎《说文·叙》："黄帝之史官仓颉，见鸟兽蹄迒之迹，知分理之可相别异也，初造书契。仓颉之初作书，盖依类象形，故谓之文。其后形声相益，即谓之字。文者，物象之本；字者，言孳乳而浸多也。"传说仓颉是黄帝的史官，他看到鸟兽的足迹各有不同，受此启发，知道符号可以分类别异，于是创造了文字。许慎说，仓颉所作的文字，是象形文字，以图画表意，所以是"文"。在这些"文"的基础上孕育、滋生、演化，创造出来的文字，称为"字"。《说文·叙》把汉字的造字方法归纳为"六书"：象形、指事、会意、形声、转注、假借。许慎给"六书"下定义是：象形者,画成其物,随体诘诎,日月是也;指事者,视而可识,察而见意,上下是也;会意者,比类合谊,以见指㧑,武信是也;形声者,以事为名,取譬相成,江河是也;转注者,建类一首,同意相受,考老是也;假借者,本无其字,依声托事,令长是也。文字含天地之道,是文明的标志。有了文字,人类进入了文明时代,天地为之震动,故有"天雨粟"的祥瑞。创造了文字,人们就可以通过文字认识世界,开启智慧,鬼魅无法再蒙蔽人,所以有"鬼夜哭"之说。

文字是一个复杂的符号系统,是在漫长的历史过程中产生、发展的,不可能由某一个人创造出来。《荀子·解蔽》:"好书者众矣,而仓颉独传者壹也。"出土于河南省安阳市殷墟的甲骨文,是迄今为止中国最早成体系的古汉语文字,距今3600多年。在甲骨文没有出现之前,原始人类都是靠符号或者画图形来记事,这些图形符号刻在陶器、兽骨、石壁上,但是没有形成体系。现代考古发现,大约在距今6000年的半坡遗址,已经出现刻画符号,共有50多种。甲骨文是成体系的文字,比较丰富。不过甲骨文应该是经历了几个世纪才形成的,绝对不是一天造出来的,只是目前的考古不能证实还有比甲骨文更早的文字。汉字是世界上使用时间最久、空间最广、人数最多的文字之一,汉字的创制和应用不仅推进了中华文化的发展,还对世界文化的发展产生了深远的影响。

相传黄帝时始制衣裳。《易经·集解》:"黄帝以上,羽皮革木以御寒暑,至黄帝始制衣裳,垂示天下。衣取象乾,居上覆物。裳取象坤,在下含物也。"传说在黄帝之前,人们穿着羽毛、兽皮、树叶御寒。黄帝时代,黄帝的妻子嫘祖"始教民育蚕,治丝茧以供衣服"。黄帝的臣子胡曹、伯余、于则是最早制作衣服的人。《世本》:"伯余作衣裳,胡曹作冕,于则作扉履。"但从考古证据来看,早在1.8万年前山顶洞人时期,原始人就已经懂得用骨针缝纫兽皮,并且掌握了用赤铁矿石给衣服染色的技术。7000年前的河姆渡人,已经开始使用类似"踞织机"的工具来纺织毛、麻等材料了。而黄帝生活的时代距今约5000年,纺织和缝纫技术应该是发展比较完备了。所以,说黄帝始制衣裳,并不是说人们从黄帝时起才穿上衣服,而是说从黄帝时起,才有了上衣下裳的服饰式样和服饰制度。《周易·系辞下》曰:"黄帝尧舜垂衣裳而天下治,盖取诸乾坤。"《路史·疏仡纪·黄帝》说黄帝"法乾坤以正衣裳"。"衣裳":衣,上衣。裳,下服。"乾坤"指天地,天与地在自然中截然分开,所以上衣、下裳也截然分开,这样衣服的款式就基本确定了。"垂衣裳"就是制定礼制、规则,按照年龄、身份制定衣冠式样等级,这样就有了礼仪制度和社会规则。黄帝之时,华夏民族的服饰已经超出了御寒和遮羞的功能,交领右衽,宽袍大袖,成为一种文明的象征。所以,谁制造了衣裳并不重要,在人类发展史中,衣裳的制造乃是人类集体的发明创造。比制造衣裳更为重要的是大家都按照规则和礼仪穿上衣裳了,标志着脱离了原始人的生活,进入了文明社会。

汉族的衣裳制度是华夏文明中服饰礼仪规格最高的形式。中国又称"华夏",这一名称的由来就与汉服有关。孔安国《尚书注疏》:"冕服华章曰华,大国曰夏。"杜预《春秋左传正义》:"中国有礼仪之大,故称夏;有章服之美,谓之华。"中国自古就被称为"衣冠上国、礼仪之邦","衣冠"便成了文明的代名词。华夏衣冠,让华夏族与夷狄区别开来。《论语·宪问》中记载了孔子的一句著名的话:"微管仲,吾其披发左衽矣。"上衣左前襟掩向右腋系带称右衽,反之称左衽。自黄帝垂衣裳而天下治开始,华夏民族的服饰就确立了统一的制度式样,与异族的风俗文化不同:华夏民族历来是盘发髻、穿右衽,而异族之人则是穿左衽、披散头发。在华夏民族看来,左衽是异族人的标志。孔子的真实意思就是说:没有管仲在维护华夏正统文化上的功绩,我们就成为那些还处于野蛮蒙昧状态的"披发左衽"的蛮夷戎狄了,以此可以看出衣裳制度的重要。

推位让国,有虞①陶唐②。

【注释】

①有虞:舜,五帝之一。《帝王世纪》中说,尧将两个女儿娥皇、女英嫁给舜,为舜"筑宫室,封之于虞"。虞地一说在今山西永济南,一说在今河南虞城。舜立国后,就以虞为国号,号有虞氏。《风俗通》:"凡氏之兴九事:一氏于号,唐、虞、夏、殷是也。"《元和姓纂》:"虞氏:虞舜有天下,号曰虞。子商均因以为氏。"

②陶唐：尧，五帝之一。尧姓祁，名放勋，初封于陶地，后改封于唐地，所以他的国号是陶唐氏，尧是他的谥号。

【讲析】

　　禅让国家和王位，是尧帝和舜帝。这两句讲的是尧帝和舜帝的禅让制。关于他们"禅让"的故事，古书有不少记载。

　　尧是帝喾的儿子，代其兄帝挚为帝，在位70年。尧在位期间，行德政，治理有方，天下太平，百姓拥戴，如爱"父母日月"一般。《尚书·尧典》记载了尧的功业："曰若稽古。帝尧曰放勋。钦明文思安安。允恭克让，光被四表，格于上下。克明俊德，以亲九族。九族既睦，平章百姓。百姓昭明，协和万邦，黎民於变时雍。"

　　尧在位70年后，年纪老了。他召开部落联盟议事会议，讨论继承人的人选问题。有人推荐他的儿子丹朱继位，他认为丹朱"顽凶"，很粗野，好闹事，便不同意。后来大家都推举虞舜，说他是个德才兼备、很能干的人物。尧很高兴，并把自己的两个女儿娥皇、女英嫁给舜，又考验了3年后，决定将帝位推让给舜。尧于正月初一在太庙举行禅让典礼，正式让舜接替自己登上帝位。

　　"禅让"，意为"在祖宗面前大力推荐"，是指统治者生前把帝王之位让给别人。"禅"意为"盛大的祭典"，"让"指"让出帝位"。尧去世前，把帝王的位置让于舜，推舜为帝。这种让位，历史上称为"禅让"。尧开创了禅让制，被尊为五帝之一。

　　舜，姚姓，又姓妫，名重华，因封国名"虞"，故号有虞氏，称"虞舜"，五帝之一。舜是颛顼的后代，不过到他的先祖穷蝉时，已是平民。古代典籍中对舜的事迹记载很多。在《尚书》《史记》等典籍中，舜帝的形象是一个尽善尽美的道德楷模，他是中华道德文化的鼻祖。《尚书·舜典》称舜"睿哲文明"，《史记·五帝本纪》称"天下明德，皆自虞帝始"。

　　舜的童年和少年时期经历了家庭的两次变故，这两次不幸磨砺了他的品格，成就了他的德行。一是在他3岁时，生母不幸去世，他饱尝了人生第一苦——幼年丧母。二是他的父亲续娶，后母生下弟弟象。舜在家中遭受虐待，"舜父瞽叟顽，母嚚，弟象傲，皆欲杀舜"。父亲是个顽固的瞎子，后母是个狠毒的泼妇，弟弟象狂傲顽劣，他们都想杀掉舜。但在这样恶劣的环境中，舜仍然能够每天小心谨慎地孝顺父亲和后母，慈爱弟弟，"欲杀，不可得；即求，尝在侧"。"舜年二十以孝闻"，舜的孝行闻名四方，成了一个为世人景仰的人。在他30岁时，尧帝寻求继任者，四方大臣都推举舜。于是尧对舜进行了一番深入考察，"以二女妻舜，以观其内；使九男与处，以观其外"。结果是，尧的两个女儿娥皇、女英不因出身高贵而看不起舜的亲戚，九个儿子与舜相交甚笃。对内能孝父母，对外必能泛爱众人。他到了哪里，就把勤劳谦让的美德散布到哪里，哪里的人们就受到感化。人们自觉自愿地追随着他，人数之多，一年就成村落，两年就成乡镇，三年就成都市。可见他的感召力和凝聚力是何等之大！于是帝尧禅位于舜，舜成为一代帝王。

舜帝以孝事亲，以仁施政，以德教人。他对中华文化最重要的贡献，是建立了以孝为核心的伦理道德文化。舜代表了由野蛮走向文明的历史转折时期的中华文化。他之前，伏羲、炎帝、黄帝这些民族的神圣人物所做出的辉煌业绩，可以说无一不是为了脱离野蛮时代，为中华民族进入文明社会创造条件。而舜帝的活动，才是真正意义上的划时代的里程碑。道德是文明的最高形式。我们可以认为：以农耕文化为内涵的炎帝文化，以政体文化为内涵的黄帝文化，以道德文化为内涵的舜文化共同构成了中华文化的三座里程碑。

舜继位后，亲自耕田、打鱼、制陶，深受大家爱戴。他通过部落联盟会议，让八元管土地，八恺管教化，契管民事，益管山林川泽，伯夷管祭祀，皋陶作刑，完善了社会管理制度。到舜年老时，也采取禅让的形式，选择继承人。各部族联盟议事会又推举了夏禹，因为禹治水有功，深得民心。这样，虞舜就把帝位禅让给了夏禹。

禹继位后，为了尊重禅让制度，推举皋陶当继承人，并让他全权处理政务。但是皋陶死得早，便又推举伯益为继承人。但在禹死后，禹的儿子启杀死了伯益，自己当了首领，并建立了夏朝。夏启之后，王朝君主都是"父子相传"或"兄终弟及"的世袭制，禅让制于是宣告结束。尧舜的时代，天下为公，选贤任能，王位继承是选举制；夏之后，历朝历代则是族内继承制，帝王把国家政权据为己有，世代相袭，"父传子，家天下"。

吊民①伐罪②，周发③殷汤④。

【注释】

①吊民：慰问受压迫的民众。"吊"，《说文》："吊，问终也。古之葬者，厚衣之薪。从人持弓，会驱禽。"甲骨文和金文中"吊"的字形像一个人背着一支带着绳子的箭。本义是追悼死者。古时候，人死后用草一裹葬在野外，为防止禽兽食尸体，子女及亲属便带上弓箭守候，表示对死者的哀悼。此处是慰问、抚慰。

②伐罪：讨伐有罪的统治者。"伐"，讨伐，是有道对无道的暴力行为。

③周发：周武王姬发。他起兵讨伐商纣王，推翻了商朝，建立了周朝。

④殷汤：商王成汤。他起兵讨伐夏桀，建立了商朝。商朝定都殷（今河南安阳），所以商朝又称殷朝。

【讲析】

安抚百姓，讨伐有罪的暴君，是周武王姬发和商王成汤。

上两句讲"尧舜禅让"，这两句则说的是"汤武革命"。"禅让"是儒家理想的以和平方式进行王朝更替的制度，而"革命"则用战争和暴力手段完成改朝换代。"革命"以下犯上，是合理的吗？儒家认为，在君王残暴无道的情况下，"革命"是合理的。《易·革·象辞》："汤武革命，顺乎天而应乎人。"

"汤武革命"指的是两场战争、两次王朝更替。一是商朝开国国君商汤灭夏的战争，二是周朝的建立者周武王灭商的战争。

相传夏朝传国400余年，自夏末孔甲时，国力渐衰。夏桀是夏的末代帝王，他在位时，荒淫无度，暴虐无道，天怒人怨。东方的商族从始祖契到汤，励精图治，先后八次迁居，至成汤时定居于亳，得以发展壮大。成汤在伊尹、仲虺的辅佐和谋划下，陆续灭亡韦国、顾国、昆吾，成为当时的强国。成汤作《汤誓》，汇聚三千诸侯，起兵讨伐夏桀，与夏桀战于鸣条之野，夏桀兵败被俘,放逐于南巢,夏朝覆亡,商朝建立。

商朝传国600多年,最后一个商王纣王暴虐无道,以酒为池,以肉为林,"刳比干,囚箕子,为炮烙之刑",残杀忠臣,人神共愤。周原来是附属于商的一个西部小国,国王是姬昌,称西伯。纣王将姬昌囚禁在羑里,西伯姬昌在羑里推演《周易》。七年得放回国,姬昌治国于岐山,施行仁政,天下诸侯闻风相从,姬昌去世后,被追尊为周文王。周文王次子姬发继承王位,以姜尚为军师,任用弟弟周公姬旦为太宰,联合多路诸侯,起兵讨伐商纣王,战于牧野(今河南新乡),一举击溃商朝军队,纣王兵败自焚,商朝灭亡,周朝建立。

商汤和周武王讨伐暴君,建立新朝,革故鼎新,都是顺应时代、得应民心之举,所以商汤和姬发都是一代圣王。

第四节 天下太平

第四节讲圣君爱民,江山一统,天下太平。这一节分三层意思:一是理想的治理方式是无为而治;二是君主以仁爱治国,四海来服,天下归心;三是描述理想社会的美好情景,"鸣凤在竹,白驹食场",君王德被四方,天下太平。

坐朝问道,垂拱①平章②。

【注释】

①垂拱:垂衣拱手,语出《尚书·周书·武成》:"惇信明义,崇德报功,垂拱而天下治。"君王垂衣拱手,不必亲理事务,天下就得到治理。形容古代帝王无为而治。

②平章:平,辨别;章,同"彰",彰明。平章:评处,商酌。这里指商量处理政务。汉蔡邕《上封事陈政要七事》:"宜追定八使,纠举非法,更选忠清,平章赏罚。"唐宋时设官职"平章政事"。

《千字文》注析

【讲析】

　　贤明的君王坐朝临政，与百官共商国是；垂衣拱手，商量处理政务。这两句是讲古代贤明君主"无为而治"的治国理政方法。

　　"坐朝"，君主临朝听政。南朝梁陆倕《新刻漏铭序》："坐朝晏罢，每旦晨兴，属传漏之音，听鸡人之响。"自古以来，中国人讲究坐而论道，君臣之间也是坐着议事。"坐朝问道"，君王坐在朝堂上，向百官问道，共同商议治国大事。汉代之前没有凳子，也没有椅子，君臣都席地而坐，大家的关系是平等的，君臣在自然和谐的气氛中讨论政事。有了椅子之后，在宋朝以前，皇帝同大臣们议事，都会给宰相一级的大臣安排椅子，甚至还有茶水伺候，五代时期仍然如此。宋朝赵匡胤当上皇帝后，为了显示皇帝的尊贵，拉开君臣之间地位尊卑的差距，改变了这个会议方式。有一天上朝的时候，一班大臣还是像以前一样坐在椅子上，听候皇帝指示。赵匡胤看着奏折，突然抬头说："我眼睛有点花，你们上前来给我说说这奏折上的事吧。"大臣们都站起来到皇帝跟前，等回原位的时候，大家的椅子都被侍卫悄悄撤走了。从此废除了朝堂上的君臣坐论之礼，君臣同坐改为君坐臣立，大臣上朝都得站着议事，只有皇帝才有资格坐着。从"坐朝"到"立班"，皇权进一步凸显。《千字文》的时代是南北朝时期，君臣上殿临朝之礼还是"坐朝问道"。"坐朝问道"，显示了古代君王的圣明。

　　"垂拱平章"的意思是君王垂衣拱手，无为而治，天下太平。《尚书·周书·武成》说周武王"惇信明义，崇德报功，垂拱而天下治"。孔颖达疏："谓所任得人，人皆称职，手无所营，下垂其拱。"意思是说周武王知人善任，贤才各司其职，武王不用动手，仅拱手下垂就可以平治天下了。

　　"无为而治"是古代理想的治国之术。老子及其道家主张依道而行，遵循规律，顺应自然，而使天下得到治理。老子说："道常无为而无不为。侯王若能守之，万物将自化。"（《老子》第三十七章）老子劝为政当国者："圣人处无为之事，行不言之教。"（《老子》第二章）老子认为最好的统治者是像尧舜时代那样的"太上之治"："太上不知有之"，百姓不知道有帝王的存在，是"悠兮其贵言，功成事遂，百姓皆谓：我自然"。好的统治者是悠闲地治理自己的国家，很少向百姓发号施令，事情成功了，百姓未受任何侵扰，百姓都说自己本来就是这样。道家所说的"无为"并非无所作为,而是不可妄为、不可强为,要顺其自然、"自然无为"。做君王的须知民意、顺民心,遵循道的规律,让百姓自然发展,从而达到"无为而无不为"的境界。孔子及其儒家也赞颂尧舜的"无为而治",《论语·卫灵公》:"子曰:无为而治,其舜也与?夫何为哉?恭己正南面而已矣。"孔子说:能够无所作为而治理天下的人,大概只有舜吧?他做了些什么呢?只是庄严端正地坐在朝廷的王位上罢了。但儒家所说的"无为而治"与道家不同,儒家主张以德治国,用德政治民,不施刑罚,民众的道德水平提高了,天下自然就太平了。

爱育黎首①,臣伏戎羌②。
遐迩③一体,率宾④归王。

【注释】

①黎首:黎民百姓。黎首,同"黔首",战国时期和秦代对平民百姓的称呼。

②戎羌:戎,本义为兵器,又指军队,引申为征战。古代西北少数民族善用甲戈而武力强悍,故又指称西方的少数民族。羌,古代西方游牧部落的羌人。《说文》:"羌,西戎牧羊人也。"

③遐迩:远近。

④率宾:指天下,四海之内。率,沿着。宾,这里同"滨"。《诗经·小雅·北山》:"普天之下,莫非王土;率土之滨,莫非王臣。"

【讲析】

圣王爱抚老百姓,四方各少数民族也都心悦诚服地归附;边疆和内地合为一体,普天之下都归顺圣王。这四句讲圣王爱抚百姓,四方各族臣服,于是江山一统,天下归心。

"爱育黎首",尧舜等古代圣王以仁义治天下,仁爱百姓,获得百姓的爱戴。

"臣伏戎羌",四方民族归附。戎羌指的是西部少数民族,这里代表了四方的少数民族。古代对东西南北四个方向的民族简称为"南蛮北狄,西戎东夷"。《尔雅·释地》:"九夷、八狄、七戎、六蛮,谓之四海。"但这些称呼多带有贬义,认为是野蛮、不开化的民族。《说文》"羊部·羌":"南方蛮闽从虫,北方狄从犬,东方貉从豸,西方羌从羊:此六种也。西南僰人、僬侥,从人;盖在坤地,颇有顺理之性。唯东夷从大。大,人也。夷俗仁,仁者寿,有君子不死之国。孔子曰:道不行,欲之九夷,乘桴浮于海。有以也。"蛮、狄、羌都与动物有关,只有东方夷人,是身背长弓的身材高大的人的形象,孔子盛赞九夷是仁义君子之国。西戎在今天的甘肃、青海、四川一带,以游牧生活为主。周朝中叶,西戎入侵中原,当时的西戎被称作犬戎,曾迫使周平王向东迁都洛阳,由此开始了东周的历史。羌族也是西部民族之一,后来与汉族融合。炎帝姜姓,"姜"与"羌"有关,姜姓与姬姓世代联姻,共同构成华夏族的主体。

"遐迩一体",语出《史记·司马相如传》:"以偃甲兵于此,而息讨伐于彼。遐迩一体,中外禔福,不亦康乎!"息兵休战,天下太平,远近合为一体,中外都会安定幸福。《南齐书·武帝纪》:"今遐迩一体,车轨同文,宜高选学官,广延胄子。""遐迩一体"说的是江山一统,各民族和平相处,相互融合,构成一个政治和文化的共同体。中华民族是多民族大混血、大融合的结晶。中华民族以汉族人数最多,汉族也是多民族融合而形成的。上古时期,中原黄河中下游的夏人、商人、周人,吸收了周边的夷、羌、戎、苗、蛮等族成分,演化成华夏族,汉代以后,渐称汉族。毛泽东在《论十大关系》中指出:"汉族人口多,也是长时期内许多民族混血形成的。"当代著名社会学家费孝通提出,我们中华民族是一个"多元一体格局",汉族和各少数民族共同构成一体的中华民族。

"率宾归王",语出《诗经·小雅·北山》:"普天之下,莫非王土;率土之滨,莫非王臣。"苍天之下没有一块土地不是天子的辖地,四海之内没有一人不是天子的臣民。中国古人没有现代政治意义上的"国家"概念,有的只是"天下"观。在中国古代典籍中常常可见到"天下"这一词,比如曹操的诗歌《短歌行》中有"周公吐哺,天下归心",范仲淹的《岳阳楼记》中有"先天下之忧而忧,后天下之乐而乐",顾炎武的《日知录》中有"天下兴亡,匹夫有责"。在古代大臣给皇帝的上书中,我们常常见到大臣使用"天下"一词来指代皇帝统治的疆域。"天下"是一个整体,是最大的空间概念,指"天底下所有的土地"。传统的"天下"观包含有强烈的中心和边缘意识,无论"天下"的范围怎样扩展,"天下"的土地始终有着中心地带与边缘地带的差异。北宋石介的《中国论》中说:"天处乎上,地处乎下,居天地之中者曰中国,居天地之偏者曰四夷。四夷外也,中国内也。"南宋陆九渊的《象山全集》中有言:"中国得天地中和之气,故礼仪之所在。"可见在古代中国人的认知中"中国"是一个文化观念,强调中原区域在"天下"范围的中央地位和正统地位。中原区域文明程度高,而周围边缘区域文明程度低。这与现代政治意义上的有着明确版图疆域的主权国家概念"中国"是不一样的。由于有中心与边缘的意识,古人认为"天下"由"中国"与"四夷"(东夷、南蛮、北狄、西戎)组成。而"天下"是一个整体,所以"天子"掌握了中心区域的统治权,也就是掌握了"天下",周边"四夷"受中原文化的影响,逐步融入中华民族共同体。

值得注意的是,"率宾归王"的"王",不是指哪一个具体的帝王,而是特指"王道"。"王"字是"三画而连其中",三画表示天地人三才,中间是顶天立地的一竖代表道,即孔子所谓"吾道一以贯之"。许慎在《说文解字》中说:"王,天下所归也。"中国传统的政治秩序,历来就有"王道"与"霸道"之别。"王道"指的是先圣王之道。儒家认为上古圣王的统治用的是仁义道德,其结果就是无为而治,天下太平,这种以德服人的政治是"王道"。历史上描绘这个时期,是风调雨顺,万民乐业,天下太平。但是经历夏商周三代,到了东周时期就不同了,孔子认为春秋时代是个礼乐崩坏的时代,"春秋五霸"推崇和实行的是"以力服人"的"霸道",与以德服人的"王道"是背道而驰的。天下所归者,是"王道"。

鸣凤[①]在竹[②],白驹[③]食场[④]。
化[⑤]被[⑥]草木,赖[⑦]及万方[⑧]。

《千字文》注析

【注释】

①凤:凤凰,传说中的象征祥瑞的神鸟,据称是百鸟之王,身上有美丽的五色羽毛。雄的叫"凤",雌的叫"凰"。

②竹:一作"树"。本书"附录"《智永真草千字文》中为"树"。

③白驹:白色的马驹。

④场:这里指草场。

⑤化:教化。《说文》:"化,教行也。"段注:"教行于上,则化成于下。"

⑥被:施加、覆盖。《说文》:"被,寝衣,长一身有半。从衣皮声。"被的本义就是睡眠时盖在身上用于保暖的被子,引申而有表面、覆盖、施加、遭受等义。词义虚化,"被"字还表示被动,是"叫、让"的意思。

⑦赖:本义为盈利、利益,引申为依赖、依靠。

⑧万方:天下各方。

【讲析】

凤凰在竹林里鸣叫,白驹在草场上吃草。圣王的美德教化遍及一草一木,天下四方都享受到仁德的恩泽。这四句承接上文,描述理想社会的美好情景。

"鸣凤在竹,白驹食场。"这是一派国泰民安、海晏河清的盛世景象。凤凰是历史上记载的珍禽,据说凤凰非竹实不食,非梧桐不栖,而且只有在太平盛世才会出现,所以凤凰的出现被视为一种祥瑞。《论语·子罕》记载孔子的感叹:"凤鸟不至,河图不出,吾已矣夫!"凤凰不飞临,黄河中的龙马不负图而来,我恐怕要去了!《山海经》中说:"有鸟焉,其状如鸡,五采而文,名曰凤凰……是鸟也,饮食自然,自歌自舞,见则天下宁。"典故"凤鸣岐山"出自《国语·周语》:"周之兴也,鸑鷟(音 yuè zhuó,凤之别名)鸣于岐山。"传说周朝将兴盛前,岐山有凤凰栖息鸣叫,人们认为凤凰是由于文王的德政才来的,是周兴盛的吉兆。

白驹也是一种祥瑞。"白驹食场",语出《诗经·小雅·白驹》:"皎皎白驹,食我场苗,执之维之,以永今朝。"全身洁白的小马驹在草场上安闲地吃着嫩草,这也是一幅祥和美丽的画面。

"化被草木,赖及万方",在这个太平盛世里,圣王的教化恩泽覆盖了大自然的一草一木,惠及普天下。历史上有商汤"解网更祝"的故事。《史记·殷本纪》记载:成汤有一天出游,看见郊外的猎人四面布网,还向天祈祷说:"天上地下、四面八方来的禽兽,都投入我的网中。"成汤见此,感叹人心贪婪。特命解除三面猎网,只留一面,并改祝祷词说:"愿向左的往左逃,愿向右的往右逃,愿向上的往上飞,不愿逃的向下跳。只有命该绝的,才入我的网。"大家说:"汤德至矣,及禽兽。"

第二章 人生修养

第二章的主要内容是讲人生修养和品德操守,主旨是宣扬传统伦理道德,即君臣、父子、兄弟、夫妇、朋友"五伦"和仁义礼智信"五常"。此章可分为五节,分别谈到人的品德和处世原则,如诚信、忠孝、谨慎、亲友相处、高雅情操等。

第一节 修身律己

此节从珍惜身体说起,身体是修养和事业的物质基础,人的身体受之父母,珍惜身体是孝道的开端,由此推及仁义礼智信"五常",谈到男女应该具备的品德,以及知过必改、谦虚谨慎、诚信、大度、正直纯粹等美德。

盖①此身发②,四大③五常④。
恭惟⑤鞠养⑥,岂敢毁伤。

【注释】

①盖:文言文中的发语词,无实义。

②身发:人的身体发肤。发,繁体为"髮"。

③四大:佛教以地、水、火、风为"四大",分别包含坚、湿、暖、动四种功能,人身即由此构成。道教以道、天、地、人为"四大",《老子》第二十五章:

"故道大,天大,地大,人亦大。域中有四大,而人居其一焉。"

④五常:指五种伦常道德——仁、义、礼、智、信。也指父义、母慈、兄友、弟恭、子孝。

⑤恭惟:恭敬地想。恭:恭敬,谦逊有礼。惟:本义是思虑、思想。《说文》:"惟,凡思也。"转义为副词,相当于"仅""只"。

⑥鞠养:抚养,养育,供养,赡养。《说文》:"鞠,蹋鞠也。""鞠"的本义是古时一种用来踢打玩耍的皮球,最早是结毛而成,后来用毛充填皮囊而成。中国足球最晚起于战国时,汉代刘向《别录》:"蹴鞠者,传言黄帝所作,或曰起战国之时。""鞠"后来转义为生、养,《诗经·小雅·蓼莪》:"父兮生我,母兮鞠我。"

【讲析】

人的身体发肤属于"四大",言行举止要合乎"五常"。恭敬地想着父母的生养抚育之恩,不可使身体有一丝一毫的毁坏损伤。

人之为人,有物质和精神两个层面。人的身体是外在的物质形体,心性是内在的精神存在。这里从人的身体讲起,告诫人们一定要珍惜身体,因为身体是修养和事业的基础。

首先,人的肉身是一种物质性的存在。佛教认为,物质世界是由"地水火风"四类物质构成的,"地"代表固态,以坚为性,能承载万物;"水"代表液态,以湿为性,能包容万物;"火"代表温度,以暖为性,能成熟万物;"风"代表气态,以动为性,能生长万物。人的身体也由这"四大"构成:人的骨骼肌肉是"地",具有坚劲的体性;人的血液、汗水等体液是"水",具有流湿的体性;人体的温度是"火",具有温热的体性;人的呼吸和运动是"风",具有轻动的体性。《圆觉经》云:"我今此身四大和合,所谓发毛爪齿,皮肉筋骨,髓脑垢色,皆归于地;唾涕脓血,津液涎沫,痰泪精气,大小便利,皆归于水;暖气归火;动转归风,四大各离,今者妄身,当在何处?"梁朝僧佑《弘明集·慧远·明报应论》:"夫四大之体,即地、水、火、风耳,结而成身,以为神宅。"

其次,在精神层面,人要遵守伦常道德,这是人和动物区别开来的根本属性。中国古代的伦常道德,主要是"五常""五伦""五教"。《千字文》宣扬的是儒家的伦理道德，儒家从人与人之间的伦理关系中提出五种伦理道德，即"五伦""五教"。"五伦"是指封建礼教中的人与人的五种关系：君臣、父子、兄弟、夫妇、朋友。孟子主张，在这五种关系中，要做到"父子有亲，君臣有义，夫妇有别，长幼有叙（序），朋友有信"。据此，儒家提出"五教"，即五种伦理："父义、母慈、兄友、弟恭、子孝"。在此基础上，儒家又提出"五常"，用以作为调整五种伦理关系的准则。"五常"即"仁义礼智信"。

  "五常"是儒家提出的人应该拥有的五种最基本的品格和德行。孔子最早提出"仁、义、礼"；孟子又加入"智"，构成"仁、义、礼、智"四德或四端；董仲舒又加入"信"，将"仁义礼智信"说成是与天地长久的经常法则（"常道"），称"仁义礼智信五常之道"（《贤良对策》）。儒家认为，人性中含有"仁义礼智信"五常之德。"常"是恒常，永远存在、不能改变的意思。五常之德是天德，是天赋予人的天性。什么是"仁"？仁者，人二也，人与人相互友善、亲爱，就是博爱、仁慈。什么是"义"？义者宜也，做应该做的事，言语行为合乎道德规范就是义。什么是"礼"？礼，履也，所以事神致福也。举行仪式，祭神求福。礼是为了约束和规范道德而制定的基本的生活礼仪和准则。什么是"智"？正确地辨别事物、判断是非，就是智慧。什么是"信"？就是诚信，讲信用，不虚伪。这"五常"后来和"三纲"一起，成为中国封建社会道德观念中的核心价值。

  中国文化作为一种伦理型文化，其传统思想中的许多核心价值观念都是在封建专制制度和农业经济条件下产生的，与现代文化相比，固然有其落后的一面。但是，这些思想在现代社会有些是可以进行转化的，如果我们将这些传统思想赋予现代内涵，仍然可以成为我们今天的思想精髓或者价值观念。对于"三纲五常"，其"君为臣纲，父为子纲，夫为妻纲"的封建专制主义的等级秩序关系是我们必须反对的，但对于"五常"，则可以进行现代转化："仁"就是我们今天讲的同情、友善与慈悲；"义"就是公正、公平；"礼"就是人与人沟通的最基本的文明礼貌；"智"就是智慧；"信"即诚信。这些都是中国人安身立命的最基本的价值。这些价值与西方文化的价值观是可以进行对话的。西方文化基于个人本位标榜所谓"人权""自由""民主"等价值观念，而中国文化基于社会伦理提出的"仁爱""礼义""和谐"等也应该成为世人所尊奉的价值。要注重自由,就不能不注重正义;注重理性,就不能不注重同情和慈悲;注重人权,就不要忘记责任;注重法治,那么人与人之间关系的和谐,互相尊重、文明礼貌也必须注重。

每一个人的身体生命,都关系到"五常"。精神是依赖身体而存在的,身体是一切存在的基础。儒家的重要经典《礼记·祭义》中说:"曾子曰:身也者,父母之遗体也。行父母之遗体,敢不敬乎?"《孝经》一开篇就说:"身体发肤,受之父母,不敢毁伤,孝之始也。"自己的身体和生命是父母给予的,自己是父母养育大的,自己将来也要担负养育下一代的使命,怎能不爱惜自己的身体呢?珍惜身体,是最基本的"孝"。子女应当明白,在父母心中,孩子就是父母生命的延续,他们视子女的生命远远重于自己的生命。因此,子女轻视或是不善待自己,就等于伤害和践踏父母的感情,就是最大的不孝。

"百善孝为先","孝"是中国传统伦理价值观念的核心。《诗经·小雅·蓼莪》云:"父兮生我,母兮鞠我。拊我畜我,长我育我,顾我复我,出入腹我。欲报之德,昊天罔极。"父母生我养我,抚爱我,教育我,拉扯我长大,庇护我,不厌其烦地照顾我,进出都抱着我,想要报答他们的恩情,可是那像天一样大的恩情,如何报答?只能用孝心报答。

女慕①贞洁②,男效③才良④。

【注释】

①慕:本义是思慕、思念。《玉篇》:"慕,思也。"引申为羡慕、仰慕、敬仰。《说文》:"慕,习也。"可见"慕"还有模仿、仿效的意思。

②贞洁:贞操,纯洁。"贞"的本义是占卜、卜问的意思。《说文》:"卜问也。从卜,贝以为贽。"甲骨文中把占卜的人称为"贞人"。在古人眼内,这些占卜的人都是品行端正的人,"贞之为问,问于正者",所以"贞"字又引申为"正",形容一个人的意志操守坚定不移,言行一致,品行端正。《周易·乾卦》:"元亨利贞。疏:贞,正也。""洁"是干净、没有污染的意思。

③效:本义指训诫、教诲,引申为效法、效仿。

④才良：指德才兼备的才士贤人。

【讲析】

女子应该仰慕那些持身严谨、坚守节操的贞妇洁女，男子要仿效那些才德兼备的正人君子。这两句讲的是对男人和女人的品德标准。按照儒家的标准，女人要做淑女，男人要做君子。

女子要"贞洁"，这是中国古代对女子立下的规矩。传统社会中要求女性严守贞操，即婚前不破身、婚后从一而终。秦汉时期，秦始皇曾在泰山等地刻石提倡贞节，尊守节的寡妇为"贞妇"，并建"怀清台"。西汉刘向的《列女传》记载了从上古到西汉上百位女子的嘉言懿行，如"孟母三迁"的故事即出自该书。东汉女史家班昭的《女诫》是一本教导女性如何立身处世的书。书中提到的"女有四行，一曰妇德，二曰妇言，三曰妇容，四曰妇功"，即后来所谓女性要遵从的"三从四德"之"四德"。其中说到妇德："清闲贞静，守节整齐，行己有耻，动静有法，是谓妇德。"但虽然如此，从总体上看，从秦汉到宋代程朱理学兴起之前，对妇女的贞节观念还是较为宽泛的，寡妇再嫁并不会被视为不符合礼教的规范而严加指责或禁止。如西汉朱买臣妻离婚再嫁，是人人皆知的故事。著名的《孔雀东南飞》，焦仲卿妻被休回娘家后，也无人嫌弃，反而是太守、县令一再遣媒议婚。到东汉，寡妇或弃妇再嫁也是常事，如著名的蔡文姬，嫁三次，也并没有被人们轻贱，可见汉代对贞节观是较为淡薄的。至宋代，理学形成，改变了中国的学术思想以及风俗制度，也使妇女的贞节观念愈演愈烈。经过宋、元、明三代对贞节观念的极端倡导，在进入清朝以后，贞节的含义变得十分偏狭了，似乎成了一种宗教。妇女成了丈夫的附庸品，丈夫有休妻的自由，妇女却没有离婚的权利，妇女的一切言行举止、服饰装扮都要以男子好恶为标准。妇女被休是奇耻大辱，当然更不可能有再嫁之说。夫死守节也成了妇女应尽的义务，妇女死了丈夫而守节称为"贞女"，要为她竖贞节牌坊。对于妇女的贞节，鲁迅在《我之节烈观》一文中说："古代的社会，女子多当作男人的物品，或杀或吃，都无不可；男人死后，和他喜欢的宝贝、日用的兵器，一同殉葬，更无不可。后来，殉葬的风气渐渐改了，守节便也渐渐发生。但大抵因为寡妇是鬼妻，亡魂跟着,所以无人敢娶,并非要她不事二夫。这样的风俗,现在的蛮人社会里还有。中国太古的情形,现在已无从详考,但看周末虽有殉葬,并非专用女人,嫁否也任便,并无什么裁制。由汉至唐也并没有鼓吹节烈,直到宋朝,那一班'业儒'的才说起'饿死事小、失节事大'的话,看见历史上'重适'两个字,便大惊小怪起来。"贞节观念成为一种套在妇女头上的枷锁,不知害苦了多少女子。

  对男子的要求是德才兼备。"男效才良","才"指人有能力、有才智;"良"是指一个人的德行善良。对一个人的评价标准有"德"与"才"两个方面。宋代史学家司马光在《资治通鉴》第一卷,就发了一通关于德才关系的议论。他指出:"才者,德之资也;德者,才之帅也。"对"德"与"才"的关系作了原则性的说明和规定,在"德"与"才"二者之间,"德"是首位的,选拔人才标准应该是"德才兼备,以德为先"。司马光根据德才两方面在一个人身上表现的不同情况,把人分为四类:"是故德才全尽谓之圣人,德才兼亡谓之愚人。德胜才谓之君子,才胜德谓之小人。"作了这样的区别之后,司马光提出一个"宁用愚人、不用小人"的用人主张。他指出:"凡取人之术,苟不得圣人君子而与之,与得小人,不若得愚人。"用人的方法,如果不能得到圣人和君子,与其用小人,还不如用愚人。得到德才兼备的圣人固然是好事,但圣人毕竟太少了。得不到圣人,就用德胜过才的君子,能踏实做事,有忠诚,有担当,踏实可靠。但千万不可用才胜过德的小人,因为小人才能突出,本事太大,但品德不行,干起坏事来,也会坏大事。愚人没有什么才能和本事,所以虽然他想干坏事,却没能力干。中国传统文化中,"圣人"是至高无上的人格偶像,"内圣外王"是古代知识分子最高的人生追求。但做不了圣人,就要做一个君子。君子与小人,是传统文化中两个对立的人格。两者的区别是什么?"君子喻以义,小人喻以利。"这就是说,二者的价值观念有本质的区别。君子讲道义,小人唯利是图,利字当先。

  知过①必改,得能②莫忘。
  罔③谈彼短,靡④恃⑤己长。

《千字文》注析

信使可覆⑥,器⑦欲难量⑧。

【注释】

①过:过错。"过"的本义与行走有关,即经过,这个意思很常用。它也可以引申为表示时间的经过、度过,如过年、过节。经过某个时间(时点)或地点就意味着超越了它,所以"过"又表示"超过、越过"。过是超过,超过限度就叫"过分"。什么事过分都是不好的,所以又引申出过失和过错之义。

②得能:学到一种技能。"能"古字形像熊,熊强壮,因此"能"假借为技能、能力,又指有才能。

③罔:不要。"罔"原是"网",指渔猎用的网,篆文时"网"加声符"亡"分化出"罔"字。"罔"被假借为"有无"的"无",又作否定副词"不"。

④靡:音 mǐ,不要。"靡"本义是散乱、倒下,由"麻"和"非"构成,"麻"字表示田地里的麻秆直立着,加"非"表示麻秆不直立了,由此产生倒下的含义。《左传·庄公十年》:"吾视其辙乱,望其旗靡。"引申为无、没有。又引申为否定副词,相当于"没""不"。再引申为非、错误。

⑤恃:音 shì,依赖、依靠。

⑥覆:检验,验证。本义为翻转、倾覆,引申出覆盖,再引申出覆灭等。又同"复",再、重的意思,如覆校(复查,校对)、覆检(再次检查、检验)。

⑦器:本义是器具,因为器具都能容纳物品,所以"器"也引申为人的才华、才能,如"大器晚成";引申为人的格局、度量、胸怀,如"器量"。

⑧量:用量器计算容积或长度。

【讲析】

这几句讲的是为人处世的几条原则。知道过错一定要改正,已经掌握的技能不要忘记。不要谈论别人的短处,不要仗恃自己的长处。一个人的诚信要经得起考验,一个人的胸襟气度要大到难以估量。

"知过必改",是人人都懂的道理。人非圣贤,孰能无过?有错不怕,怕的是有错不改。《左传·宣公二年》:"人谁无过?过而能改,善莫大焉。"《论语·学而》中孔子说:"过则勿惮改。"有了错误不要怕改正。《论语·卫灵公》中说:"过而不改,是谓过矣。"还说:"德之不修,学之不讲,闻义不能徙,不善不能改,是吾忧也。"孔子说他最担忧的有四件事:一是人不讲品德,二是不认真研究学问,三是明明知道应该做却不去做,四是有缺点却不改正。《论语·雍也》中,孔子夸奖颜回:"有颜回者好学,不迁怒,不贰过。"说颜回不会把愤怒发泄在别人身上,也不会两次犯同样的错误。曾子强调,要能经常自省,反复检讨自己:"吾日三省吾身,为人谋而不忠乎?与朋友交而不信乎?传不习乎?"认识到自己的错误,要勇于改正,改恶向善,改过自新。

"得能莫忘","能"指技能,这句话的意思是,得到某种技能,就不要忘记。也有一种解释:从别人那里得到的好处,不要忘记,即"施人慎勿念,受施慎勿忘"(东汉崔瑗《座右铭》)。给予别人的好处不要总是挂念,受到别人的给予要小心,不要忘记。

"罔谈彼短,靡恃己长。"不要随便谈论别人的短处和缺点,不要到处夸耀和倚仗自己的长处。这句话出自东汉书法家、文学家崔瑗所作铭文《座右铭》。《座右铭》是一件书法作品,讲了许多为人处世的道理和智慧,与老子的道家思想相近。全文是:"无道人之短,无说己之长。施人慎勿念,受施慎勿忘。世誉不足慕,唯仁为纪纲。隐心而后动,谤议庸何伤?无使名过实,守愚圣所臧。在涅贵不淄,暧暧内含光。柔弱生之徒,老氏诫刚强。硜硜鄙夫介,悠悠故难量。慎言节饮食,知足胜不祥。行之苟有恒,久久自芬芳。"翻译出来就是:不要随便说人家的短处,不要到处夸耀自己的长处。施恩于人不要再想,受人的恩惠不要忘。世人的赞誉不值得羡慕,要把仁爱作为自己的行为准则。坚守自己的真心不要盲动,别人的诽谤议论又有何妨害?不要使自己的名声超过实际,守之以愚圣人赞赏。洁白的品质,即使遇到黑色的浸染也不改变颜色,才是宝贵的。表面上暗淡无光,而内在的东西蕴含着光芒。柔弱是生存的根本,因此老子劝诫不要逞强好胜。小人总是浅陋固执,君子悠悠内敛。要慎言节食,知足不辱,故能去除不祥。如果持久地实行它,久而久之,人生自会有芳香。

"信使可覆",出自《论语·学而》"有子曰:信近于义,言可覆也"。孔子的学生有子(名若)说,信与义意思是一样的,都是说一个人立定的志向、

《千字文》注析

发过的誓愿要经得住检验,要能够兑现。"信",《说文》:"诚也。从人从言。"人应当诚实守信,言行一致,心口如一,出言不欺,所以"信"从人言。《论语·为政》中有孔子的一句话:"人而无信,不知其可也。大车无輗,小车无軏,其何以行之哉?"人要是失去了信用或不讲信用,不知道他还可以做什么?就像车没有车辕与轭相连接的木销子,它靠什么行走呢?老子也说:"夫轻诺必寡信,多易必多难。"(《道德经·六十三章》)那些轻易发出诺言的,必定很少能够兑现的,把事情看得太容易,势必遭受很多困难。老子还说:"信言不美,美言不信。"(《道德经·八十一章》)真实可信的话不漂亮,漂亮的话不真实。"信"是"仁义礼智信"五常之一,是人应该遵守的基本道德规范。徐锴《系传·通论》:"君子先行其言,然后从之。言而不信,非为人也。"

"器欲难量"是说,一个人做人处事,心胸器量要大。"器量"也就是人们常说的格局、胸怀和思想境界,就是一个人志向之大小、胸怀之宽窄、眼界之高低。俗语说"侯王颔下能跑马,宰相肚里能撑船"。格局大的人,不与小人计较,不与破事计较,站得高、看得远,才能做得大,心底无私天地宽。俗话说:"再大的饼也大不过烙它的锅。"人就好像一张大饼一样,未来的人生是否能烙出满意的"大饼",完全取决于烙它的那口"锅"。这口锅,就是所谓的"格局"。格局不够大,人生成就再高也有限。格局小的人,往往眼界狭隘,自私自利,眼睛只盯着自己眼前的利益,计较眼前个人的得失。有个"李斯观鼠"的故事,李斯刚开始是一个仓库管理员,他发现粮仓里的老鼠和厕所里的老鼠待遇是不同的,关键在于老鼠所处的位置。由此受启发,他要干大事,要往上爬,改变自己的个人命运,获取个人利益。这个出发点就是有问题的,自私,狭隘,格局小。然后他去学习帝王之术,后来官至丞相。到后来下场是被赵高陷害,腰斩于市,夷灭三族。所以,格局小、器量窄、嫉贤妒能的人,不但薄福,而且下场很不好。一个人能否担当重任、成其大事,首先要看心量。心大量大,天地给你的舞台就大;心小量窄,你自己的路就越走越窄。

墨①悲丝染,诗②赞羔羊。

【注释】

①墨:这里指战国初期的思想家墨子,名翟,墨家学派创始人。墨子弟子根据墨子生平事迹的史料,收集其语录,编成了《墨子》一书。

②诗:这里指《诗经》。

【讲析】

墨子悲叹白丝被染上了杂色,《诗经》赞颂羔羊能始终保持洁白如一。这两句话包含两个典故,分别出自《墨子》与《诗经》。

《墨子·所染》中讲了"墨悲丝染"的故事。墨子有一次路过染坊,看到雪白的生丝在各色染缸里被染了颜色,任凭怎样漂洗,也无法将染色丝恢复生丝的本色了,于是墨子发了一通感慨:"染于苍则苍,染于黄则黄,所入者变,其色亦变,五入而已则为五色矣。故染不可不慎也。"他说,洁白的丝放进青色的染料中,就会变成青色;放入黄色的染料中,就变成黄色。放进去的染料不同,染出的丝的颜色也跟着变化;放进去五种不同的染料,就一定会出现五种不同的颜色了。所以对于染丝这件事不能不谨慎啊!墨子接着说:"非独染丝然也,国亦有染。"染丝是这样,人也一样会受到周围环境影响。舜受到许由的影响,禹受到皋陶的影响,汤受到伊尹的影响,武王受到姜太公的影响。这四位君王受到的影响正确得当,因此能成为天子,名扬天下,被称为圣君。与此相反,夏桀受到干辛的熏染,殷纣受到崇侯的熏染,周厉王受到厉公长父的熏染,周幽王受到傅公夷的熏染。这四个帝王所受到的熏染不当,因此国破身亡,被天下人耻笑。墨子的意思是说,环境影响人,君王要慎重选择臣子,与贤良的臣子在一起,就会成为圣君;与奸臣在一起,会落得国败身死的下场。同样的道理,一般的人也要慎重交友,择善而从,交往的朋友的好坏,会影响到自身。这就是我们平常所说的:"近朱者赤,近墨者黑。"

《诗经·召南》里面有"羔羊"一诗:"羔羊之皮,素丝五紽。退食自公,委蛇委蛇。羔羊之革,素丝五緎。委蛇委蛇,自公退食。羔羊之缝,素丝五总。委蛇委蛇,退食自公。"这首诗描写了一个大夫,穿着用洁白的羔羊皮做的衣服,退朝后回家吃饭,走出公门回家时悠闲自得的神态。古代学者一般认为是赞美在位者的纯正之德。"羔羊之皮,素丝五紽。"用羔羊皮做的衣服,五处花边用白丝来缝制。这里表面上是赞美羔羊皮袄毛色洁白纯正,没有污染,实质上是称颂穿皮袄的士大夫仪表堂堂,赞美他"节俭正直,德如羔羊"。《毛诗序》:"召南之国,化文王之政,在位皆节俭正直,德如羔羊也。"薛汉《韩诗薛君章句》:"诗人贤仕为大夫者,言其德能称,有洁白之性,屈柔之行,进退有度数也。"宋代朱熹《诗集传》:"南国化文王之政,在位皆节俭正直,故诗人美衣服有常,而从容自得如此也。"清代姚际恒《诗经通论》:"诗人适见其服羔裘而退食,即其服饰步履之间以叹美之。而大夫之贤不益一字,自可于言外想见。此风人之妙致也。"这首诗后来还产生一个成语"退食从容",指官吏品行节俭正直,仪容从容自得,可为楷模。

第二节　建德立名

此节讲加强人生修养,首先要"景行维贤",即见贤思齐;其次要"克念作圣",即克服恶念,加强内心修养。关键是要"德建名立,形端表正",即内外兼修,表里如一,言行一致。同时还要谨言慎行,行善积德,珍惜时光,积极进取。

　　景行①维②贤③,克念④作圣⑤。
　　德⑥建名⑦立,形端⑧表正⑨。

【注释】

①景行:景,光明的意思。《说文》:"景,光也,从日从京。"本义指日光。在光的照耀下可以看见景色,所以又可指风景、景色。又引申为影子、阴影,《颜氏家训·书证》:"凡阴景者,因光而生,故即谓为景。""景因光而生",意即影子因光线所照射而生,所以上古以"景"作"影","景"是"影"的初

文,直至东晋初年,葛洪所写的《字苑》一书里为"景"字加上了"彡"旁,才出现了"影"这个字。《过秦论》"云集景从",像影子(跟随人)一样追随。"景行":朱熹解释为"大道",郑玄解释为"明行",如果按其本来的字义,可以解释为"像影子一样追随"。

②维:同"惟",只有。

③贤:《说文》:"贤,多才也。"指才能和德行高的人。繁体为"賢","臣"为眼睛,"又"为手,下面的"贝"是钱,用眼睛和手控制着钱。《庄子·徐无鬼》:"以财分人谓之贤。"本义是管理和分配钱财的人,即善于理财的人,有管理才能的人,引申为有才能、有德行的人。

④克念:克制欲念。"克"的甲骨文和金文像甲胄(兜鍪、头盔)之形。在古代"胄"往往是战利品,所以"克"的本义是"战胜"。古代作战都需要强大的武力,故也以"克"指称能力超强,多用为"胜任""能够"之义,也引申为"克服""克制",含有"能够主宰或控制"之义。"念",《说文》:"念,常思也。"《尚书·大禹谟》:"念兹在兹。"本义是思念、想念,引申为考虑、思考,念头、欲念、想法、忧虑。

⑤圣:繁体字作"聖",甲骨文字形像人竖起耳朵倾听之状,旁边有"口",表示说话,表现听觉灵敏之意。《说文》:"圣,通也。从耳,呈声。"以听觉通达敏锐表示通达明理。《尚书·大禹谟》:"乃圣乃神,乃武乃文。"孔颖达传:"圣,无所不通。"圣人通达超凡,是指有极高的品德和智慧的人。在儒家典籍中,能称为圣人的人是极少的。远古时期的尧舜禹是圣人,周朝的文王和周公是圣人,孔子是圣人,孟子也是圣人,但孟子比孔子差一点,所以孔子为"至圣",孟子为"亚圣"。成贤成圣是儒家的最高理想,内圣外王是儒家修养为政的最高目标。

⑥德:甲骨文字形从"彳"、从"直",表示遵行正道之意。《说文》:"德,升也。从彳,悳声。"认为"德"的本义是登上、升,努力向前。"德"在金文中又写作"悳",即内心正直为德。"德"常指道德、品德,引申指有道德的贤明之士。"德"是美好的,故又引申为有恩惠、感恩。在古代文献中也与"得"通,表示得到。

⑦名：甲骨文字形 ，从口从夕。古人走夜路时，彼此看不见，就自己呼自己的名字。本义指人的名字，进一步引申出命名、取名义。由人的名字引申指事物的名称，由名称引申出名号、名分、名声。

⑧形端：形体端庄。

⑨表正：仪表正直。

【讲析】

　　加强个人的人生修养，首先，在外要仰慕贤人的德行，树立榜样，向贤德之人学习，即"景行维贤"；其次，对内要克制私欲，一心向善，努力成为圣人，即"克念作圣"。

　　"景行维贤"，仰慕和追随有贤德的人。语出《诗经·小雅·车舝》："高山仰止，景行行止。"汉代郑玄注解说："古人有高德者则慕仰之，有明行者则而行之。""高山"比喻崇高的道德，"仰"是仰慕；"景行"，像影子一样追随而行；"行止"，是说以此作为行动的准则。这句诗的意思是，崇高的道德像高山一样让人仰慕，光辉的身影成为人们追随的榜样。司马迁在《史记·孔子世家》中引用这句诗来赞美孔子："高山仰止，景行行止。虽不能至，然心向往之！"夫子的学问、人品与境界真是令人景仰啊，我虽然达不到，但从内心里向往啊！

　　"克念作圣"，克制妄念努力成为圣人。语出《尚书·周书·多方》。周成王时，有一个原属于殷商的奄国，反叛周朝。成王出兵灭奄之后，命周公向多方诸侯宣告，说服诸侯归顺周。周公发表了一篇读来让人回肠荡气的演讲，就是这篇《多方》。周公向诸侯们说："惟圣罔念作狂，惟狂克念作圣。"圣人如果不能克制妄念就会变成狂人，狂人如果能够克制自己的妄念就能变成圣人。上天考察殷纣王，等了他五年，希望他能克制恶念，改恶从善，当好百姓的君主，可纣王无道，自取灭亡。而周王能行仁政，赢得人心，乃承天意，代殷为王，凡有不服王命者，当受天罚。《尚书孔传》说："惟圣人无念于善则为狂人，惟狂人能念于善则为圣人。言桀纣非实狂愚，以不念善，故灭亡。"一个人是为圣人还是为狂人，关键在于一念之间。念善则为圣,念恶则为狂。人人心中都可能有恶念,但要能够主动地克制恶念,积极向善。所以儒家强调"克己复礼"。孔子说:"克己复礼为仁。一日克己复礼,天下归仁焉。为仁由己,而由人乎哉?"(《论语·颜渊》)孔子所说的"克己",就是"克念",只有克除心中的恶念,才能成仁成圣。

"德建名立,形端表正",意思是:德行建立起来了,声名自然会树立;形体端庄了,仪表也随之正直庄严。这里说的是"德"与"名"、"形"与"表"的两种关系。"德"与"名"之间,"德"是因,"名"是果,有"德"才能有"名","德建"才能"名立"。《周易·系辞下》中说:"善不积不足以成名,恶不积不足以灭身。"如果有人内不修己德,却热衷于追求外在虚名,就会"德不配位,必有灾殃"!

"形"与"表"的关系是,"形"指人的整体形态,"表"指人的外在仪表。心正才能身正,身正则仪表容貌才能端正。人的仪表气质是内心思想性格的外在表现,我们常说"腹有诗书气自华"。人的形体健美、容貌姣好的根本在于心地,整容、化妆是没有用的,起码不能长久。为什么"形端"就能"表正"呢?《管子·心术篇》中说:"形不正者德不来,中不精者心不治。正形饰德,万物必得。翼然自来,神莫知其极。昭知天下,通于四极。"《千字文释义》用"立木"比喻木树得正,影子也正:"立木以示为表。形端则影亦端,表正则影亦正。言此贤圣之人,惟能建立五常之德,因以有圣贤之名,如形表之端正,则影自随之而不爽。盖修德者,必有名誉,而人不可以不效法之也。"所以,首先要修身、修德、正己、正心,然后才能"形端表正"。

空谷①传声,虚堂②习听③。

【注释】

①空谷:空旷的山谷。"谷",甲骨文字形 ,上部像水流出的样子,下部像两山间的夹道或流水道。本义指山谷,即两山间狭长而有出口的地带或水道。

②虚堂:空荡的厅堂。

③习听：习，繁体字为"習"，甲骨文字形 ，上部为"羽"字，代指小鸟；下部是"日"，即为太阳。一般认为"習"像鸟在日光下练习飞行。习的本义是练习、学习。又表示反复学习而熟悉。又表示因多次接触养成的不易改变的行为，即习惯。《说文》："习，数（音shuò）飞也。"所谓"数飞"就是"屡飞"，即为反复飞来飞去的意思。习听：反复听到，这里指回声。

【讲析】

"空谷传声，虚堂习听"，这两句话的字面意思是：空旷的山谷中呼喊声传得很远，宽敞的厅堂里说话会有反复的回声。在表面意思下，这两句话有更深一层的意思。人在"空谷"与"虚堂"里说话，声音就会成倍地放大回应，所以，说什么话，一定要谨慎小心！《周易·系辞上》中有一段孔子的话："君子居其室，出其言善，则千里之外应之，况其迩者乎。居其室，出其言不善，则千里之外违之，况其迩者乎？言出乎身，加乎民；行发乎迩，见乎远。言行，君子之枢机。枢机之发，荣辱之主也。言行，君子之所以动天地也，可不慎乎！"孔子说，君子在私室说的话，如果是好的言论，远在千里之外也会有人响应，更何况在你身边的人呢？相反，如果发表不正当的言论，远在千里之外也会有人反对，更何况身边的人呢？君子的言论与行为，就像"枢机"——门的轴、弩箭的扳机，一旦发动，就已经决定了荣誉或耻辱。君子一句话，可以"动天地"，影响之大，不可不慎。在古代专制政体下，"一言可以兴邦，一言可以丧邦"，而一个人的荣辱成败生死，又何尝不系之于一言？所以，孔子告诫我们，一定要慎言。

关于慎言的告诫由来已久。《尚书·大禹谟》中说："惟口出好、兴戎，朕言不再。"从口中说出来的话，可以产生良好的作用，但也会兴起战争，因而不可不慎。西晋文学家傅玄写过一篇妙文《口铭》："神以感通，心由口宣。福生有兆，祸来有端。情莫多妄，口莫多言。蚁孔溃河，溜穴倾山。病从口入，祸从口出。存亡之机，开阖之术。口与心谋，安危之源。枢机之发，荣辱存焉。"其中的"情莫多妄，口莫多言""病从口入，祸从口出"，一直到今天还流传着。

傅玄的这篇《口铭》，原题是《拟金人铭作口铭》。《金人铭》据传是"黄帝六铭"之一，影响极大，老子和孔子都曾见到并反复引用过。汉代刘向《说苑》："孔子之周，观于太庙右陛之前，有金人焉，三缄其口，而铭其背曰。"孔子到东周洛阳，在太庙右台阶前，见到一个金人，三缄其口，后背上有铭文。《金人铭》一开始就说："古之慎言人也。戒之哉！戒之哉！无多言，多言多败；无多事，多事多患。"孔子看后嘱弟子记录下来，并说"此言虽鄙而中事情"，这话虽然粗鄙，但言中其实。孔子还以《金人铭》告诫说："诗曰：'战战兢兢，如临深渊，如履薄冰。'行身如此，岂以口遇祸哉！"孔子十分强调慎言、讷言，告诫他的学生不要"以口遇祸"。《论语》中反复提及"慎言"。子贡曾请教孔子何为君子之道，子曰："君子慎言。"《论语》中还说"敏于事而慎于言"（《学而》）、"君子欲讷于言而敏于行"（《里仁》），都是说做事必须勤劳敏捷，但是说话务须谨慎迟钝。因为，第一，"古者言之不出，耻躬之不逮也"（《里仁》）。古代的君子从不轻易地发言表态，他们以说了而做不到为可耻。第二，"多闻阙疑，慎言其余，则寡尤；多见阙殆，慎行其余，则寡悔。言寡尤，行寡悔，禄在其中矣"（《为政》）。从政时要多听，有怀疑的地方先加以保留，要非常谨慎地发表意见，这样做就能少犯错误；说话很少有过失，做事很少有悔恨，官职俸禄就在里面了。可见《金人铭》给予孔子极大的影响。至于老子，从《老子》一书的内容来看，几乎整本书都是在阐述和演绎《金人铭》的思想。

　　《老子》的思想，起码有三点与《金人铭》相通。一是"慎言"；二是"卑下"；三是"守雌"。《老子》中有很多语言直接从《金人铭》中来。比如《金人铭》："无多言，多言多败"，《老子》第五章："多言数穷，不如守中"；《金人铭》："强梁者不得其死，好胜者必遇其敌"，《老子》四十二章："人之所教，我亦教之：'强梁者不得其死。'吾将以为教父。《金人铭》："执雌持下，莫能与之争者。"《老子》二十六章："知其雄，守其雌。"《金人铭》："夫江河长百谷者，以其卑下也。"《老子》六十六章："江海所以能为百谷王，以其善下之，故能为百谷王。"《金人铭》："天道无亲，常与善人。"《老子》七十九章："天道无亲，常与善人。"《老子》与《金人铭》的渊源关系，是一个非常值得深入研究的课题。

《千字文》注析

祸①因恶②积,福③缘④善⑤庆⑥。

【注释】

①祸:《说文》:"祸,害也,神不福也。从示,呙声。"本义是灾难、损害,与"福"相对。繁体字为"禍",左边的"礻"(示)为敬神的供桌,右边的"呙"意思是残骨,合起来的意思是神降灾祸。

②恶:本义是罪过、罪恶,与"善"相对。繁体字"惡"字上面的"亞",本义为丑,"亞"在"心"上,是对心理的一种不好感觉,心中压抑,引申为恶心、凶恶。

③福:本义是神赐幸福。甲骨文字形为 ,是双手虔诚地捧着酒坛(酉)敬神(示)的形象,意思是双手捧着酒在祖先的神主前祭献,求得神主保佑。《说文》:"福,祐也",即赐福、保佑的意思。后引申为富贵寿考等齐备、福气等。"福"字是中国最古老、最吉祥、最受欢迎的文字,寄托了人们对幸福生活的向往,对美好未来的期盼,对圆满人生的追求。

④缘:本义是衣服的边缘,引申为因缘、缘故、理由、缘分;也引申为沿着、顺着。

⑤善:本义是像羊一样说话,古文字上面是"羊"字,下面是两个"言"字。"羊"有驯良美好的品性,所以"善"有吉祥美好之义,《说文》:"善,吉也。从誩,从羊。此与义美同意。"

⑥庆:繁体字为"慶",是"鹿"与"心"和"夂"(音suī,脚印,表示行为)合成的,表示用鹿皮略表心意前去祝贺。本义为祝贺,也表示可庆贺的事情或日子。古代国家或君王有喜庆之事时,都会对臣民有所赏赐,故又由庆贺引申为奖赏、赏赐。受奖赏固然是幸福的事,所以"庆"又指福泽、福气。

【讲析】

"祸因恶积,福缘善庆",也是关于处世的谚语,意思是:灾祸是因为多干坏事造成的,福运是多做好事带来的。这两句话讨论了"善"与"恶"、

"福"与"祸"的因果关系。"善""恶"是因,"福""祸"是果,因果次序一定要分清楚,千万不能倒置。语出《周易·坤卦·文言》中说:"积善之家必有余庆,积不善之家必有余殃。""庆"是吉祥、喜庆。"余庆"是福泽绵长,这是积善的回报;"余殃"是灾祸不断,这是积恶的果报。

哲学上所讲的"因果律",指事件的发生必有一定的原因,且有因必有果。就先后顺序而言,先有因后有果,并且相似的原因必产生相似的结果。"物有本末,事有终始","种瓜得瓜,种豆得豆"。佛教讲因果报应,认为今生种什么因,来生结什么果。善有善报,恶有恶报。佛家的因果,是讲本身有三世,即过去世、现在世、未来世。世间一切事物或现象,在过去、现在、未来时间的迁流中,都有一个因果的连锁。过去者为因,现在者为果;现在者为因,未来者为果,此称为"三世因果"。佛门有句话说:"欲知前世因,今生受者是。"我们想要知道今生为什么会困苦不堪?这些原因皆是跟过去世挂钩。过去世做了什么事,那么现在世就必将受什么果。在《三世因果经》中有这么一段通俗的话:"骑马坐轿为何因,前世修桥补路人。穿绸穿缎为何因,前世施衣济灾民。有食有穿为何因,前世茶饭施贫人。无食无穿为何因,前世无舍半分文。……"中国儒家的因果论则讲祖宗、本身、子孙三代,凡是做很多好事的人家,必然遗留给子孙许多的德泽;而多行不善的人家,遗留给子孙的只是祸害。这是一个"道德因果律",劝人行善积德,形成良好的家风,长宜子孙。

这句话中的"积"字非常关键。人为什么会有祸?因为恶积,是小恶的不断积累。为什么会有福?因为积善。"善不积不足以成名,恶不积不足以灭身。"善恶的积累过程就是事物的量变阶段,这个阶段还可以自己控制。等到了祸福临头的质变阶段,就非人力所能控制了。所以三国时代的刘备曾说过这么一句著名的话:"勿以善小而不为,勿以恶小而为之。"不要因为好事小而不做,更不能因为坏事小而去做。小善积多了就成为利天下的大善,而小恶积多了则足以乱国家。

尺^①璧^②非宝,寸^③阴^④是竞^⑤。

【注释】

①尺：中国市制长度单位。一尺等于十寸。西汉时一尺等于0.231米，今三尺等于一米。《说文》："尺，十寸也。人手却十分动脉为寸口。十寸为尺。"古人以自己身体作为参照来度量，先确定"寸"（参见下文"寸"的注释），然后十寸为一尺。

②璧：平而圆、中心有孔的玉环，后世将上等的美玉称为璧。

③寸：古文字"寸"是由代表手的"又"和指事符号"一"两个部分组成，本义指从掌至手腕一寸长的部位，即"寸口"，引申指以寸口为度的长度单位。因为寸是量度较小的单位，故又用来形容极小或极短。

④阴：光阴、时光。

⑤竞：争，竞争。

【讲析】

这两句话是劝人珍惜时间的，一尺长的璧玉算不上宝贵，一寸短的光阴却值得努力争取。语出《淮南子·原道训》："夫日回而月周，时不与人游，故圣人不贵尺之璧，而重寸之阴，时难得而易失也。"意思是日月不停地运行，时间不会永远与人相伴，所以圣人不以一尺长的璧玉为贵，而珍视一寸长的光阴，因为时间难得且容易逝去。曹丕《典论·论文》："则古人贱尺璧而重寸阴，惧乎时之过也。"南朝梁代萧绎《金楼子》："驰光不留，逝川倏忽。尺璧非宝，寸阴可惜。"古人称时间为"光阴"，"寸阴"是说光阴短暂。俗语说："一寸光阴一寸金，寸金难买寸光阴。"岁月不居，时节如流，光阴易逝，人生易老，且行且珍惜吧！

第三节　忠孝美德

此节讲孝与忠，事父以孝，事君以忠，"孝当竭力，忠则尽命"，这是最基本的伦理道德。做到了孝与忠，一个君子的德行就像兰花和松柏一样芬芳茂盛，像大河一样川流不息，像潭水一样澄澈清明。

资①父事②君,曰严与敬。
孝③当竭力,忠④则尽命。
临深履薄⑤,夙兴⑥温凊⑦。

【注释】

①资:帮助。这里是奉养的意思。

②事:这里指侍奉。

③孝:本义为尽心尽力地奉养父母。金文字形为 ,上部是省笔的"老",下部是"子",是一个小孩儿搀扶着老人走路的形状。《说文》:"孝,善事父母者。从老省,从子。子承老也。"

④忠:《说文》:"忠,敬也。"段注:"敬者,肃也。未有尽心而不敬者。尽心曰忠。"《论语·八佾》中孔子说:"君使臣以礼,臣事君以忠。"以下事上,恭敬尽心,竭诚尽力为"忠"。又指忠诚不贰。《诗·邶风·北风》笺:"诗人事君无二志,勤身以事君,忠也。"

⑤履薄:意思是行走于薄冰上。喻身处险境,戒慎恐惧之至。"履"音 lǚ,本义是鞋;可作动词,意为踩、行走、登位、实行等。

⑥夙兴:早起。成语"夙兴夜寐",意思是早起晚睡,形容勤奋不懈。

⑦温凊:"冬温夏凊"的省称。古人侍奉父母之礼:冬天温被使暖,夏天扇席使凉。《礼记·曲礼上》:"凡为人子之礼,冬温而夏凊,昏定而晨省。"可指冷暖,借指生活起居;也表示温存体贴。"凊",音 qìng,清凉。

【讲析】

用侍奉父亲的态度侍奉君主,就是严肃和恭敬。孝顺父母应当尽力,效忠君主应当不惜牺牲自己的生命。做事要小心谨慎,仿佛面临深渊,脚踩薄冰;孝顺父母,早起晚睡,冬天要使父母感到温暖,夏天使父母感到凉爽。这里说的是"孝"和"忠"。

"孝"和"忠"是儒家思想的核心价值观念。任何社会的价值观念,都是建立在一定的社会生产生活方式的基础之上的。中国自古是一个农业社会,农业生产要求人们固着在土地上,聚族而居,而家庭的凝聚,靠的是血缘关系。这种以血缘为基础的家庭式集体劳作的生产方式,决定了中国传统的社会结构方式。西方社会是以个人为本位的社会,中国社会是以家族为本位的社会。中国古代社会结构体系是"家国同构"的方式。这种结构的基本构架是:家庭—家族—宗族—国家。在家庭结构内部,维系血缘关系的,是"孝"的观念。"孝"是儒家伦理观念的核心。《说文》释"孝":"善事父母者,从老省,从子。子承老也。"善事父母,是人最基本的道德。《孝经》是中国古代政治伦理著作,是阐述孝道和孝治思想的儒家经典。《孝经》认为"孝"是上天所定的规范,"夫孝,天之经也,地之义也,人之行也"。指出"孝"是诸德之本,"人之行,莫大于孝"。"孝"贯穿于人的一切行为之中:"身体发肤,受之父母,不敢毁伤",是孝之始;"立身行道,扬名于后世,以显父母",是孝之终。认为"孝"要"始于事亲,中于事君,终于立身"。孔子要求他的弟子们:"入则孝,出则弟,谨而信,泛爱众,而亲仁。行有余力,则以学文。"(《论语·学而》)"孝"是一切道德行为规范的基础,在家孝敬父母,出外则敬重师长、朋友,对社会上的众人要有仁爱之心,这样,从家庭伦理的"孝"开始,向外推而广之,从父母到兄弟、亲戚、朋友,从家庭到乡党、村庄、社会,从而成为一种社会道德。儒家将"孝"与"忠"联系起来,把家庭伦理观念的"孝"的作用推而广之为国家道德伦理的"忠",在家孝敬父母,在外忠于君主,"忠"是"孝"的发展和扩大。以此,君主可以用"孝"治理国家,臣民能够用"孝"立身理家。忠孝一体,孝子出来做事一定是忠臣,不孝父母的人不会懂得爱国家、爱百姓、忠于君主。中国在隋朝以前没有科举制度,国家挑选人才首先要从各地举荐的孝子中选拔,叫作"举孝廉"。

"资父事君,曰严与敬"语出《孝经》:"资于事父以事母,而爱同;资于事父以事君,而敬同。故母取其爱而君取其敬,兼之者父也。"将侍奉父亲的心推及母亲,亲爱之心是一样的;将侍奉父母的心推及君主,敬爱之心也是一样的。所以在母亲那里,取的是爱,在君主那里取的是敬;兼有爱和敬的,是父亲。对待父亲和君主的态度,应当是"严"与"敬"。对于父母,常说"父严母慈",因而称父亲为"严父""家严",这一方面是说父亲对子女管教严格,另一方面也是对父亲的尊敬、敬畏。《孝经》言:"人之行莫大于孝,孝莫大于严父。"

"孝当竭力,忠则尽命"出自《论语·学而》:"事父母,能竭其力;事君,能致身。"孝敬父母应当竭尽全力;忠于君主要能忠心不贰,不惜献身。

"临深履薄,夙兴温凊",是"资父事君"的具体方式和做法。"临深履薄"是事君之道,"夙兴温凊"是资父之道,二者都是"严"与"敬"的具体体现。

"临深履薄"出自《诗经·小雅·小旻》:"战战兢兢,如临深渊,如履薄冰。"好像面对悬崖深渊,走在薄薄的冰面上,胆战心惊。比喻做人处事、言行举止非常小心谨慎。《论语·泰伯》中说:"曾子有疾,召门弟子曰:'启予足!启予手!云:战战兢兢,如临深渊,如履薄冰。而今而后,吾知免夫,小子!'"曾子病危,弥留之际,召集众弟子围在他身边,他跟学生们说:"把我的脚摆正,把我的手摆正。《诗经》上说'战战兢兢,如临深渊,如履薄冰',我这一辈子小心严谨地修养心性,现在我即将去世,知道不会再犯错了。你们这些学生要勤勉、小心啊!"

"夙兴温凊"是"夙兴夜寐"与"冬温夏凊"两句话的缩略语。"夙兴"是早早起床,"夜寐"是晚点儿就寝,语出《诗经·大雅·抑》:"夙兴夜寐,洒扫庭内,维民之章。"早晨,做儿女的要先于父母而起;晚上,儿女要迟于父母而睡,早晚两次要给父母问安。"冬温夏凊"是说冬天要注意为父母防寒保暖,夏天要注意为父母防暑降温。这也是古代子女孝奉父母之道。《北史·薛真传》:"温凊之礼,朝夕无违。"《礼记·曲礼上》中说:"凡为人子之礼,冬温而夏凊,昏定而晨省。"还说:"出必告,反必面,所游必有常,所习必有业。"做子女的外出,一定要把自己的去向告诉父母;办完事回到家,也必须面告父母,让他们知道自己已经回来,以免父母牵挂,出游一定要有个常去的地方,学习也要有个固定的方向。这些都是子女侍奉父母的行为规范,体现了古代的伦理道德及其所蕴含的人文精神。在日常生活中,子女应该把对父母的尊重落实于外出道别、回家告知等细节之中,努力使父母宽怀、愉悦。在当代社会,做子女的应该更多关注、理解、尊重父母包括精神情感在内的多方面需求,并以不断完善自我来宽慰父母。

似兰斯馨①,如松之盛。
川流不息,渊②澄③取映④。

【注释】

①馨:散布很远的香气,多比喻人的德化远播、声誉流芳百世。
②渊:本义指回旋的水,引申指深潭、深水。
③澄:水静而清。
④映:本义是照,引申表示为通过照射而显出。

【讲析】

"似兰斯馨,如松之盛",比喻一个人的德行可以感染人,像兰花那样香气远播;像松柏那样凌霜傲雪,四季常青,经得住恶劣环境的考验。

兰,被誉为"花中君子",不畏风霜,四季常青,清丽淡雅,超凡脱俗,馨香怡人。在中国传统文化中,兰花是高洁典雅的象征,代表着具有高贵品质的君子形象。《孔子家语·在厄》:"芝兰生于深林,不以无人而不芳;君子修道立德,不谓穷困而改节。"这是孔子回答子路的一段话。当时孔子被围困,断粮七日。孔子以兰的特性和生长习性,来比喻自己不因贫穷而动摇志向,也不因得失荣辱而改变信念。

松,是高大的常绿乔木,本性高直,坚忍不拔,被誉为"百木之长"。松树也是君子高尚情操和坚韧品格的象征。《论语·子罕》:"岁寒,然后知松柏之后凋也。"《荀子·大略》:"岁不寒无以知松柏,事不难无以知君子。"

"川流不息",语出《中庸》:"小德川流,大德敦化,此天地之所以为大也。""渊澄取映",亦出自《中庸》:"溥博渊泉,而时出之。溥博如天,渊泉如渊。见而民莫不敬,言而民莫不信,行而民莫不悦。"这两句比喻一个人的德行应该像江河水一样奔流不止,代代传承;像清澈的潭水一样清明,可供后人借鉴。

第四节　为政事业

一个人摄职从政，在言行举止上要从容稳重，对待事业要善始善终，要注重修身为本。学优则仕，从政要像古代名臣那样留下让人称颂的政绩。

容止①若思，言辞安定。

【注释】

①容止：仪容举止。语出《左传·襄公三十一年》："周旋可则，容止可观。"《孝经·圣治》："容止可观，进退可度。"

【讲析】

这两句是对一个人仪容言语和行为举止的要求：仪容举止要沉静安详，好像若有所思的样子；言语措辞要稳重，显得从容沉静。语出《礼记·曲礼》："毋不敬，俨若思，安定辞。"

一个人的修养风度，体现在他的仪表和语言上。一个有良好气质和教养的人，应该是仪态举止沉静、稳重、得体，不可轻浮；言语庄重、恳切、沉稳，不可巧言令色。"容止若思"，是说仪容举止好像若有所思，人在思考的时候显得沉静，也显得庄重。我们常说"三思而行"，说话办事要慎重。孔子说："君子有九思：视思明，听思聪，色思温，貌思恭，言思忠，事思敬，疑思问，忿思难，见得思义。"（《论语·季氏》）孔子所谈的"君子有九思"，把人的言行举止的各个方面都考虑到了。"色思温"，脸色要思考是否温和；"貌思恭"，容貌要思考是否谦恭；"言思忠"，言谈的时候要思考是否言出由衷；"事思敬"，办事要思考是否谨慎严肃；等等。《论语·子张》中说："君子有三变：望之俨然，即之也温，听其言也厉。"一个君子的形象应该是：远远望去庄重严肃，接近他时却温和可亲，听他说话则坚定不苟。

《礼记·曲礼》说："毋不敬，俨若思，安定辞。""俨"是恭敬、庄重、庄严的意思。容貌恭敬庄严,行为思定后动。内心安定,则言辞恳切。"容止若思,言辞安定"的前提是"毋不敬",孔子说:"修己以敬,修己以安人。"(《论语·宪问》)"敬",有严肃、敬畏的意思。内心敬才能重,重了才能定。内有定,外表的仪容举止才有安,言语才安定有力。

"言辞安定"是对言语的要求。儒家尚质朴,主张说话应谨慎小心,说到做到,先做后说,反对说话随心所欲、花言巧语。孔子多次批评人"巧言令色",认为"巧言令色鲜矣仁"(《论语·学而》)。一个人花言巧语,装出和颜悦色的样子,这种人的仁心就很少了。一个花言巧语的人,给人的感觉常常是不可靠的。一个君子应该谨慎其言,迟钝其语,这样才能让人觉得诚恳忠厚。孔子说:"仁者其言也讱。"(《论语·颜渊》)"讱",迟钝的意思,出言缓慢谨慎,说话之前要慎重考虑。孔子还说:"君子欲讷于言敏于行。"(《论语·里仁》)"讷",说话谨慎、迟钝。君子说话应该谨慎,而行动要敏捷。

笃初①诚②美③,慎终④宜令⑤。

【注释】

①笃初:开始时认真、踏实。"笃"的本义是马行走缓慢,《说文》:"笃,马行顿迟。"引申为忠实专一、深厚、厚重等。

②诚:诚实、真实、实在、的确。《说文》:"诚,信也。"

③美:甲骨文中"美"的古字形像戴着头饰站立的人,本义指漂亮、好看。《说文》:"美,甘也。从羊从大。羊在六畜主给膳也。美与善同意。"

④慎终:小心谨慎到事情结束。

⑤宜令:更应该做到完美。"宜",应该。"令",本义是号令,《说文》:"令,发号也。"又引申出美、善的意思。这里是美好的意思。

【讲析】

这几句讲做事。做事要善始善终,持之以恒。凡事在开始的时候认真对待固然很好,但将认真谨慎的态度保持到最后才是更好的。凡事开始容易,坚持到最后很难。《诗经·大雅·荡》:"靡不有初,鲜克有终。"意思是说,人们做事不是没有良好的初心,但很少有人能够坚持到最后。生活中,人们在开始做事时往往热情高涨,但随着时间的流逝,激情开始降温,到最后不了了之,草草收场,有好的开始却没有好的结局。所以,我们为人做事要有头有尾、善始善终。《老子》第六十四章:"民之从事,常于几成而败之。慎终如始,则无败事。"人们做事情,总是在快要成功时失败,所以当事情快要完成的时候,也要像开始时那样慎重,这样就没有办不成的事情。常言说"行百里者半九十",越是接近终点,越是不能有任何的松懈动摇,要小心谨慎,一鼓作气,坚持到底。"不忘初心,方得始终。"方向和道路选择之后,就要持之以恒,朝着既定的目标一步一步走下去,直至最后成功。这两句话中的"笃"和"慎"是说,做事的态度,要踏实、谨慎,这样才能善始善终,事有所成。

荣业①所基,籍甚②无竟③。

【注释】

①荣业:荣誉和功业。

②籍甚:盛大,盛多。《汉书·陆贾传》:"贾以此游汉廷公卿间,名声籍甚。"《文选·王俭》:"光昭诸侯,风流籍甚。"刘良注:"籍甚,言多也。"

③无竟:《说文》:"乐曲尽为竟。从音从人。""竟"字的上半部分是个"音"字,下半部分的"儿"字是个"人"字,两形合一,指乐器演奏结束了。本义是一曲音乐演奏完毕,引申义为结束、完毕。"无竟"就是没完没了,永无止境。

【讲析】

这两句的意思是:这是一生荣誉和功业所依据的基础,有此根基,名声才能广大无边。这个"所基"是什么呢?因为这一部分讲的是人生修养,所以,应是"修身"。

"为政之道,修身为本。"中华民族优秀的传统文化历来把"修身"看作做人、做事、做官的基础和根本。中国古代的私塾教育,启蒙教育使用的教材是"三、百、千",即《三字经》《百家姓》《千字文》。教学重点在于识字,相当于"小学"。"小学"阶段结束后,15岁束发,20岁"冠礼",束发而冠,算是成人了,再上学,就要学"大学"了。"大学"教材是"四书五经"。这几本书也有一个次序,先"四书"再"五经","四书"先读《大学》《中庸》,后读《论语》《孟子》。《大学》乃"四书"之首。朱熹说:"大学,大人之学。""大学"的目的是教人成长为"大人"。在《大学》中,为读书人的人格修养列出了"三纲八目","三纲"即"大学之道,在明明德,在亲民,在止于至善"。大学的宗旨,在于发扬光明美好的品德,在于使人弃旧图新,在于使人达到最完善的境界。"八目"是"内圣外王"的八个步骤:诚意、正心、格物、致知、修身、齐家、治国、平天下。这"八目"中的中心环节是修身,"自天子以至于庶人,壹是皆以修身为本"。因为诚意、正心、格物、致知是工夫,目的是修身,即所谓"内圣";齐家、治国、平天下则是修身的必然结果,即所谓"外王"。修身是立身之基,也是立国之基。"内圣外王"是中国古代知识分子的最高理想。"内圣",提高自我修养,内备圣人之至德;"外王",施之于外,则为王者之政,成就一番功业。

中国传统文化具有"人文伦理"的基本精神。传统文化的发展始终围绕着人,以人为中心,以人为根本,侧重于人与社会、人与人的关系以及人的心性修养问题,形成了一种伦理本位的人文精神。中国文化的人文伦理精神体现在个体生命上,表现为注重个人的德性修养。与西方近代资产阶级人文主义追求个体的民主自由、个人权利的人生价值不同,中国传统文化的人本主义则注重个人的责任与义务,具有浓重的道德色彩。中国文化的儒、道、佛三大思想体系,本质上都是人生哲学,都是以人生价值目标和意义的阐明、个人心性和人格的完善为核心的。传统文化中的这种道德伦理,强调个人是处于各种人际关系中"伦理"的人,体现道德原则的人。提高心性修养、追求道德完善,作为一种优良的传统,使深受传统文化熏陶的士子具有一种积极向上、向善的品格。

学①优②登仕③,摄职④从政⑤。

【注释】

①学:本义是教学。繁体字为"學",上面是双手摆弄爻,下面是蒙昧的孩子,合起来的意思是教与学。

②优:繁体字为"優",此字最早见于金文,本义是多愁善感的美貌演员。后引申为美丽的、好的、最佳的。再引申为充足的、富裕的。《说文》:"优,饶也。从人,忧声。一曰倡也。"认为是丰饶、富足、有余之意,另有演员、艺人的意思。

③仕:做官。中国上古时期选拔人才的方法是取士,在十个青年中选一个优秀的出来,就叫作"士"。所以"士"是上"十"下"一"。被挑选出来的士,由国家进行培训,培训后的士子出来为社会服务。这时的"士"加个"亻"旁,叫作"出仕",也就是放出去做管理工作。

④摄职:代理官职。

⑤政:政事、政务。甲骨文 从"正"从"攴"。"攴"为手持器械,表示本义与治事、动武有关。《说文》:"政也,从攴从正。"《论语·颜渊》:"政者,正也。子帅以正,孰敢不正?"季康子向孔子询问为政方面的事,孔子回答说,"政"的意思就是端正,你自己先做到端正,谁还敢不端正?

【讲析】

学习优秀并有余力就可走上仕途做官,担任一定的职务参与国家的政事。

"学优登仕",语出《论语·子张篇》:"仕而优则学,学而优则仕。"但我们对后半句比较熟悉,知道前半句的可能就不多了。对于"学而优则仕",一般的解释是"如果书读得好就可以去做官了",其实这样解释是不正确、不全面的,而且放在全句中也是讲不通的。这句话中的"优"字,不仅是"优秀"的意思,还有"有余力"的意思。"仕而优则学,学而优则仕"意思是说,做官而精力有余,就应该广泛地学习,读读书,做做学问,以求更好;学习好了还有余力,有了充分的学识储备,就可以去做官,以便更好地推行仁道。

因而这句话不能单纯地理解为"学习成绩优秀的人去当官",不是"读书做官论"。

所以,全面地看,"仕而优则学,学而优则仕"这句话强调的是"学习"与"出仕"的关系。孔子说过,"学而时习之",人的一生应该是学习的一生,不管你在什么时候、什么地点,只要有机会学习,那就不要放过机会。出仕做官是"时习之"的途径之一,也就是把所学的、所修的东西应用到从政的实践之中。这里的"学习",不仅仅是指读书,更主要的是指修身。修身学习是无止境的,从政可以更好地修身,也可以更好地推行仁道。"仕",《说文》段注:"仕,事也。""仕"是指"做事"。朱熹在《四书集注》中说道:"优,有余力也。士与学,理同而事异,故当其事者,必先有以尽其事,而后可及其余。然仕而学则所以资其仕者益深,学而仕则所以验其学者益广。"用现代的语言来表达,"学"与"仕"的关系,是学习与实践的关系,而不是学习与做官的关系,工作之余继续学习可以增长才干以"资其仕",学习之余参加社会实践可以检验学到的东西以"验其学"。这才是"仕而优则学,学而优则仕"的真正含义。

存以甘棠①,去而益②咏③。

【注释】

①甘棠:树名,即棠梨,又名杜梨树。花粉红色,果实呈扁圆状,可以食用,味道甜,所以叫甘棠。

②益:更加。"益"字形像器皿中的水满溢而流出,本义为充满而向外流,后表示"增益",本义由"溢"字表示。由满溢引申指增加、增多,又引申指更加。由于增加了,得到的好处更多了,所以又引申指好处。

③咏:唱,声调有抑扬地念。《说文》:"咏,歌也。"

【讲析】

这两句说的是一个典故:"甘棠遗爱。"这个典故出自《诗经·召南·甘棠》:"蔽芾甘棠,勿翦勿伐,召伯所茇。"意思是"甘棠树啊高又大,不能砍啊不能伐,因为召公曾休息在这棵大树下"。"存以甘棠,去而益咏"的意思是:周人怀念召伯的德政,召公活着时曾在甘棠树下理政,他过世后老百姓对他更加怀念歌咏。

召公,名奭,是周文王之子,周武王同父异母的兄弟。武王去世后,召公奭与周公旦共同辅佐成王理政。召公巡视乡邑的时候,曾在一棵高大的甘棠树下休息、理政、审理官司,后人因为怀念召公,一直不忍伐掉这棵甘棠树,在甘棠树下怀念和歌颂召公的政绩。后世就用"甘棠"一词,指代为官者的政绩与民声。《左传·襄公十四年》:"武子之德在民,如周人之思召公焉,爱其甘棠,况其子乎?"杜预注:"召公奭听讼,舍于甘棠之下,周人思之,不害其树,而作勿伐之诗,在《召南》。"《史记·燕召公世家》记载:"召公巡行乡邑,有棠树,决狱政事其下,自侯伯至庶人,各得其所,无失职者。召公卒,而民人思召公之政,怀棠树,不敢伐,歌咏之,作《甘棠》之诗。"召公所到之处不占用民房,只在甘棠树下停车驻马、听讼决狱、搭棚过夜,这种体恤百姓疾苦,不搅扰民间,而为民众排忧释纷的人,人民永远怀念他。

有一副对联:"政声人去后,民意闲谈中。"意思就是:一个人为官一任,政绩如何,老百姓是否真心拥护,只有在他离任时才看得清楚。这时老百姓对他的评价才是最真实、最公正的评价。《论语》中说:"为政以德,譬如北辰,居其所而从星共之。""天地之间有杆秤——那秤砣是老百姓",历史事实告诉我们,老百姓的心中始终装有一杆秤,他们会经常地把"父母官"放在天平架上称一称,看看他们的所作所为到底是"为民"还是"为己",从而自发地产生对他们的拥戴或憎恨之情。

第五节 亲友相处

这一节更具体地讲家庭和亲友关系。儒家将人与人之间的基本关系概括为"五伦",即父子、夫妻、兄弟、朋友、君臣五种人与人之间的伦常关系,前面三种是家庭关系,后面两种是社会关系。处理家庭和亲友之间伦常关系的关键是长幼有序与亲善和睦。

乐①殊②贵贱③,礼④别尊卑⑤。

【注释】

①乐:繁体字为"樂",下面是弦乐本身的木结构,上面是以丝做成的弦,表示其本义是一种弦乐器,泛指音乐。《说文》:"乐,五声八音总名。"因为音乐使人愉悦和高兴,故"乐(音 yuè)"后来转声为喜悦欢乐的"乐(音 lè)"。

②殊:从"歹",从"朱"。"朱"指红色。"歹"为骨肉分解后残留的骨架。"歹"与"朱"联合起来表示对红笔题名的罪犯执行死刑。《说文》:"殊,死也。"由尸首分离引申为"差异",如"殊途同归";由"差异"引申为"特别的",如"特殊"。

③贵贱:富贵与贫贱。指价值、地位的高低。

④礼:繁体字为"禮","豊"是"禮"的本字。《说文》:"豊,行礼之器也,从豆,象形,读与礼同。"表示击鼓献玉,敬奉神灵。《说文》又说:"礼,履也。所以事神致福也。从示从豊('丰'的繁体)。"指社会生活中由于风俗习惯而形成的为大家所共同遵守的仪式,如婚礼、典礼;符合社会整体利益的行为准则,如礼教、礼仪。

⑤尊卑:地位高低。指长辈和晚辈。"尊"是古代祭祀时使用的重要礼器,这些礼器都受到特别尊重,因此引申出"尊重""尊贵"义。"卑",《说文》:"卑,贱也,执事也。""卑"字甲骨文字形 上部是一个椭圆形的酒器,下部是一只手,因为执酒器为尊者斟酒的人应为卑微低下之人,所以有卑贱、低下的意思。

【讲析】

乐能区别贵贱,礼能分清尊卑。这两句讲中国的礼乐文化。

礼乐文化是中国传统文化的重要组成部分。早在夏商周时期,古代圣贤就通过制礼作乐,形成了一套颇为完善的礼乐制度,并推广为道德伦理上的礼乐教化,用以维护社会秩序。"礼"和"乐"相辅相成,构成了一个完整有序的社会政治文化制度。

"礼",原本是古人事神祈福的一种原始宗教仪式,在这种仪式上,献祭、颂神、祈福的各项活动都按照一定的规程进行。"乐",原本是一种辅助性的原始宗教仪式,古人在祭祀的时候以"乐"和"舞"的形式将"颂神娱神"的愿望"送达天听"。西周初年,经过周公的改造,礼乐便从宗教的制度转换成了基本的社会典章制度,规定着贵族社会生活和国家政治生活的方方面面,这便是历史上著名的周公"制礼作乐"。据《仪礼》记载,周公将礼分为吉、凶、军、宾、嘉五种仪制,其中除吉礼仍为事神礼仪外,其他四种均与现实社会生活相关。这五种仪制又被分为冠、婚、朝、聘、丧、祭、宾主、乡饮酒、军旅九种礼事,各种礼事又有具体的仪项和繁缛的仪节,社会生活按照这些礼制规范运行。

周礼的本质是区分等级的身份的差异,也就是说贵与贱、尊与卑、长与幼、亲与疏的各种人之间,必须遵守各自的行为规范,绝对不可混淆。这种有差异的秩序叫"礼",不可僭越。《论语·八佾》记载孔子谓季氏:"八佾舞于庭,是可忍,孰不可忍。""八佾舞"按周礼是天子之舞,季氏只是个卿大夫,只能用四佾,季氏违反周礼使用八佾,因而孔子十分愤怒。

在周礼中,"礼"与"乐"是相互配合、相辅相成的,"礼"体现为等级制度的规定和要求,社会秩序中的君臣、父子、夫妻和高低、贵贱、尊卑都要由礼来加以区别和定位。但是仅仅有"礼"是不够的,单纯强调"礼"可能会造成等级间的距离和人际关系的冷漠,而音乐可以激起人们共鸣和喜怒哀乐的情绪,这种功能称之为"和"。"乐"的作用就是与"礼"相配合,起调和关系、融洽感情的作用,消解由"礼"所带来的等级差别感,以达到和谐的理想境界。二者虽然功能各不相同,但相辅相成,构成了一个完整有序的社会政治制度。

礼乐制度到了孔子这里,得到了进一步的深化和发展。孔子注入传统礼乐以新的思想内容,从而将礼乐从制度文化上升到了道德伦理的哲学高度。孔子并不只注重礼乐的外在形式,而是更注重礼乐的内在精神。孔子说:"礼云礼云,玉帛云乎哉?乐云乐云,钟鼓云乎哉?"(《论语·阳货》)孔子说：人们常说礼呀礼呀，仅仅说的是玉器和丝帛吗？乐呀乐呀，仅仅说的是钟鼓等乐器吗？礼乐只是一种形式，其内在的精神本质是"仁"。所以孔子说："人而不仁，如礼何？人而不仁，如乐何？"（《论语·八佾》）"仁"就是仁爱之心，为君者要行仁德之政，为民者要有亲孝之情，这是孔子一生所推崇的社会道德标准。孔子把"仁"与"礼乐"合二为一，从而使礼乐制度具有了伦理价值和道德规范意义。这样礼乐就不仅是维护宗法制度、维持等级秩序的一种政治工具，而且成为建立崇高人格、促进社会和谐的一种教育手段。通过礼乐教化人民，改造社会。《孝经·广要道》："移风易俗，莫善于乐；安上治民，莫善于礼。"儒家认为，"乐"的功能可以使"暴民不作，诸侯宾服，五刑不用，百姓无患，天子无怒"；"礼"的功能可以"合父子之亲，明长幼之序，以敬四海之内"，达到这样的和平景象才是理想的社会。正是因为礼乐有这样的社会功能，所以儒家将礼乐推崇到至高无上的地位，《礼记·乐记》中说："乐者，天地之和也；礼者，天地之序也。和，故百物皆化；序，故群物皆别。"礼是天之经，地之义，是天地间最重要的秩序和仪则；乐是天地间的美妙声音，是道德的彰显。礼序乾坤，乐和天地，气魄何等宏大！所以，"大乐与天地同和，大礼与天地同节"。

　　需要指出的是，"乐殊贵贱，礼别尊卑"所说的"尊卑""贵贱"，并不完全是我们今天所理解的地位的高低和财富的多寡，而是一种社会的差等秩序观念。《周易》："天尊地卑，乾坤定矣。卑高以陈，贵贱位矣。"天在上，具有无私的庇护万物的能力，所以称为"天尊"；但地在下，却"厚德载物"，承载容纳万物，也是伟大。天和地不可相互替代，"天尊地卑"只是上下位序的差别，是一个定位关系。同样的道理，反映到人类社会上，君臣、父子、夫妇、兄弟、朋友等人伦关系中，也有这样的尊卑上下的定位关系。如果这些关系混乱，则国不稳、家不宁，社会动荡。因而儒家特别重视这种差序关系，并试图通过礼乐教化，在思想道德伦理上建立所谓的"纲常礼教"，用以维护各种社会关系的和谐有序。礼乐的作用，就是维护和协调这些社会伦理关系。所以，礼乐教化，使人修身养德，谦和有礼，威仪有序，上和下睦，社会和谐，这是"礼乐文化"的内涵和意义所在。

上和下睦①，夫②唱③妇④随。

【注释】

①睦：《说文》："睦，目顺也。从目，坴声。一曰敬和也。"就是看着顺眼的意思，引申义为亲近、好合。

②夫：本义是成年男子。"大"，像一个张开双臂、双腿的顶天立地的成年人。"大"字上加一横为"夫"，表示已长大的人，一横表示的是绾头发的簪子。古时童子披发，成年后，即到了20岁，男子要举行加冠之礼，将头发绾成髻子，用簪子束在头顶上。束发加冠后，男子成了"夫"，表示这个男子已经成熟、长大。《说文》："夫，丈夫也。从大，一以象簪也。周制以八寸为尺，十尺为丈。人长八尺，故曰丈夫。"段玉裁注："丈夫也。从一大，则为天。从大一，则为夫。于此见人与天同也。"按照段玉裁的说法，"夫"字的造型，不只表示一般的男子，它其实向人们展示男子中有志之士的风采。当"人"把两手张开，就成了"大"，即"大人"。但是，再大的事物也大不过"天"，所以造字者在"大"字上再加一横，而成为"天"字。而人总是不甘做"天"的奴隶，拜倒在老天爷脚下，他们有敢于冲破天的气概，所以"天"字出头，成为大丈夫的"夫"字。"夫"又引申为对女子配偶的称呼。由于成年男子会从事很多事情，所以"夫"又引申为管理体力劳动者的人。

③唱：本义指日方出时呼唤大家起身干事的叫声。《说文》："唱，导也。"所以"唱"同"倡"。该叫声大概有一定的调子，是歌唱的一个源头，引申出歌唱。《荀子·乐论》："唱和有应。"

④妇：此字始见于商代甲骨文及商代金文，古字形由"女"和"帚"构成，表示女子拿着扫帚打扫卫生。承担家务劳动是古代女性的主要工作。"妇"的本义是已婚女子，特指妻子，又泛指女性。《说文》："妇，服也。从女持帚，洒扫也。""服"就是服侍。《释名·释亲属》："妇，服也，服家事也。"

【讲析】

上和下要和睦相处，夫与妇要一唱一随。

人与人之间，在社会结构秩序上有上下等级关系，如君为上臣为下，父为上子为下,等等。但是在这些关系中,虽然需要区分上下,但上下并非完全对立。人的地位有差别,但人格是平等的。所以上下之间应该和谐相处,下级对上级服从,上级对下级也要尊重亲睦。儒家一方面强调君君臣臣父父子子的等级差别,另一方面也强调"君恩臣义,父慈子孝,兄友弟恭"的伦理情感。孔子说:"君使臣以礼,臣事君以忠。"(《论语·八佾》)国君对臣子以礼相待,臣子则对国君报以忠心。孟子则说得更加形象具体:"君之视臣如手足,则臣视君如腹心;君之视臣如犬马,则臣视君如国人;君之视臣如土芥,则臣视君如寇仇。"(《孟子·离娄》)先从正面讲,君王待臣如手如足,那么臣属待君王则如五腑如脏,内外相依,上下相随,联系紧密,浑然一体。从反面讲,君王待臣如犬如马,那么臣属视君则如同路人,陌路相逢,冷眼相对,对面相逢不相识,君臣分离,背道而行。更有甚者,君王视臣如泥土如草芥,任意践踏,随意抛弃,那么臣属视君则如强盗如仇敌,拔刀相向,怒目相对。如此,则民无宁日,国无宁日。

"夫唱妇随",比喻夫妇相处和睦融洽。"唱"是"倡"的通假字,有倡导、发起的意思。在夫妻关系中,夫是主,妻是从。丈夫倡导的妻子要拥护并跟随。中国古代是一个封建男权社会,在古人的观念中,"妇之言服也,服事于夫也",夫理外事,导之于前;妇为内助,从之于后也。在一个家庭中,夫妻是一体,一荣俱荣,一损俱损,因此应该和合一致。古人用"琴瑟和鸣"比喻夫妇情笃和好。《诗·小雅·棠棣》:"妻子好合,如鼓琴瑟。"在夫妻关系中,要相互维护,步调一致。当着外人贬低自己的配偶,别人一定看不起你。相反,如果你能处处维护自己配偶的荣誉,别人一定尊敬你。当然,在古代,男外女内,男尊女卑。时代不同了,男女都一样,现代社会男女平等,夫妻相处的原则应该是:如果没有原则性分歧,丈夫倡导的妻子一定要拥护,妻子倡导的丈夫也一定要拥护。所以,在"夫唱妇随"后面,可以再加一句"妇唱夫随"。

外受傅[①]训[②],入奉[③]母仪[④]。

【注释】

①傅:本义是辅助、辅佐的意思,引申指辅导、教导。用作名词,指负责教导或传授技艺的人。

②训:本义为教导、教诲。《说文》:"训,说教也。说教者,说释而教之,必顺其理。"说教者必顺其理,如河川之流,所以从言、从川。

③奉:此字始见于西周金文,其古字形像双手捧起一物,表示用手承受、捧着。这个意思后世用"捧"字表示。"奉"多含恭敬意味,故引申为进献、献上,由此引申为供给、供养。又引申为遵守、尊奉、一心一意地奉行。又引申为承受、恭敬地接下来。

④仪:《说文》:"仪,度也。从人,义声。"本义为人的外表或举动,引申为按程序进行的礼节、礼法、法度,又引申为典范、表率。《荀子》:"上者,下之仪也。"

【讲析】

男子在外面接受师傅的训练,女子在家里遵从女师的教育。这两句是说男孩子和女孩子分别接受不同的教育,语出《礼记·内则》。《礼记·内则》的内容是家庭内部父子、男女所应遵行的规则。其中对于子女的教育中说道:"(男子)十年出就外傅,居宿于外,学书计。……女子十年不出,姆教婉娩听从,执麻枲,治丝茧,织纴组紃,学女事以共衣服。"男孩到了十岁,要离开家跟着外边的老师学习,在外边的学校里住宿,学习识字和算术。女孩子长到十岁就不能像男孩子那样外出,必须待在家里由女师教她们如何说话才算柔婉、如何打扮才算贞静、如何举动才算听从,还要教她们绩麻漂丝、织布织缯、编织丝带等女红之事,以供制作衣服。

"傅训"是师傅、师长的训诲。古代设有专门辅导和教谕君主及太子的官职,选用全国最有德行的臣子担任,为太师、太傅、太保,合称"三公",他们的副职分别是少师、少傅和少保,合称"三少"。这类官员统称为师傅。贾谊《新书·保傅》为"三公"规定的职责是:"保,保其身体;傅,傅之德义;师,道之教训。"这反映了古代教育体、德、智并举的思想。

"母仪",做母亲的仪范,为母之道,也可理解为女子的行为规范,即为妇之道。《礼记·内则》上说"女子十年不出,姆教婉娩听从","姆"即女师,教育女子的女教师。《说文》:"姆,女师也。"《仪礼·士昏礼》注:"姆,妇人年五十,无子,出而不复嫁,能以妇道教人者,若今时乳母。"当然,"母仪"也可以理解为母亲的举止仪表。成语"母仪天下",意思是皇后或者国母用像母亲一样慈爱的胸怀来关怀教化天下子民。"母仪"也可理解为母亲的教育。母亲有在家教育子女的责任。《女论语》上说:"大抵人家,皆有男女,年已长成,教之有序,训诲之权,实专于母。"母亲的言传身教,对子女影响十分重要。历史上孟子的母亲、岳飞的母亲都以贤母著称,她们对孟子、岳飞成为一代圣贤起到了至关重要的作用。

诸①姑伯叔,犹②子比儿。

【注释】

①诸:各位,众多。
②犹:如同。

【讲析】

诸位姑伯叔要把兄弟姊妹所生的子女视作自己的子女,同理,侄子侄女也要把姑伯叔当作自己的父母一样孝敬。《礼记·檀弓》:"兄弟之子,犹子也。"因为古代的家庭,通常是祖孙三代住在一起,兄弟不分家,兄弟结婚之后,所生子女仍在一个家庭生活,共聚一堂,称"堂兄弟、姐妹",所以堂兄弟姐妹之间的关系是十分亲密的。因为在一个家庭生活,所以诸位姑伯叔同父亲一样,应该视下一辈的孩子同自己亲生的孩子一样,孩子们对诸位姑伯叔也应该同自己的父亲一样孝敬。这两句讲的是对父母的孝的拓展。

孔怀①兄弟,同气连枝②。

【注释】

①孔怀："孔"，本义是洞，引申为空阔、深远，再引申为大、通达。作副词，表程度，相当于"很""甚"。"怀"，是思念。"孔怀"出自《诗经·小雅·棠棣》："死丧之威，兄弟孔怀。"郑玄笺："维兄弟之亲，甚相思念。"后以"孔怀"代称兄弟。

②同气连枝：血气相同，枝节相连。指有血统关系的兄弟姊妹。

【讲析】

兄弟之间要相互关心，彼此气息相通，因为同受父母血气，如同树枝相连。这两句话谈的是五伦中的兄弟之道。

《诗经·小雅·棠棣》："死丧之威，兄弟孔怀。"死亡是最可怕的威胁，只有兄弟最为思念。兄弟同胞，共同的父母，共同的血缘，血脉相连，如同一棵树上的枝杈、一根藤上的瓜，亲近无比，是朋友关系不能相比的。兄弟称"孔怀"，也称"手足"。

在"五伦"和"五常"的伦理关系中，兄弟之伦的道德原则是"兄友弟恭"，做兄长的要友爱、关心弟弟，做弟弟的要恭敬、尊重兄长。兄弟和睦，友好相处，才能让父母安心，其实就是在尽孝道。兄弟友爱称"悌"。《说文》："悌，善兄弟也。""悌"常与"孝"并列，称为"孝悌"。儒家非常重视"孝悌"，把它看作是实行"仁"的根本条件。《论语·学而》："其为人也孝悌，而好犯上者鲜矣。不好犯上，而好作乱者，未之有也。君子务本，本立而道生。"《孟子·滕文公下》："入则孝，出则悌。"如果兄弟不相亲，不但有违兄弟之道，也有违孝道，因为兄弟反目最悲伤的是父母，所以《弟子规》中才说"兄道友，弟道恭；兄弟睦，孝在中"。古人有一首叙述兄弟之情的诗，讲得很有味道。诗中说："兄弟连枝各自荣，些些言语莫伤情；一回相见一回老，能得几时为弟兄。弟兄同居忍便安，莫因毫末起争端；眼前生子又兄弟，留与儿孙做样看。"

交友①投分②，切磨③箴规④。

【注释】

①友:古字形由两个"又"构成,表示两只右手相交,即握手、交朋友。《说文》:"友,同志为友。从二又。相交友也。"

②投分:情投意合、兴趣相投。意指兴趣、爱好、志向、情感相投的人,如知己、战友、同事等。分,音 fèn,缘分。

③切磨:切,割也。磨,砺也。加工骨器,既切又磋;加工玉石,既琢又磨。《诗经·卫风》云:"如切如磋,如琢如磨。"常比喻学习、研究,精益求精。

④箴规:劝诫、规谏。"箴"即针。"箴"是竹制的针,后来使用金属制针,故字又作"鍼",又作"针"。"箴"可以用来刺肌体而达到治病的目的,引申出告诫、规劝义。"规"的本义是有法度的正圆之器,如圆规。引申指相劝,如规劝。

【讲析】

结交朋友要意气相投,志同道合,相互之间能够切磋琢磨,互相告勉。

这谈的是"五伦"中的最后一伦——"朋友"。什么是"朋友"?"同门曰朋","朋"指同师受业者,即今天我们所说的同学、学友;"同志曰友","友"指志向、志趣相同的人。"朋"和"友"是两类有着许多共性的人,于是就有了"朋友"这个词,泛指交谊深厚的人。

为什么"五伦"中要有"朋友"一伦呢?人进入社会后,实际上接触最多的不是亲人,而是社会上的人,也就是朋友。一个人在社会交往中,不可避免地会遇到很多工作上的伙伴,有的能成为朋友,有的可能形同陌路。人是一种社会性的动物,人在孤立状态下的生存能力是非常弱的,所以需要社会的协调、别人的帮助。而且人在一生之中会遭遇无数的痛苦与烦恼,有的痛苦上不可对父母师长言说,下不可告妻子兄弟,只能向朋友倾诉。人在一生中没有几个知心朋友是很痛苦的,也是做人的失败。所以朋友之间的相处,在"五伦"当中虽然位于最后,但也是非常重要的关系。

如何选择朋友?如何处理朋友关系?

选择朋友时一定要"投分",也就是合脾气、投缘分。"物以类聚,人以群分",人分三六九等,彼此不是一类,就格格不入。志同才能道合,脾气禀性一致,兴趣爱好相同,彼此才能相互理解、情投意合。历史上最著名的一对朋友是春秋时代的伯牙与钟子期。《列子·汤问》说:"伯牙善鼓琴,钟子期善听。伯牙鼓琴,志在高山,钟子期曰:'善哉,峨峨兮若泰山!'志在流水,钟子期曰:'善哉,洋洋兮若江河!'伯牙所念,钟子期必得之。子期死,伯牙谓世再无知音,乃破琴绝弦,终身不复鼓。"伯牙每次弹到什么,钟子期都能从琴声中领会到伯牙所想,子期死后,伯牙折断琴弦再不弹琴了,因为他没有知音了,再也没有更了解他的人了。两位"知音"的友谊感动了后人,人们常用"知音"来形容朋友之间的情谊。

处理朋友关系的原则是"朋友有信"。朋友之道讲一个"信"字,"信"本义为言语真实,引申泛指诚实、不欺,又引申指信用、可靠。彼此推心置腹,以情相托,诚信有义,才是真朋友。这个"信",除了"诚"的意思,还含有一层意思,就是要尽到做朋友的本分,朋友之间不仅要志同道合,还要互相关怀、互相帮助,看到朋友犯错误,还要及时规劝制止。

"切磨箴规"是说朋友间要相互规劝勉励,共同学习进步。《诗经·卫风·淇奥》:"有匪君子,如切如磋,如琢如磨。"切磋琢磨是古代加工兽骨、象牙、玉、石的工艺,后经常用到形容人与人之间在道德学问方面相互研讨勉励。《大学》说:"如切如磋者,道学也;如琢如磨者,道自修也。"君子的自我修养就像加工骨器,切了还要磋;就像加工玉器,琢了还得磨!"箴者,针也","箴"字的本义为竹针或骨针,可用于针灸治病。箴文是一种告诫类文体,起规劝、纠正作用,箴言就是有哲理作用、能激励人的座右铭。规是劝告、建议。"箴规",就是朋友之间要互相规劝,改正过失。

孔子有好多关于交友之道的论述。《论语·季氏》:"益者三友,损者三友。友直、友谅、友多闻,益矣;友便辟、友善柔、友便佞,损矣。"这是说有益的朋友有三种,有害的朋友有三种。与正直的人交朋友,与诚信的人交朋友,与知识广博的人交朋友,是有益的;与谄媚逢迎的人交朋友,与表面奉承而背后诽谤人的人交朋友,与善于花言巧语的人交朋友,是有害的。《论语·学而》:"无友不如己者。"这句话可以有两种解释:一是"不跟自己(志向)不同的人交往",意思是交友要志同道合;二是"没有不如自己的朋友",

意思是每个朋友都有各自的长处,要学习每个朋友的优点。《礼记·学记》:"独学而无友,则孤陋而寡闻。"这是说与朋友在一起读书,互相学习,互相启发,才能进益,不然"则孤陋而寡闻"。人都有弱点、缺点和错误,既是朋友,就有规谏之道。《论语·颜渊》:"忠告而善道之。"如果朋友有了不对的地方,就要诚实地告诉他,并且好好地引导他。《论语·子路》:"朋友切切偲偲。""切切偲偲",就是诚恳批评、相互劝勉、相互督促。朋友间的规劝要注意分寸和尺度,适可而止,不听也就算了,我们作为朋友的责任尽到了,再劝,就会结怨。所以孔子告诫说:"忠告而善道之,不可则止,毋自辱也。"过分了就会自取其辱,那又何必呢?这也是"交友投分"的另一重含义。"分"是本分、分量,"投分"就是要恰如其分。

第六节 高雅操守

此节讲高尚的志趣操守。对人要常怀仁慈恻隐之心,对己要有节义廉退之意,在内要宁静安逸,在外不可追逐物欲享受。坚持高雅情操,才能得到好的成就。

仁①慈②隐恻③,造次④弗离。

【注释】

①仁:《说文》:"仁,亲也。从人从二。"徐铉注:"仁者兼爱,故从二。"本义是对人友善、相亲,后来发展为含义极广的道德观念,如儒家提倡"仁爱""仁政"等。

②慈:《说文》:"慈,爱也。"本义是仁爱、和善。多用来表示上对下的爱,如父母对子女的爱。

③隐恻:即"恻隐"。恻:悲伤;隐:伤痛;恻隐:对别人的不幸表示同情,见到遭受灾祸或不幸的人产生同情之心。"痛之深为隐,伤之切为恻。"《孟子·告子上》:"恻隐之心,人皆有之。"

④造次:有匆忙、仓促、鲁莽、须臾、轻率、随便等不同的意思,要根据具体的语句来理解。

【讲析】

　　仁义、慈爱,对人的恻隐之心,在任何危急的情况下都不能随便抛离。
　　"仁"是儒家学说的核心,孔子把"仁"作为最高的道德原则、道德标准和道德境界。据统计,《论语》中"仁"出现110次之多。"仁"是五常之首,其他的礼、义、智、信等无不围绕"仁"展开。所以,了解儒家的思想,首先就要理解儒家"仁"的基本含义。"仁"的本义就是亲和的意思,是人与人之间相互亲爱,是一种亲善之心。《说文》说:"仁,亲也。从人从二。""从人从二",两个人之间,如何处理好关系?只有用爱心相处。所以"仁"是处理人际关系的最基本的原则,儒家主张人和人之间相互尊重、互助和友善、亲爱。《论语·颜渊》:"樊迟问仁。子曰:'爱人。'"《礼记·中庸》:"仁者,人也,亲亲为大。"孟子说:"仁者爱人。"《孟子·离娄下》:"君子以仁存心,以礼存心。仁者爱人,有礼者敬人。爱人者,人恒爱之;敬人者,人恒敬之。"仁者是充满慈爱之心、满怀爱意的人,是具有大智慧、人格魅力、善良的人。
　　"慈"也是爱,本义是上对下的爱,如父母对子女的爱。《大学》:"为人子,止于孝;为人父,止于慈。""慈"是没有条件的爱。母亲疼爱儿女是无条件的,所以称母亲为"慈母"。
　　"隐恻"就是"恻隐",见人遭遇不幸而心有不忍,是同情之心的表现,也是仁慈之心的表现。《孟子·告子上》:"恻隐之心,人皆有之。"孟子主张人性本善,恻隐同情之心是人的本性。孟子提出人的"四端":"恻隐之心,仁之端也;羞恶之心,义之端也;辞让之心,礼之端也;是非之心,智之端也。无恻隐之心非人也,无羞恶之心非人也,无辞让之心非人也,无是非之心非人也。"(《孟子·尽心上》)做人的标准以恻隐之心为首,没有恻隐之心就不是人。孟子举了"孺子坠井"的例子,一个人看到有孩子掉入井里,他瞬间的第一个反应就是救人,根本没考虑其他条件,这就是人皆有之的"恻隐之心"。
　　"仁慈隐恻,造次弗离"语出《论语·里仁》:"君子去仁,恶乎成名?君子无终食之间违仁,造次必于是,颠沛必于是。"意思是:如果君子违背仁,怎么可能成就美名呢?君子不会在任何时候违背仁,就是在紧迫之下也是这样,在逆境中也是这样。"造次"是仓促、匆忙的意思。"造次弗离"是说人在忙乱仓促、来不及思考的时候,仁德所表现出来的慈爱、恻隐之心也不能够离开,不能够抛弃。君子之为君子,就在于他有仁者之心。"仁"之于君子,甚于生命。君子在任何时候都不会违背仁,若一刻违仁,即非君子。

节①义②廉③退④,颠沛⑤匪⑥亏⑦。

【注释】

①节:本义为竹子或草木的茎分枝长叶的部分,如竹节;引申指物体的分段或两段之间连接的部分,如关节。竹节如缠束制约状,引申为节制、节省。竹节挺拔不曲,喻指人的气节、操守。

②义:繁体字为"義",上部是"羊",下部是"我"。《说文》:"义,己之威仪也。从我、羊。"在甲骨文中,"義"的字形 ,像带装饰的锯齿状长柄兵器,这种兵器是用在各种仪典上的礼器,后用于比喻礼仪、威仪。"仁义"之"义"本字为"谊(宜)"。《中庸》:"仁者人也,义者宜也。"《说文》:"谊,人所宜也。"段注:"谊、义古今字。周时作谊,汉时作义,皆今之仁义字也。其威仪字,则周时作義,汉时作儀。"段玉裁的意思是说,谊、义是古今异体字,仁义之"义",周代作"谊(宜)",汉代写作"義"。"宜"的意思是合意、适宜,指正确的道理、行为和原则,引申指合乎正义的品德行为、正确的伦理原则。

③廉:本义是堂屋的墙角,房屋内两墙接连处。引申为边、棱角;再引申为正直、刚直,人的品行方正、廉洁。

④退:退让、谦让。

⑤颠沛:困苦。

⑥匪:"筐"的古字,本意是土筐,假借为"非",表示否定。

⑦亏:缺少,欠缺。

【讲析】

气节、义气、廉洁、退让（谦逊），在颠沛流离的情况下也不能缺少。上两句说了"仁"，这两句接着说五常之德中除"仁"之外的其余四德"信义智礼"。

"节"的本义为竹节，竹子可以被剖开，但其中的竹节不会扭曲，因而引申为气节、操守。古代使臣奉命出行，必执"符节"以为凭证，所以外交官称"使节"。使臣所持的"符节"，原来的实物为长八尺的竹竿，最上头装饰着旄羽，又称"旌节"。"符节"是使官出使的信物，象征国家的主权与尊严，使官要守节，不辱使命，所以守节就是守信。人应该有守志而不变，保持节操，这里用"节"来代表五常之中的"信"之德。

"义"与"仁"一样也是儒家思想的重要范畴，孔孟常以"仁义"并称。《中庸》："义者宜也，尊贤为大。"朱熹："义者，心之制，事之宜也。""义"是指公正合宜的道理或举动，代表着应然、责任乃至正义。与"义"相对的是"利"，"利"则往往意味着欲望、自私。在孔子看来，"义"和"利"是区分君子与小人的道德标准："君子喻于义，小人喻于利。"（《论语·里仁》）孟子有很多关于"义"的论述，孟子主张"仁内义外"，"仁"是人心内在的东西，是最终要实现的目的；而"义"则是人心之外的东西，是达到实现"仁"的手段、路径，是必由之"正路"。"仁，人心也；义，人路也。舍其路而弗由，放其心而不知求，哀哉！"（《孟子·告子上》）在孟子看来，无论为政者治国安民还是普通人立身处世，最核心、最关键的问题实际都可以归结为义利之辨：崇正尚义、怀仁行义则必前途远大，利欲熏心、见利忘义则必昏聩颠覆。君子为道义而生，为道义而死，孟子说："生，亦我所欲也；义，亦我所欲也，二者不可得兼，舍生而取义者也。"（《孟子·告子上》）

"廉"指一个人品德端正，刚正不阿，不苟且、不苟取。"廉"有考察、辨别和判断之义。《周礼·天官·小宰》："以听官府之六计，弊群吏之治：一曰廉善，二曰廉能，三曰廉敬，四曰廉正，五曰廉法，六曰廉辨。"古代官府考察、判断群吏政绩的六个方面：一是考察是否善于办事，二是考察是否能推行政令，三是考察是否谨慎勤劳，四是考察是否公正，五是考察是否守法，六是考察是否能明辨是非。对于一个官员，"廉"不仅指廉洁，还要能辨别是否应该获取,不苟取。《礼记·曲礼上》:"临财不苟得,临难毋苟免。"面对钱财不随便求取,廉洁自好;面对困难义不容辞,敢于担当。辨别则需要用"智",所以这里以"廉"代表五常中的"智"之德。

"退"的意思是谦退、谦逊、礼让,是"礼"之德。

这些都是做人的基本道德,在任何情况下都要恪守。

性①静②情③逸④,心⑤动神⑥疲。
守真⑦志⑧满,逐物意⑨移。

【注释】

①性:本义为人或事物的本身所具有的能力、作用等。"性",由"心"和"生"组成。心,表示欲求;生,既是声旁也是形旁,表示天然萌发。所以"性",表示人类天然萌发的欲求,同时也说明性是与生俱来的。《说文》:"性,人之阳气性善者也。从心,生声。"引申指性质,又引申指男女或雌雄的特质。《礼记·中庸》:"天命之谓性。"《荀子·正名篇》:"生之所以然者谓之性。"

②静:本义是安静,引申为静止、恬淡、平和等。

③情:本义是外界事物所引起的喜、怒、爱、憎、哀、惧等心理状态。《说文》:"情,人之阴气有欲者。从心,青声。"意思是欲望如青苗萌于心边。《礼记·礼运》:"何谓人情?喜怒哀惧爱恶欲七者,弗学而能。"

④逸:会意字,字形从辶,从兔。兔子善于奔跑,本义是逃跑。由此引申为散去、失去。又引申为超出范围。此外还表示安闲、安乐。也表示超凡脱俗、卓尔不群的意思。

⑤心:本义即心脏。古人认为心是思维的器官,"心之官则思",因此把思想、感情都称作"心"。又由思维器官引申为心思、思想、意念、感情、性情等。心脏在人体的中央位置,故"心"又有中央、中心、中间部位等义。

⑥神:古字形由表示祭台的"示"和表示雷电的"申"构成。神字的本义是天神,《说文》:"神,引出万物者也。从示、申。"古人认知能力有限,他们

常常把各种自然现象当作神灵看待,以"申"为"神"说明了古人将闪电看作神迹,加上"示",表示供奉、祭奠、尊崇的是一个精神的东西,是一个神灵。宗教上指天地万物的创造者和主宰者,古代神话传说中指神仙或能力、德行高超的人死后的精灵。引申泛指人们身体上的精神。由精神、神灵引申为异乎寻常的、不可思议的,如神速、神奇;又引申为注意力、精力,如劳神、伤神;又引申为表情,如神情、神采。

⑦真:本义是本质、本性,引申为真实,又指明确清楚。"真"也指人或事物的原样、本样。道家称存养本性或修真得道的人为"真人"。

⑧志:本义为意念、心情。金文和小篆的"志"字,下部的"心"字是形符,表示与人的心理和思想活动有关。上面的字形是"之"字,作声符。其实"之"字也有表意作用。《说文》:"志,从心,之声。志者,心之所之也。""之"是"到"的意思,来源于表运动、活动的"止",心所到的地方为"志"。早期文字到小篆,均为上"之"下"心",隶楷文字渐变"之"为"士"。《诗序》:"在心为志。"当某种意念、心情强化时,就成为愿望、志向,这是"志"意义的引申,也是"志"最常用的意义。"志"还表示记,指用文字或标记符号记下来。由此又引申指记载的文字,指记事的文章、著作,如"日志""杂志""县志"。

⑨意:本义是指心中有所思,心里所想的意思、心意、意图。"意"由"音"和"心"组成,"言为心声","音为心意",言语乃人的内心思想的反映,是内心深处情感的流露。古人不知人的思想在头脑中,认为人的意图发自心中,所以"意"又引申为心中、心上。这种"意"如果保持一定时间,在心里形成固定的心意,就是"意志"。"心意"表现在外面,就是情绪、神态、情态。

【讲析】

内心清静,则情绪安逸;内心躁动,则精神疲惫。保持纯真的本性,心志就会充盈;追求物欲享受,本性就会改变。

这四句是一层意思,从人的心性方面探讨人生修养的根本之道。语出《礼记·乐记》:"人生而静,天之性也。感于物而动,性之欲也。物至知知,然后好恶形焉。好恶无节于内,知诱于外,不能反躬,天理灭矣。"意思是:

人的本性是安静，因外界的影响而动，这也是天性的一种本能。人受外物的影响，会产生好与恶不同的感受和情绪。所以，如果不能时刻反省自己，节制欲念，控制外物的诱惑，那么人的安静的天性就会逐渐丧失。

人的精神本性有六个层次：性、情、神、心、志、意。六者之间的关系是：性表现为情，情表现为神；心之所向为志，志生发为意。心性为里，神情为表。所以，如果心性安静，那么性情安逸；如果心性动荡，那么神情就疲惫。"人生而静，天之性也"，人的本性是静，感于外物而动，所以要保持人的本性，守住本真，就不能追逐物欲的享受，就要排除外物的干扰。

这几句的核心在于"静"。在中国传统哲学中，"虚静"是指人的精神进入一种无欲求、无得失、无功利的极端平静的人生境界。道家和儒家都认为"虚静"是自然的本质，是生命的本质，都追求"虚静"的境界，但儒道两家又有不同。

道家老子说："致虚极，守静笃，万物并作，吾以观复。夫物芸芸，各复其根，归根曰静。"（《老子》第十六章）庄子与老子一脉相承。他说："夫虚静恬淡，寂寞无为者，万物之本也。"（《庄子·天道》）道家认为，"道"是万物之根本，而"虚静"则是"道"的根本属性，人必须排除世间的一切悖乱心志、束缚心灵的物欲干扰，保持绝对的虚静，才能达到"无为而无不为"的"道"的境界。老子说"涤除玄览，能无疵乎"（《老子》第十章），"玄览"就是指心灵明澈如镜。老子认为只有排除一切杂念，让心灵虚空，保持内心的宁静和澄明，达到"致虚极，守静笃"的境界，才能"万物并作，吾以观复"，以更明澈的目光去观照大千世界。

儒家的思想则比道家积极。儒家经典《大学》中说："知止而后有定，定而后能静，静而后能安，安而后能虑，虑而后能得。"意思是：内心的静，源于心有所定。心有所定，就是心有所志。"心定"的前提就是首先树立一个远大的理想和愿意为之奋斗终身的人生目标，这就是"知止"，即孔子所说的"志于道"。当有了自己真正的人生目标之后，心才能定下来，就不会被外在的各种诱惑吸引，不至于歧路亡羊、四顾茫然。心定之后，才能做到内心的宁静。只有内心宁静，才能够实现心安理得、心态安宁，才能够进行缜密的思虑、周详的谋划。只有通过缜密思虑，周详谋划，事业才有可能获得成功。我们在现实生活中会面临各种各样的挑战、冲突、紧张和矛盾,需要在应对这些干扰的过程中,一点一滴地去磨炼自己,提升自己对不良情绪的控制能力,养成内心的宁静,提升自己的修养。诸葛亮在《诫子书》说:"非淡泊无以明志,非宁静无以致远。"这才是根本的修养之道,反映了儒家积极入世的态度和正视现实的修养原则。

坚持雅操①,好爵②自縻③。

【注释】

①雅操:高尚的操守。《晋书·山涛传》:"足下在事清明,雅操迈时。"高尚的情操超越当代人。

②爵:古代青铜制作的酒具,因贵族的等级不同使用的爵器也不同。后世把爵作为爵位、爵号、官位的总称。"好爵"即指代高官厚禄、好运气、好机会。

③縻:本义为拴牛的绳子。拴马的绳子叫羁,拴牛的绳子叫縻,羁縻合用是牵制、笼络的意思。縻字的引申义为牵系、拴住。

【讲析】

这两句是对上文的总括,意思是:如果坚定地保持着以上各种高尚的修养和操守,好的职位自然就会属于你。

"好爵自縻"出自《易经·中孚卦》:"鸣鹤在阴,其子和之。我有好爵,吾与尔靡之。"意思是:鸣叫的鹤在树荫里,它的小鹤应和着它。我有一个精美的酒杯,装着美酒,我跟你一起享用它。原文是"靡","共享"的意思。《千字文》中写成了"縻",可以解释为"掌握""得到"的意思。

第三章 国家政治

此章介绍有关国家的常识,共分五节,分别讲了都城之大、宫殿之壮、典籍之盛、英才之众、土地之广。

第一节 都城宫殿

此节介绍了长安和洛阳中国最古老的两个都城,以及都城里面富丽堂皇的宫殿建筑。

都邑①华夏②,东西二京。
背邙③面洛④,浮渭⑤据泾⑥。

【注释】

①都邑:"天子所宫曰都,诸侯所都曰邑",相当于现在的首都和省会。

②华夏:"华",本义指草木的花,引申为光彩、华丽,再引申指事物的精华。"夏",其本义是雄武的中国人。甲骨文中的"夏"字是 ,是一个人的象形:头、发、眼、身躯、两臂、腿脚一应俱全,且双手摆开呈现出一种强而有力的架势。《说文》:"夏,中国之人也。"这里所说的"中国"特指中原一带。段玉裁注:"以别于北方狄、东北貉、南方蛮闽、西方羌、西南焦侥、东方夷也。夏,引伸之义为大也。"后假借指一年四季之中的夏季之夏。"华夏"并

称,最早见于《尚书·周书·武成》:"华夏蛮貊,罔不率俾。"是说不管中原地区还是偏远地区的部族,无不顺从周王的旨意。这里的"华夏"是指中原,与四方的"夷蛮戎狄"区分。周朝建立后,周王室及其所建立诸侯封国,称"诸夏"。"华夏"原指发祥于中原的汉族人的前身。随着历史的发展,"华夏"的内涵不断丰富。《左传·定公十年》:"裔不谋夏,夷不乱华。"孔颖达《春秋左传正义》:"中国有礼仪之大,故称夏;有服章之美,谓之华。"意即因中国是礼仪之邦,故称"夏";中国人的服饰很美,故作"华"。所以,"华夏"一词,已不仅是一个地域概念,也不只是一个部落概念,而是一个文化概念。"华夏"是指古代中原民族先进发达的文化。章太炎认为,"中国云者,以中外别地域之远近也;中华云者,以华夷别文化之高下也"(《章太炎文录初编·别录卷一·中华民国解》)。这里强调"中华"一词乃区别文化高下之族的含义。夏商周三代,尤其是到了春秋战国时期,生活在中原的"诸夏"与周围"四夷"经过了上千年的融合,已经逐渐融为一体。在融合过程中,由于华夏文化的先进性和包容性,凡是认同华夏文化者,皆为华夏人。所以,华夏族已不是单一民族,而是以华夏文化为纽带结合起来的民族共同体。近代以来,梁启超、孙中山等提出"中华民族"的概念,梁启超《历史上中国民族之观察》中说:"中华民族自始本非一族,实由多民族混合而成。"随着其意义的不断引申和发展,现代意义上的"中华民族",是作为国家共同体的一个国族概念,是一个与中国的国家、民族、地域、历史、文化紧密相连的整体的代称,并成为民族精神、民族情感的凝聚和象征。《中华人民共和国国歌》中提到的"中华民族"就是这个概念,"实现中华民族的伟大复兴"中的"中华民族"也是这样一个概念。

③背邙:背靠邙山,是说洛阳北面是邙山。邙山在河南。

④面洛:面向洛水,是说洛阳南面是洛河。洛河发源于陕西南部,流经河南入黄河。

⑤浮渭:浮在渭水之上,是说西安城远远望去好像浮在渭水之上。渭水,发源于甘肃,流经陕西入黄河。

⑥据泾:西安据靠着泾水。泾水,发源于宁夏,流至陕西入黄河。

《千字文》注析

【讲析】

　　中国古代的大都城，有东京洛阳和西京长安。洛阳北靠邙山，面临洛水；长安北横渭水，远据泾河。

　　"东西二京"的东京是洛阳，西京是西安，二者是中国最古老的都城。东汉班固的《两都赋》和张衡的《二京赋》，对洛阳和西安的形势之险要、物产之富庶、宫廷之华丽、文化之灿烂极尽铺陈渲染，是汉赋中的名篇。《千字文》对"东西二京"的描写，即源于此二赋。

　　清代顾祖禹《读史方舆纪要》："天下之形势，视乎山川；山川之包络，关乎都邑。"古代建都，多选择地理位置优越、地势险要的地方，谓之"形胜之地"。洛阳因地处古洛水之北而得名，北依邙山，西靠秦岭，南凭伊阙，东临嵩岳，东控虎牢、成皋之险，西据函谷、崤渑之隘，四周关山险隘，黄河、洛河、伊河蜿蜒流贯其间，自古就有"河山共戴，形势甲于天下"之说。张衡《二京赋》说洛阳有"宅中图大之势"，薛综注："东京居天地之中，所图者四海之外。"洛阳地处黄河中游和下游的交接之处，在地理上处于中心位置。在古代中国人的观念中，这一地区乃是"天下之中"，因而被称作"土中"或"地中"。在此建立都城，便于对全国的控制，加之山环水绕之中，还有一块河渠密布、美丽富饶的伊洛盆地，因而成为历代帝王的理想建都之地。司马迁《史记·封禅书》中说："昔三代之居，皆在河洛之间。"夏、商、周三代代表了中原王朝的起源，这三代都曾在河洛一带建都。

　　近几十年，在洛阳偃师考古发现的二里头遗址，是一座精心规划、庞大有序、史无前例的王朝大都遗址，揭示了以大型夯土建筑为代表的宫室制度、以青铜礼器为代表的器用制度等王朝礼仪及王朝国家之都的形制。多项中国古代都邑和政治制度都源于此，是早期国家都城的突出代表。二里头遗址年代距今3500—3800年，相当于古代文献中的夏王朝时期。二里头都邑的出现，表明当时的中原社会由"满天星斗"式的若干相互竞争的邦国政治实体并存的局面，进入"月明星稀"式的一体化广域王权国家时期。二里头遗址作为东亚大陆最早的广域王权国家都邑遗存，二里头文化堪称"最早的中国"文化，是华夏国家文明的主流源头。

　　夏朝之后，商朝建立。商人起于东方，屡经迁移。商汤灭夏后，在距夏都不远处建起新都,在今洛阳偃师商城(即商都西亳),位于二里头东北约6公里处。其后商都又经迁移,最后盘庚迁殷,定都在今安阳殷墟一带。

周人起于周原,在今陕西省宝鸡市扶风、岐山一带。周族崛起后,周文王在今西安城西南修建丰京,将其民众从岐山周原迁于此。又命他的儿子周武王在沣水东岸营建镐京。所以西安在西周时期称"丰镐"。丰京为宗教文化中心,镐京为政治中心,合称"宗周"。武王灭商后,建立周朝,以"丰镐"为都。这是西安成为都城之始。

周武王克商后,由于丰镐偏西,不能控制殷商旧族广泛分布的东方地区,周武王曾为此夜不能寐。《逸周书·度邑解》《史记·周本纪》等文献记载,周武王告诉他的弟弟周公旦,他最大的遗愿就是:为巩固新政权,确保周朝的国运昌盛,震慑和清除殷商顽固势力,需在东方"定天保"建都城。周武王亲自考察选址,"自洛汭延于伊汭,居易毋固,其有夏之居。我南望三途,北望岳鄙,顾瞻有河,粤瞻雒伊,毋远天室,营周居于雒邑而后去"。洛河、伊河中间的平原地区,非常易居且牢固,是从前夏朝建都定居的地方,是建都的好地方,于是周武王对在洛邑修建周朝新都进行了初步的规划。

周成王继位后,在周公的辅政下,将武王的营洛计划付诸实施。据《尚书·召诰》《史记·周本纪》记载,周成王派召公奭到洛阳周围反复勘察地形,具体规划建都的位置,名曰"相宅"。又命周公旦进行占卜,名曰"卜宅"。卜兆大吉,于是周公立庙祭祀,并以地图及占卜结果报告周成王说:这里是天下的中心,四方朝拜入贡到这里都不远,于是命殷商遗民和诸侯共同兴建新都邑。这就是"周公营洛"。由周公主持营建的洛邑被称为"成周",是一座规模宏大的都城,据《逸周书·作雒解》记述:"堀方千七百二丈,郛方七七里。以为天下之大凑","设丘兆于南郊,建大社于国中"。成周城内的主要建筑有太庙、宗庙(文王庙)、考宫(武王庙)、路寝、明堂等"五宫"。

成周建成后,周成王举行了大型祭祀、赏赐臣子等一系列活动。1963年出土的西周青铜器何尊,其铭文记载了周成王对一个名叫"何"的"宗小子"的训诰,其中提到周武王克商后在嵩山举行祭祀时发表的祷辞,即"宅兹中国,自之乂民"。定都天下之中以统治万民,这是周王朝开国之君革故鼎新、接受天命的宣言，也勾勒了周天子定鼎洛邑、治理天下的宏伟蓝图。何尊铭文是"中国"一词出土最早的见证，表明了洛阳是古中国的所在地，即天下之中。

西周时期，成周洛阳驻守有周王室直接控制的周八师，每师有2500人，用以震慑东方。象征着王权的九鼎放在成周城的明堂当中，寓意定鼎中原。从周武王选址、召公相宅、周公营洛再到周成王定鼎中原，成周城是中国历史上第一座国家层面详细规划建设的都城。公元前770年，镐京被西部的少数民族犬戎攻陷洗掠，周平王东迁成周，将都城名称改为"雒阳"，此后周朝的这个时期称为"东周"。

从中国历史上的第一个王朝夏朝起，先后有商、西周、东周、东汉、曹魏、西晋、北魏、隋、唐、后梁、后唐、后晋等朝代先后在洛阳建都。洛阳的都城史长达1500年，是我国建都年代最早、朝代最多、时间最长的古都。

秦统一中原，周朝结束。秦起于西方，都城咸阳。咸阳与今西安临近，秦阿房宫大部分面积在今西安市境内，兵马俑和秦陵在今西安临潼区。秦宗庙在渭河南岸，荆轲刺秦王，就发生在秦章台宫，即后来的汉未央宫。当时的长安是秦都咸阳的一个乡聚，秦始皇封其兄弟长安君于此地，始有"长安"之名。

秦朝灭亡后，刘邦建立西汉王朝。刘邦在建国之初，本意是想定都洛阳，因为他的大臣多是关东人。但大臣娄敬（因被刘邦赐姓"刘"，又称"刘敬"）劝他说："秦地被山带河，四塞以为固，卒然有急，百万之众可具也。因秦之故，资甚美膏腴之地，此所谓天府者也。"（《史记·刘敬叔孙通列传》）张良也主张："关中左崤函，右陇蜀，沃野千里，南有巴蜀之饶，北有胡苑之利，阻三面而守，独以一面东制诸侯。诸侯安定，河、渭漕挽天下，西给京师；诸侯有变，顺流而下，足以委输。此所谓金城千里，天府之国也。"（《史记·留侯世家》）西安所在的关中平原，又称渭河平原。它南倚秦岭，北界北山，西起宝鸡峡，东至潼关，黄河横贯关中。周围有"四塞"拱卫：东有函谷关，西有大散关，南有武关，北有萧关。四关的建立，"八百里秦川"才有了"关中"之名。关中依山傍河，四塞牢固，土地膏腴肥沃，实在是"金城千里，天府之国"。从地理形胜上说，西安有"建瓴之势"，瓴是盛水的瓶子，它的形状如同黄河天险保护下的西安地理,瓶身为四塞之中的关中平原,周围群山环绕,瓶口处有潼关为咽喉屏障,战略上进退自如,极为有利。刘邦听从建议,在秦都城咸阳遗址基础上建都,取当地长安乡之含意,名"长安",意即"长治久安"。《史记》:"汉长安,秦咸阳也。"张衡《西京赋》云:西汉长安"乃览秦制,跨周法"。《旧唐书·地理志》说:"京师,故秦之咸阳,汉之长安也。"即汉长安城是在秦都咸阳基础上建立的,说明在都城选址上是汉承秦制的。汉朝宫阙均在今西安市汉城保护区内。丝绸之路开通后,长安成为东方文明的中心,史称"西有罗马,东有长安"。

隋朝开国之初,隋文帝颁令在汉长安城东南的今西安城址营建新都大兴城。唐朝定都长安后,改隋大兴城为长安城,并进行了增修和扩建。唐朝宫城完全与今西安市重合。隋唐时期的长安城结构布局充分体现了封建社会巅峰时期的宏大气魄,在中国建筑史、城市史上具有划时代影响。

长安作为中国的政治、经济、文化中心千余年,历史上定都西安的朝代先后有西周、秦、西汉、新莽、东汉、西晋、前赵、前秦、后秦、西魏、北周、隋、唐,共13个王朝。在建都长安的诸多朝代中,周、秦、汉、隋和唐都是中国历史上的强盛时代,当时的长安已成为国际性大都市。"九天阊阖开宫殿,万国衣冠拜冕旒。"长安在其发展的极盛阶段居于世界中心的地位,吸引了大批的外国使节与朝拜者的到来。长安向世界展现了文明中国拥有的自信、开放、大气、包容、向上的民族精神,铸造了炎黄子孙永远为之自豪的文化高地。

宫殿盘郁①,楼观②飞惊③。
图写禽兽,画彩仙灵④。
丙舍⑤傍⑥启,甲帐⑦对楹⑧。
肆筵⑨设席,鼓瑟吹笙⑩。
升阶纳陛⑪,弁转⑫疑星。

《千字文》注析

【注释】

①盘郁:曲折幽深的样子。郁,也指繁多。

②楼观:高大富丽的建筑物。观,音 guàn,指古代宗庙或宫殿门外两侧的高大建筑物,也泛指楼台亭阁之类。《三辅黄图》:"周置两观,以表宫门。登之可以远观,故谓之观。"

③飞惊:形容建筑物高耸入云,令人惊叹。

④仙灵:神仙。左思《吴都赋》:"图以云气,画以仙灵。"

⑤丙舍:宫中正室两旁的房屋。

⑥傍:通"旁",指旁边。

⑦甲帐:汉武帝所造宫殿上的帐幕。《北堂书钞》引《汉武帝故事》:"上以琉璃珠玉,明月夜光杂错天下珍宝为甲帐,次为乙帐。甲以居神,乙以自居。"

⑧对楹:殿堂前一左一右相对的柱子。

⑨肆筵:设宴。《诗经·大雅·行苇》:"戚戚兄弟,莫远具尔,或肆之筵,或授之几,肆筵设席,授几有缉御。"

⑩鼓瑟吹笙:弹琴吹笙奏乐调。鼓,弹奏。瑟,这里泛指弦乐器。笙,这里泛指管乐器。《诗经·小雅·鹿鸣》:"呦呦鹿鸣,食野之苹。我有嘉宾,鼓瑟吹笙。"

⑪陛:本义指可以借以登高的台阶,又特指帝王宫殿的台阶。群臣与皇帝言,不敢直呼天子,因呼在陛下者而告之,所以"陛下"成为对皇帝的尊称。

⑫弁:音 biàn,古代官帽,上面缀有珠玉。《诗经·卫风·淇奥》:"有匪君子,充耳琇莹,会弁如星。"这是说官帽上的琼玉看上去犹如星星。

【讲析】

这几句描写帝王宫殿的豪华富丽。意思是:宫殿曲折回环,重叠繁茂,楼阁宫阙凌空欲飞,令人惊叹。宫殿墙壁上绘满各种飞禽走兽,还有彩绘的天仙神灵。正殿两旁是配殿,配殿的门侧开,左右高高的楹柱撑起了皇帝豪华的幕帐。宫殿里摆设着丰盛的宴席,乐师们鼓瑟吹笙演奏着美妙的乐曲。

群臣拾阶而上,官帽上的玉饰闪闪发亮,远远望去恍若群星。

宫殿是帝王朝会和居住的建筑物。"宫"是帝王的住所,是帝王的生活区;"殿"是帝王举行朝会、办公议事的大堂,是帝王的办公区。中国古代宫殿,通常是前殿后宫,左庙右社。即朝堂在前,寝室在后;左边是祭祀祖先的祖庙,右边是祭祀社稷神的社庙。中国传统文化注重人间秩序,欧洲和伊斯兰世界最高大宏伟的是作为宗教建筑的教堂,而中国建筑成就最高、规模最大、规格最严整的就是帝王的宫殿。中国古代宫殿规模宏大,形象壮丽,格局严谨,给人强烈的精神感染,突现王权的尊严。而且与欧洲和伊斯兰世界宗教建筑向天空高耸不同,中国宫殿常依托都城,向平面铺展,以中轴对称规整严谨的城市格局,突出宫殿在都城中的地位。这是因为宗教指向天堂,而皇权在人间。

早在夏商代时期,就出现了宫殿,二里头宫城是中国最早的宫殿,安阳殷墟也发现有殷商宫殿宗庙遗址。秦朝有章台宫、兴乐宫、甘泉宫、阿房宫等,西汉长安有长乐宫、未央宫、建章宫三大宫殿,东汉有南宫、北宫,魏晋有洛阳宫,六朝有建康宫,隋代有大兴宫、紫微城,唐代有大明宫、上阳宫,明清有北京紫禁城,现存较为完整的宫殿还有北京故宫和沈阳故宫两座。

右通广内①,左达承明②。
既集坟典③,亦聚群英④。
杜稿⑤钟隶⑥,漆书⑦壁经⑧。

【注释】

①广内:汉代宫廷内的藏书之所,后泛指帝王书库。

②承明:汉代未央宫中的殿名,是大臣们的著述之所。承明殿设有专供侍臣值宿所住的房间,所以用"入承明"为在朝做官的代称。

③坟典:"三坟五典",传说中的我国最古老的图书典籍。

④群英:众多贤能之士。晋陶潜《咏荆轲》:"饮饯易水上,四座列群英。"

⑤杜稿：东汉书法家杜度的草书手稿。杜度用的是隶书的草体，后世称章草。
⑥钟隶：汉末书法家钟繇的隶书真迹。
⑦漆书：用漆写的书简。
⑧壁经：西汉景帝时鲁恭王在曲阜孔子旧宅墙壁里发现的古文经书，包括《尚书》《论语》等，其文字用的是秦代以前的古文字。

【讲析】

　　宫殿向右转可通往广内殿，向左行可达到承明殿。广内殿收藏了很多古代典籍，承明殿聚集着成群的文武英才。里边有杜度草书的手稿和钟繇隶书的真迹，有漆写的古代竹简，以及孔子旧宅墙壁里发现的古文经书。

　　汉朝的长安城里面有著名的"汉三宫"：长乐宫、未央宫、建章宫。"汉三宫"是中国历史上使用朝代最多、存在时间最长的皇宫。长乐宫由丞相萧何主持在秦兴乐宫基础上营修，刘邦将长乐宫作为自己的宫室，并在这里处理政务，成为西汉的政令中心。未央宫位于汉长安城地势最高的西南角，又称西宫，也是萧何主持设计和建造的。"未央"意为没有灾难，没有殃祸。未央宫规模庞大，宫室包括宣室、麒麟殿、金华殿、承明殿、钩弋殿等三十二殿阁。未央宫建成之后，西汉皇帝都居住在这里，成为汉帝国200余年间的政令中心。建章宫是汉武帝刘彻建造的，在未央宫西边的长安城外，规模豪华宏大，殿宇楼阁林立，有"千门万户"之称，比未央宫还要高大。汉武帝为了方便往来未央宫和建章宫，跨城筑有飞阁辇道，十分气派。

　　"广内""承明"，都是未央宫的宫殿建筑名。广内殿是皇帝藏书之所，承明殿是大臣著述之所。班固《西都赋》说未央宫中"又有承明金马，著作之庭，大雅宏达，于兹为群，元元本本，周见洽闻，启发篇章，校理秘文"。专门记载秦汉都城宫殿的地理著作《三辅黄图》载："未央宫有承明殿，著述之所也。"承明殿位于未央宫主殿的东面，是皇帝召见大臣议事的地方，也是大臣们秉承皇帝的意旨起草诏令、撰述谕旨、参与政务和值班休息之处，所以说这里"亦聚群英"。

　　"广内"，是帝王书库，这里指的是汉代帝王收藏图书的石渠阁、天禄阁。刘歆《七略》："外则有太常、太史、博士之藏，内则有延阁、广内、秘室之府。"石渠阁、天禄阁与未央宫承明殿相邻。《汉书·严助传》张晏注云："承明庐在石渠阁外。"《雍录》："承明殿与石渠阁相距不远。"石渠阁、天禄阁是汉代皇帝存放图书典籍、历史档案和开展学术活动的场所，是国家档案馆和图书馆。《三辅黄图》载："石渠阁，萧何造，其下砻石为渠，以道水，若今御沟，因为阁名。所藏入关所得秦之图籍。至成帝，又于此藏秘书焉。"秦朝末年，汉高祖刘邦率军攻入咸阳后，萧何收集秦朝图书典籍和档案，收藏于天禄阁、石渠阁中。由于这二阁中有大量图书和档案资料，许多著名学者文人曾到这里查阅过资料，司马迁的《史记》就是参考这里的档案图书写成的。

帝王书库收藏有什么呢？这里有"三坟五典"和"杜稿钟隶""漆书壁经"。

"三坟五典"，是指中国最古老的书籍，最早见于《左传·昭公十二年》，楚灵王称赞左史倚相："是良史也，子善视之，是能读《三坟》《五典》《八索》《九丘》。"杜预注："皆古书名。"孔安国《尚书序》称："古者伏牺氏之王天下也，始画八卦，造书契，以代结绳之政，由是文籍生焉。伏牺、神农、黄帝之书，谓之《三坟》，言大道也。少昊、颛顼、高辛、唐、虞之书，谓之《五典》，言常道也。至于夏、商、周之书，虽设教不伦，雅诰奥义，其归一揆，是故历代宝之，以为大训。八卦之说，谓之《八索》，求其义也。九州之志，谓之《九丘》。丘，聚也。言九州所有，土地所生，风气所宜，皆聚此书也。《春秋左氏传》曰：'楚左史倚相，能读《三坟》《五典》《八索》《九丘》。'即谓上世帝王遗书也。"孔安国认为"三坟五典"就是"三皇五帝"时代的图书档案。"三皇"时期的图书档案称作"三坟"，"五帝"时期的图书档案称作"五典"。这些书早已失传不存，这里是代指"上世帝王遗书"。

"杜稿钟隶"是指古代书法作品。"杜稿"是杜度的草书手稿。杜度，字伯度，汉章帝时人，做过齐相。杜度擅长写章草。章草是隶书的草写体，因汉章帝喜好这种书体，故名"章草"。唐韦续撰《五十六种书》云："章草书，汉齐相杜伯度援藁所作，因章帝所好，名焉。"梁时庾肩吾《书品》列杜度书品为上之中，唐张怀瓘《书断》列杜度章草为神品，草书大家怀素称杜度的章草"天然第一"。

"钟隶"是指钟繇的隶书真迹。钟繇是三国时期魏国重臣,著名书法家。钟繇擅篆、隶、真(楷)、行、草多种书体,推动了楷书的发展,对后世书法影响深远,后世尊为"楷书鼻祖",与书圣王羲之并称"钟王"。钟繇所处的时期,正是汉字由隶书向楷书演变并接近完成的时期。在完成汉字的这个重要的演变过程中,钟繇继往开来,起了有力的推动作用。据唐代张彦远《法书要录》说:蔡邕受于神人,而传与崔瑗及女蔡文姬,文姬传之钟繇,钟繇传之卫夫人,卫夫人传之王羲之,王羲之传之王献之。

"漆书壁经",泛指古代经典。"漆书"是在上古时期笔墨都还没有出现以前,用树脂漆书写在竹简上的大头小尾的文字,称为"蝌蚪文"。元代吾丘衍《学古编》说:"上古无笔墨,以竹梃点漆书竹上,竹硬漆腻,画不能行,故头粗尾细,似其形耳。"《东观汉记·杜林传》:"杜林,字伯山,扶风人,于河西得漆书《古文尚书经》一卷。"《晋书·束皙传》记载:西晋武帝时,有一个名叫不准的汲都(今河南新乡)人,盗掘战国魏襄王的墓时得到一批漆书竹简古书,这些古书就是学术史上著名的《汲冢书》,其中包括《竹书纪年》。

"壁经"是指在孔子旧宅墙壁中所藏的经卷。《汉书·艺文志》载:"武帝末,鲁恭王坏孔子宅,欲以广其宫,而得古文《尚书》及《礼记》《论语》《孝经》,凡几十篇,皆古字也。"秦始皇焚书坑儒,把所有的儒书都收缴焚烧,孔子的后人为避秦火,就把一部分儒家经卷藏在了夹壁墙里边。到了汉武帝的时候,鲁恭王侵占孔子的旧宅修宫室,在拆墙的时候发现了里边的竹简,内有《尚书》《礼记》《春秋》《孝经》《论语》等一批重要的儒家经典。因为这些经书都是用战国时六国文字写成,所以称为"古文经"。这就是历史上有名的孔壁古文经。孔壁古文经的发现,在中国古代学术思想史上意义重大,甚至改变了后世学术思想的发展走向。这个改变就是经书的"今古文之争"。

从战国到西汉,汉字书体有过两次大变化。战国时流行的是"籀书"(大篆),但各国所用差异甚多,秦始皇统一六国后,"书同文",将籀书规整为小篆。汉代又将小篆简化为隶书。因此,汉代人用隶书书写的书籍成为"今文"(即当时的文字),汉以前用籀书或小篆写下来并流传到汉代的则成为"古文"。上面所说的"杜稿钟隶"用的是汉代隶书,即"今文";"漆书壁经"用的是秦以前的六国古文字,即"古文"。

秦始皇统一全国之后,为了加强思想控制、巩固大一统局面,实行焚书坑儒政策,焚烧了六国史书和诸子百家的经典,很多先秦时期的儒家经典就此失传。汉朝初立,在倚仗黄老学说完成社会经济的休养生息之后,需要依靠孔孟儒家思想重新厘定学术秩序,建立封建威权的官方意识形态。可是,这个时候,儒生们发现,手头却没有现成的经典。于是,只好靠老儒生们凭记忆进行口述,再用汉代通行的文字"隶书"记录下来,这就是"今文经"。由于没有原典,所以今文经学往往离开经典的具体章句,自由阐发"微言大义"。这一派叫作"今文经学派"。

然而,秦始皇的那把火并没有把天下的书籍全部烧光。汉惠帝的时候,政府明令废除了秦朝的"挟书令",那些侥幸避过秦火的古代典籍又陆续被发现。发现藏书最多的地方有两个:一个是在曲阜孔子旧宅,在那里发现了"孔壁古文经";另一个是在民间,河间献王刘德搜集了大量散落于民间的古代典籍。这些陆续被发现的战国时代的儒家经典,字体都是用秦统一前的篆书抄写的,因此被称为"古文经"。有些儒生研究这些古文经时发现,古文经中所记载的先儒学说与当时通行的老儒生们凭记忆写下的"今文经"差别很大,到底孔孟先师是怎么说的?说了什么?于是,他们向今文经学派发起挑战,以"通经明义"为目的,致力于凭借有案可查的证据考释,确定经典文本中每一个字词的准确含义,并从中追寻经典的本义,这一派称为"古文经学派"。

汉代的今文经和古文经两派之争,虽和经书书写所用文字的今古文有关,但实际争论的问题,却在文字背后,涉及的问题很多。因为中国传统学术文化的历史,就是经学的历史。一部中国学术思想史,只有先秦诸子的思想具有原创意义。其后儒家思想在汉代取得唯此独尊的地位后,所谓两汉经学、魏晋玄学、隋唐佛学、宋明理学、清代汉学,历次学术思想潮流,其实都可视为是对先秦儒家六经典籍的阐释,因而一概言之,都是经学。两汉经学的今古文之分,是此后历代学术思想纷争和演进的总根源。今文经学派依据当时通行的隶书书写的经典,古文经学派依据发掘出的先秦古文字本经典。两派不仅所据经典不同,而且治学方法和学术观点也不同。今文经学重在探索经籍的"微言大义",以求"经世致用",为汉代政权服务。古文经学反对今文经学凭借空疏的主观臆想去阐释经典文本之外的意义,而要"通经明义",重在训诂、考索文字的基础上探究经典的原义。也就是说,今文经重"义理",古文经重"考据"。今文经是"六经注我",重在用经典阐发自己的观点,以为现实所用;古文经则是"我注六经",重在客观地考证和阐释经典的原义。两汉今古文经学之争划分了后世学术的经纬。其后以理学为主要内容的"宋明理学",则是对今文经学的继承;清代以乾嘉考据之学为代表的"清代汉学"(又称"朴学"),其实就是古文经学的流绪。

第二节　文武百官

此节讲朝廷上的文武群臣。

府①罗②将相③,路侠④槐卿⑤。
户封⑥八县⑦,家⑧给千⑨兵⑩。
高冠⑪陪辇⑫,驱毂⑬振缨⑭。
世禄⑮侈富⑯,车驾肥轻⑰。
策功⑱茂实⑲,勒⑳碑刻铭㉑。

【注释】

①府:官署的通称,也指达官显贵的住宅。
②罗:罗列分布。
③将相:将帅和丞相,亦泛指文武大臣。
④侠:即"夹",夹道。
⑤槐卿:指三公九卿,泛指古代高级官员。周朝时,朝廷中三槐九棘,公卿大夫分坐其下,三公坐三槐之下,九卿坐九棘之下,此后用槐、棘分别代指三公、九卿。"卿"的字形像两个相对席地而坐的人,面对一个装满食物的

瓦罐之类的食器就餐,"两人对食为卿"。这两人应是亲近的人,旧说是一君一臣、一尊一卑、一长一幼;故君对臣、夫对妻、大臣对下属的第二人称的"你",叫"卿"。后来"卿"假借指高级官员的名称。

⑥户封:户,指帝王赏赐的户数。封,帝王以土地赏赐。

⑦县:本是"悬"的古字,音 xuán,是悬挂的意思。周代制度,"天下地方千里,分为百县而系于国"。到了秦代和汉代,县系于郡,把"县"这个字作为郡级以下的行政区域的名称,意思是地方政权直系中央,音 xiàn,还留有"挂"的原义。现代的县隶属于省、自治区、省辖市、直辖市、自治州之下。

⑧家:本意是屋内、住所。这里指公卿之家。

⑨给:供养。

⑩千兵:千名兵丁,泛指兵丁众多。这里的兵是指朝廷对有功的重臣配备的护卫兵士。

⑪高冠:指官帽。

⑫陪辇:陪同君王坐的车。辇,古代用人拉的车,后来多指皇帝、皇后坐的车。

⑬驱毂:赶车。毂,车轮,这里指车。

⑭缨:官帽的系带。一说马的缰绳也叫缨,"振缨"指抖动马的缰绳。

⑮世禄:世代享用国家俸禄。禄,本义是福气、福运。《说文》:"禄,福也。"后指官吏的俸给,如"高官厚禄"。

⑯侈富:豪富。侈,奢侈,行为过当,过多花费、享受。

⑰肥轻:指肥马和轻暖的裘衣。《论语·雍也》:"乘肥马,衣轻裘。"

⑱策功:把功劳记入史册。策,古代写字用的竹片或木片。

⑲茂实:盛美的德业。茂,多。实,事迹,功业。南朝梁简文帝《上昭明太子集别传表》:"永彰茂实,式表洪徽。"

⑳勒:刻。

㉑铭:刻在器物或石碑上记载功德的文字。

【讲析】

宫廷内将相依次排列两行,宫廷外大夫公卿夹道侍立。他们每家都有八县之广的封地,还有成百上千的家丁侍卫。大臣们戴着高高的帽子,陪着皇帝乘车出行,车马驱驰,缨带飘扬,好不威风。大臣们的子孙世代享受优厚的俸禄,过着富裕奢侈的生活;他们坐着肥壮的骏马拉的豪华马车,穿着华美的轻暖裘衣,逍遥自在,春风得意。大臣们的功德业绩载入史册,铭刻在石碑上。

将相公卿,都是古代官职。中国古代中央官制有"三公九卿"之说。周代即有"三公",是中国古代最重要的三个官职的合称。周代"三公"是指哪些官职?有不同的说法。西汉今文经学家据《尚书大传》《礼记》等书认为三公指司马、司徒、司空,古文经学家则据《周礼》以太傅、太师、太保为三公。所谓司马,即是掌管军事大权的官职;司徒,则是掌握财政收支的官职;司空,就是司工,也就是掌管建筑、水利营建的官职。这三个官职,分别掌控了一国的财政、军事和工程建设三项大权。太傅、太师和太保又称"三师",都是太子的老师,一般都是在官职上加的虚衔,并无实权,职责均为辅助国政。

秦汉建立了完备的中央官制——"三公九卿制"。"三公"为丞相、御史大夫和太尉,分掌行政、监察和军事。"九卿"即奉常、廷尉、治粟内史、典客、郎中令、少府、卫尉、太仆、宗正,为中央政府各部门的主要行政长官,主要负责国家的财政、司法、农业、手工业、外交、少数民族事务,以及皇室宗族事务、宫廷警备、车马调度等工作。

汉武帝为加强皇权,削弱丞相权力,建立中朝制。朝廷政务先与尚书、侍中、大将军等近侍内廷"中朝"人员商议,然后告知以丞相为首的"外朝"官员。外朝官员实际作用被削夺,地位下降,中朝官员受到重用。汉成帝时,大司马、大司空和丞相三公权力进一步削弱,尚书权力扩大,尚书令为主管。东汉时尚书权力进一步扩大,分割或取代了九卿部分职权。东汉至魏晋,中央政务逐步由三公向三省转移,行政事务渐由九卿向六部过渡。

隋唐时期,中央官制逐渐演变为更加有利于中央集权的"三省六部制"。"三省"指中书省、门下省、尚书省,"六部"指尚书省下属的吏部、户部、礼部、兵部、刑部、工部。每部各辖四司,共为二十四司。三省六部制将丞相一人的权力平均分配给三个部门,并让它们相互制衡,从而削弱了相权;而九卿的职责,也分门别类,归于六部之中。三省六部制保证了君主专制的中央集权,因此为历朝历代所沿用,直至清末。

古代与官职相配套的还有"封土授爵"。根据《后汉书·光武帝纪》中的解释:"功臣宗室,咸蒙封爵,多受广地,或连属县。"可以看出,官员除了出任官职,还拥有象征着地位和财富等级的爵位和土地。

爵位,指诸侯获得封赐的封建等级,是古代君主对贵戚功臣的封赐。周代有公、侯、伯、子、男五等爵,均世袭罔替,封地均称国,在封国内行使统治权。各诸侯国内,置卿、大夫、士等爵位。卿、大夫有封邑,对封邑也可以行使统治权。后代爵位制度往往因时而异,不尽相同。西汉初年大封功臣,受封列侯者143人。列侯封地称国。侯国大者数万户,小者五百户。东汉侯制与西汉无别,唯侯国较小,大者不过四县,小者仅有一亭者。

中国古代选拔任用官吏的制度主要有以下几种:一是世卿世禄制。"禄"是古代官员的俸禄,世卿世禄制指的是卿大夫等官职可以父死传子,世袭此职,世代享有该职俸禄。二是察举征辟制。所谓"察举",就是由州、郡等地方官在自己管辖区内进行考察,发现需要的人才,以"孝廉""茂才异等""贤良方正"等名目,推荐给中央政府,经过一定的考核,委任以相应的官职。所谓"征辟",是由皇帝或地方长官直接进行征聘。察举对象既可以是平民,也可以是官吏。这种制度基本保证了朝廷对行政官员的需求。察举制度在西汉时比较严格,到东汉后期由于政治腐败,权贵舞弊,察举制度失去效用。三是九品中正制。这是魏晋南北朝时期的一种选拔人才的制度,朝廷为了加强对人才的选拔控制,采取下派官员到各处评定选拔人才的方法。这种制度的具体操作办法是政府在各州郡派驻名为"中正"的官员,中正依据家世、道德、才能三个角度评议各州郡中的人物,具体分为九品,分别是:上上、上中、上下、中上、中中、中下、下上、下中、下下。中正把评议的结果上报朝廷,朝廷根据结果来对这些人才委以官职。四是科举制。科举是中国古代通过考试选拔官吏的一种制度,由于采用分科取士的办法,所以叫作"科举"。科举制是我们大家都熟悉的一种选拔人才制度。从隋炀帝大业三年(607年)开设进士科,到清光绪三十一年(1905年)下令废科举,共经历了近1300年。

《千字文》注析

《千字文》的编者周兴嗣所处的魏晋南北朝时期,在官员的选拔上实行的是"九品中正制"。在这种选官制度下,选拔官吏的执行者"中正官"往往出身于世家大族,这些人世代为官,掌握朝政,被称为"门阀士族"。他们为了自身的利益,在选拔官吏时只看家世出身,从而导致门阀士族垄断了政府的重要官职。他们又通过大族之间互相联姻,在统治阶级内部构成了一个门阀贵族阶层,即"门阀士族"。门阀士族,指以宗族为纽带所形成的封建贵族特权集团。门阀士族享有特权,把持政权,世代为官,严格等级,标榜门第,兼并土地,掌握武装,逐渐形成了名门望族,构成了强大的社会政治势力。这些世家大族、高门大姓享有特殊的荣誉。比如北魏时,范阳卢氏和崔氏、荥阳郑氏、太原王氏汉族四姓为最高门。东晋望族琅琊王氏与陈郡谢氏,其地位权势甚至比皇帝家庭还高。这一时期的政权更迭频繁,亡国之后的帝王之家想求为平民而不可得,面临的常是合族诛灭的命运。而作为门阀士族的王谢等家族则不受朝代的限制,可以累朝累世永远显贵。出身较低的开国皇帝为了抬高自己的身价,还把能得到王谢等世家大族主持的登基仪式作为一种荣耀。

门阀政治是魏晋南北朝时期的重要特征。这一时代,士族门阀出身的人生来就注定可以做官,而庶族平民出身的人极难得到重用,社会阶层严重固化,造成了"上品无寒门,下品无士族"的局面。门阀士族掌握了国家政权和经济命脉,享受着世卿世禄的政治特权,拥有极大财富的他们通过炫耀性消费的方式来体现自身地位,满足他们的虚荣心。正如《千字文》中所说:他们"户封八县,家给千兵。高冠陪辇,驱毂振缨。世禄侈富,车驾肥轻",酗酒、挥霍、斗富,穷奢极欲,奢华腐朽。南朝宋代文学家刘义庆所撰《世说新语》,记载了魏晋南北朝间一些士族名士的言行与轶事,其中有许多士族豪富让人触目惊心的争奢斗富的故事。

士族门阀制度萌芽于东汉,产生于魏,盛行于晋,衰落于南北朝,影响中国达400年之久。直到隋唐时期开始实行科举考试选拔官吏的制度,打破了士族垄断官吏选拔的局面,开通了社会阶层上下流动的渠道,士族门阀政治才走向消亡。

第三节　辅政名相

此节举出伊尹、姜尚、周公、管仲、"商山四皓"、傅说等古代名臣的故事和他们的历史功业。

> 磻溪①伊尹②，佐③时阿衡④。

【注释】

①磻溪：音 pán xī，是一条溪流的名称，在今陕西省宝鸡市东南，相传是姜太公钓鱼的地方，今存有钓鱼台。在古诗词中，磻溪也用以代指姜子牙。

②伊尹：商初大臣，辅助商汤推翻夏朝，建立商朝。

③佐：辅助。

④阿衡：一说是伊尹的名字；一说是商代官名，为国家辅弼之职。

【讲析】

周文王磻溪遇姜尚尊他为"太公望"，伊尹辅佐商汤王称他为"阿衡"。

"磻溪"说的是"姜太公钓鱼，愿者上钩"的故事。姜子牙，姜姓，吕氏，名尚，字子牙。姜子牙出自姜姓，姜姓是炎帝的后裔。姬姓周族的兴亡历史与姜姓有着密不可分的联系，姬、姜二姓世代联姻，可以说姬姓王族的血脉中，同样流淌着姜姓的血。《诗经》中的《生民》和《绵》是周族的史诗，《生民》中说："厥初生民，时维姜嫄。"生民之初，他们首先述及自己的始祖母姜嫄。这说明周人在"初生"时就具有姜姓血脉。古公亶父是周族历史上的第一人，史称"周太王"，他的妻子是姜姓女子，称"太姜"。《绵》一诗更具体详细地叙述了周人发展的历史："绵绵瓜瓞。民之初生，自土沮漆。古公亶父，陶复陶穴，未有家室。古公亶父，来朝走马，率西水浒，至于岐下。爰及姜女，聿来胥宇。"太姜出嫁之初，周家一穷二白，连座房屋都没有，她帮助丈夫古公亶父定居周原，选择地形，建造家室。周人在追忆先祖太王古公亶父创业功绩时,特别要写上"爰及姜女",足见太姜在周人初兴时所起的重要作用。其后,周太王为其孙姬昌(文王)娶姜女,文王又为其子姬发(武王)娶女邑姜。所以,周族是在姜姓氏族的怀抱中长大的,从传说时代到周太王,周族一直是一个弱小的民族,她的兴盛,是因为背后有母族姜姓氏族的支持。

周文王姬昌在与殷商争夺天下时,也是依靠姜族的支援。他以诚意邀请姜姓中足智多谋的姜尚出山,同他共同策划灭商大计。

传说姜尚出生时,家境已经败落,他始终勤奋刻苦地学习天文地理、军事谋略,研究治国安邦之道,期望能有一天为国家施展才华,可是直到70岁还是穷困潦倒,闲居在家。《史记·齐太公世家》记载了"姜太公钓鱼"的故事。磻溪是在岐山脚下渭水河畔(在今陕西宝鸡附近)的一个溪潭,水旁有一块大石头(磻),姜尚坐在磻石上用直钩钓鱼,不但不用鱼饵,鱼钩还悬在水面上三寸。有人问他这样能否钓到鱼,他回答说"愿者上钩"。周文王姬昌精通《易经》,曾演《周易》。这一天,文王要出外狩猎,他就先卜了一卦。卦辞说:"所得猎物非龙非螭,非虎非熊;所得乃是成就霸王之业的辅臣。"姬昌出猎,果然在渭河北岸遇到姜尚,与之谈论后姬昌大喜,认为姜尚是个奇才,说:"自从我先君太公就说:'定有圣人来周,周会因此兴旺。'说的就是您吧?我们太公盼望您已经很久了。"因此,称姜尚为"太公望"。二人一同乘车而归,后姜尚被尊为太师。

姜子牙出山后,率领姜姓四岳(同为姜姓的齐、许、申、吕四个氏族)共同拥戴周文王姬昌,辅佐姬昌建立霸业。周武王即位后,尊姜尚为"师尚父",成为周的军事统帅,辅佐武王消灭商纣。武王克殷,分封诸侯,因姜尚首功,封地于齐。《史记·周本纪》说:"(武王)于是封功臣谋士,而师尚父为首封。封尚父于营丘,曰齐。"武王之后,姜尚又辅佐执政周公旦,平定内乱,开疆扩土,促成"成康之治"。周康王六年,姜尚病逝于镐京,后世对其推崇备至,尊其为兵家鼻祖、武圣、百家宗师。

伊尹比姜尚更早,他是商王成汤的谋士和大臣,辅佐成汤灭了夏桀,开创了殷商600年的天下。伊尹,姓伊,出生于有莘国伊水(今河南洛阳伊川),以出生地为姓氏,名阿衡,"尹"不是名字,而是"右相"的意思,甲骨卜辞中称他为"伊示"。伊尹奴隶出身,是个厨师,身份低贱,但心怀天下。他看到夏桀无道,就投奔商汤,辅佐商汤起兵灭夏。《史记·殷本纪》记载:"伊尹名阿衡。阿衡欲奸汤而无由,乃为有莘氏媵臣,负鼎俎,以滋味说汤,致于王道。或曰,伊尹处士,汤使人聘迎之,五反然后肯往从汤,言素王及九主之事。汤举任以国政。"当时商汤娶有莘氏之女为妃,伊尹自愿以陪嫁奴隶的身份,背负鼎俎等厨具来到商汤的身边。他在为商汤烹饪的时候,以烹调、五味为引子,分析天下大势与为政之道,劝商汤承担灭夏大任。商汤由此方知伊尹有经天纬地之才,便免其奴隶身份,命其为右相,成为最高执政大臣。此后的伐夏战略多出自伊尹之手。

商王朝建立后,伊尹作为王朝最高的执政大臣,掌握了王朝的军政大权。商汤去世后,伊尹立汤的儿子外丙即位;2 年后外丙死,再立外丙之弟仲壬;4 年后仲壬又死,伊尹乃立汤的长孙太甲即位。太甲即位 3 年,即改变汤和伊尹制定的政策法令,推行暴政。伊尹将太甲放逐,自己"摄行政当国",代理天子之位。3 年后太甲悔过、反善,于是伊尹又把太甲迎回,交还了政权。太甲"更尊伊尹曰保衡",仍然执掌着王朝的实际权力,直到太甲之子沃丁即位。

伊尹在商朝为相 50 余年,经历了商汤、外丙、仲壬、太甲、沃丁这五代君王,不但辅佐他们,而且是他们的老师。《孟子》说:"汤之于伊尹,学焉而后臣之,故不劳而王。"商王对于伊尹,先向他学习,然后请他为大臣,所以依靠伊尹,不用费力就可以称王了。伊尹为商王朝的建立和兴盛奠定了坚实的基础,他去世后,以一个非商王血统的祖先身份,受到后世各代商王的祭祀,其地位并不亚于一般的商族先公先王。《吕氏春秋·慎大》:"祖伊尹世世享商。"殷商卜辞中留下的对伊尹的祭拜记载,与文献中对他的称颂大体相合。

《诗经·商颂·长发》中有诗曰:"实维阿衡,实左右商王。"因为伊尹辅佐成汤建立了商朝,所以称他为"佐时阿衡"。

伊尹不仅是中国历史上第一个贤能相国、帝王之师,还是中华厨师之祖。《吕氏春秋·本味》记载了伊尹与成汤就饮食烹饪方面的对话,提出了最古老的烹饪理论,是研究我国古代烹饪史的一份不可多得的重要资料。

《千字文》注析

姜尚和伊尹,都是一代名相,他们有一个共同的特点,就是出身寒微、漂泊不定,但他们都能冷静隐忍,观察风云,等待机遇,最终遇到明主,成就伟业,为世人所尊崇。姜尚半生蹉跎,年迈垂暮,仍抱定大志,等待明主。《史记·齐太公世家》说:"吕尚盖尝穷困,年老矣,以渔钓奸周西伯。"这里的"奸",是接近的意思,姜子牙以钓鱼创造机会,来接近周文王。伊尹是个厨师,更是以陪嫁奴隶的身份来到商王的身边,终于有机会辅助商王,成为历史上的第一名相。苏轼在《晁错论》中说:"古之立大事者,不惟有超世之才,亦必有坚忍不拔之志。"他们的成功,靠的是心怀大志、修身立德、隐忍待时。

奄①宅②曲阜,微③旦④孰⑤营⑥。

【注释】

①奄:读 yǎn,古国名,在今山东曲阜。

②宅:本义指住所,多指较大的房子,即住宅。引申义可作动词,指居住,如"宅兹中国"。

③微:没有。本义是隐蔽、隐匿,引申有秘密、侦察、精妙深奥、细小、少、无等意思。

④旦:指周公姬旦。

⑤孰:谁。"孰"为"熟"的本字,本义为瓜果成熟,食物煮熟。后"孰"为"谁"专用,成熟之义加火作"熟"。"孰"多用作疑问代词,相当于谁、哪个、何、什么等。如"是可忍也,孰不可忍也"。

⑥营:建造,经营。

【讲析】

古奄国在曲阜,除了周公旦谁又能把它营建好呢?这里讲的是周公。

周公,姬姓,名旦,是周文王姬昌第四子,周武王姬发的弟弟,周成王姬诵的叔父。周公是我国政治史、文化史上一个极为重要的人物。他帮助周武王开创了周王朝八百年的基业。他所制定的礼乐制度,对中华民族文化传统的形成具有开山的意义,直接孕育了影响中国几千年的主流文化——

儒家文化。近代学者夏曾佑在其《中国古代史》中说:"孔子之前,黄帝之后,于中国有大关系者,周公一人而已。"汉代贾谊在其《新书》中说"文王有大德而功未就,武王有大功而治未成",而相比于他的父兄,周公集大德大功大治于一身。史籍中的周公是个完美无缺的人,《尚书大传》将周公一生的功绩概括为:"一年救乱,二年克殷,三年践奄,四年建侯卫,五年营成周,六年制礼乐,七年致政成王。"司马迁在《史记·鲁周公世家》中饱含热情地叙述了周公的一生:幼年时代笃仁纯孝,平定管蔡分裂叛乱时坚定果断,牺牲个人时义无反顾,代理国政时忍辱负重,为我们树立了一个胸怀博大、深沉果断,为国家利益辛劳毕生、鞠躬尽瘁的高岸君子形象。

周文王姬昌还在世时,周公非常孝顺,忠厚仁爱。姬昌去世后,武王姬发即位,姜尚为国师,周公为辅相。周公是武王的同胞弟弟,因此无论军国大事,还是其他的疑难小事,武王总是与周公商讨。武王有病,周公自为人质,设三坛拜祭三王,愿代武王去死。在周公的辅佐下,武王东征伐商。殷朝灭亡,周朝取而代之,武王为天子,周公的地位仅次于武王。

武王灭商后去世,成王幼小,周公"践阼代成王摄政当国",主持国家大权。摄政之初,周公不惧流言蜚语,一身正气,坦荡行事。管叔、蔡叔和武庚禄父叛周,史称"三监之乱",周公果断平定叛乱,并东征灭掉了奄国等50多个小国,最终使"诸侯咸服宗周"。为了加强对东方的控制,周公秉承武王遗志,营建新都洛邑。建都洛邑后,周公开始实行封邦建国的方针,册封天下诸侯,建置71个封国。推行井田制,将土地统一规划,巩固和加强了周王朝的经济基础。为谋划周王朝的长治久安,周公"制礼作乐",以礼乐的形式明确天子诸侯之间尊卑上下的等级关系,建立一整套宗法人伦制度和行为规范体系,提出了各方面的带根本性的典章制度,完善了宗法制度、分封制、嫡长子继承制和井田制。这些制度的最大特色是以宗法血缘为纽带,把家族和国家融合在一起,把政治和伦理融合在一起,这些制度的形成对中国封建社会产生了极大的影响。

周公摄政七年后,将权力平稳转移,还政于成王。还政后,周公不以年长和功高自居,恭恭敬敬地"北面就臣位",随后又辅佐成王三年。周公既有身教,又有言传。他谆谆告诫成王敬天保民,施行德政,做治世英主。毫耋之年,周公隐居作《易》,直至生命最后一口气。

"制礼作乐",是周公一生最主要的功绩之一。关于"礼乐",我们在前面对《千字文》中"乐殊贵贱,礼别尊卑"的讲析中已经论及。周公所制的礼乐是沿袭夏商二代而来的,不过,夏商的礼乐主要是用于敬神的祭祀典礼和乐歌,经过周公修订改造的礼乐,则成为用来维护社会等级制度和宣扬道德理想的宗法人伦制度和行为规范体系。从中国文化的角度看,周公把夏、商、周三代礼乐文化推向了发展顶峰。所以孔子由衷地赞叹:"周监于二代,郁郁乎文哉,吾从周。"礼乐文化直接孕育了儒家文化,孔子所创立的"儒"学也是基于周公之"礼"的理念。孔子一生维护并致力于恢复西周的礼乐文化和礼乐制度,收集整理并传播西周以来的文化。孔子最向往的社会制度也是西周时的社会制度,而这些文化制度的总策划师就是周公。所以,周公被尊为儒学奠基人,是孔子最崇敬的古圣人。《论语》中记载孔子言论云:"甚矣吾衰也!久矣吾不复梦见周公。"在儒家"道统"传承的统序中,孔子是"至圣",孟子是"亚圣",而周公则被尊为在孔孟之前的"元圣"。

"奄宅曲阜,微旦孰营",说的是周公的封国鲁国。其实周公原来的封地并不在鲁。姬旦尊号"周公",是因为他的采邑封地在周地。这个"周",指的是周人发源地的周原地区,在周王室附近。《史记索隐》载:"周,地名,在岐山之阳,本太王所居。后为周公旦(采)邑,故曰周公。"周公的这块采邑,在他去世后被他的次子仲羽继承。周朝建立后,封建亲戚,武王将周公封到了鲁国,但他作为开国功臣、天子近亲,需要留在天子身边辅佐,所以没有去鲁国,而是采用了折中的做法,也就是周公长子伯禽去鲁国上任。"封周公旦于少昊之虚曲阜,是为鲁公。周公不就封,留佐武王。"所以,真正的鲁公是伯禽,曲阜城也是伯禽所建。《括地志》云:"兖州曲阜县外城即鲁公伯禽所筑也。"鲁国国都曲阜,古称奄,是一个古国,相传这里是古帝少昊的都城,夏为有穷之国,商为商奄之都。周朝初年,武庚、管叔、蔡叔"三监之乱",周公东征平乱,攻占了奄国等淮、泗间九夷诸小国。为了巩固在东方的统治,周朝一方面将很多商奄之民迁徙到了西方,秦国人和赵国人的祖先就是这时被迫西迁的;另一方面让鲁公伯禽"俾侯于东",在此建立鲁国。《左传·定公四年》:"因商奄之民,命以伯禽而封于少皞之虚。"

鲁国是周公之子伯禽的封地，西周时，鲁国在诸侯国中居于特殊的地位。鲁国与周王室的关系最为密切，后世有"周之最亲莫如鲁，而鲁所宜翼戴者莫如周"的说法。周公所制的礼乐制度，在鲁国保存得最为完备。而且周天子还允许鲁国享有天子独有的祭祀天地和祖庙的特权，也就是说，周朝特有的礼，鲁国一样有，这是其他诸侯国所没有的。所以，鲁国对周代文物典籍保存得完好，成为周礼的保存者和实施者，素有"礼乐之邦"之称。到了东周时期，"礼乐崩坏"，诸侯们抛掉周朝的礼仪，只有鲁国仍然在坚守着心中的那份"信仰"。《左传·桓公十八年》记载，晋国的韩宣子到鲁国聘问，看到鲁国所藏的《易》和《春秋》等典籍文献之后，不禁发出"周礼尽在鲁矣"的感叹。《左传·闵公元年》记载，齐桓公派仲孙湫到鲁国，仲孙湫回国后禀告说鲁"犹秉周礼"，又说"鲁不弃周礼"。各诸侯国都认为鲁长期保存周礼是"有道之国"，所以各国诸侯要了解周礼往往到鲁国学习，鲁国成为当时重要的文化中心。而鲁文化影响最大，也最为直接的成果，则是滋养和孕育诞生了孔子、颜回、曾子、子思、孟子等一批思想文化巨人。他们继承、弘扬和发展西周以来的礼乐文明，最终形成了以孔孟为代表的儒家学派，开创了以礼乐文化为基础的儒家文化，奠定了中国数千年传统文化的基础，构建了中华民族传统文化的核心骨架，对中华传统文化的形成和发展作出了杰出贡献。

桓公①匡②合③，济④弱⑤扶倾⑥。

【注释】

①桓公：指齐桓公，春秋五霸之一。

②匡：本意是竹筐，引申为匡正、规范。

③合：《说文》："合，合口也。"本义为闭合、合拢。来自不同地方、不同方向的事物聚集在一起为"合"，此为聚集之意，如合作、合力、联合、聚合等。

④济：本义是济河。因济河常泛滥，人们需要互相帮助渡河，所以有同舟共济、救济等词。

⑤弱：象形字，像小鸟的翅膀，羽毛还不成熟，呈弯曲状态。引申为软弱、弱小。

⑥倾：本义是"顷"，头不正，身子倾斜。倾倒是时间很短的事情，所以引申为短时间、接近等。

【讲析】

齐桓公匡正天下，会合各路诸侯，救济弱小者，扶助即将倾倒的。这两句承接着前面，讲姜尚、伊尹、周公旦之后的五霸之首齐桓公。

春秋五霸，分别是齐桓公、晋文公、宋襄公、秦穆公、楚庄王。春秋时期，天子衰，诸侯兴，周王室势力衰微，权威不再，已经无法有效控制天下诸侯。一些强大的诸侯国为了争夺天下，开启了激烈的争霸战争，相互之间东征西讨，前后共有五位诸侯依次成为霸主。霸主名为会诸侯、朝天子，实为"尊天子以令诸侯"。

春秋五霸第一个就是齐桓公。齐桓公是春秋时代齐国第十五位国君，姜姓，吕氏，名小白，终年73岁。他是姜太公吕尚的第十二代孙，是齐僖公禄甫的三儿子。在齐僖公长子齐襄公和僖公侄子公孙无知相继死于内乱后，公子小白与公子纠争位成功，即国君位为齐桓公。

齐国在今山东北部，地近渤海，有山海渔田之利，盛产鱼盐，经济富裕，是东方的一个大国。齐桓公任用管仲为相，推行改革，实行军政合一、兵民合一的制度，发展经济、富国强兵，齐国逐渐强盛。齐桓公于公元前681年在北杏(今山东鄄城)召集宋国、陈国、蔡国、邾国四国诸侯会盟，是历史上第一个充当盟主的诸侯。当时中原华夏各诸侯苦于戎狄等部落的攻击，齐桓公采用管仲的意见，打出"尊王攘夷"的旗号，团结其他诸侯，北击山戎，南伐楚国，在诸侯国中树立了威信。后来，齐桓公召集诸侯国在葵丘会盟，"九合诸侯，一匡天下"。周王室也派人参加，正式承认了齐桓公的霸主地位，成为春秋时期第一个霸主。

齐桓公为匡正天下之乱，先后九次召开诸侯大会，会合各路诸侯。就像现在的联合国大会，他是秘书长，与各诸侯国一起制定盟约。会盟的目的就是"济弱扶倾"，帮助救济弱小的国家，扶植将要倾覆的周王室。齐桓公带领盟国,北伐山戎以救燕国,平定狄乱以助邢国、卫国,曾解周王室之祸,定周襄王之位。公元前 656 年,齐桓公率鲁、宋等八国的联军,征伐南方的楚国,迫使楚国订立了盟约,阻止了楚国的北进。齐桓公在位 43 年,纠合诸侯,称霸中原,真正是"匡合天下、济弱扶倾"。

齐桓公成就霸业,靠的是管仲的辅助。管仲,姬姓,管氏,名夷吾,字仲,谥敬,颍上(今安徽省颍上县)人。管仲原来是齐桓公的对头公子纠的臣子,齐桓公即位后,得到鲍叔牙推荐,齐桓公不计前嫌,任用管仲为国相。管仲辅助齐桓公,对内大兴改革、富国强兵;对外尊王攘夷,九合诸侯,一匡天下,被尊称为"仲父"。后世尊管仲为"管子",誉其为"法家先驱"。

孔子对管仲评价极高。在《论语·宪问》中,子路问:齐桓公杀了公子纠,召忽自杀以殉,但管仲却没有自杀。管仲不能算是仁人吧?孔子回答说:"桓公九合诸侯,不以兵车,管仲之力也,如其仁,如其仁!"子贡又问同样的问题,孔子的回答是:"管仲相桓公,霸诸侯,一匡天下,民到于今受其赐。微管仲,吾其被发左衽矣。"意思是:管仲辅助齐桓公做诸侯霸主,尊王攘夷,一匡天下。要是没有管仲,我们都会披散头发,左开衣襟,成为野蛮人了。

绮①回汉②惠③,说④感武丁⑤。

【注释】

①绮:本意是绸缎上的美丽花纹。这里是指汉朝的绮里季。

②汉:本为河流的名称,即汉江。汉江发源于秦岭南麓陕西宁强县境内,在湖北武汉汇入长江,是长江的主要支流,在历史上占据重要地位,与长江、淮河、黄河并列,合称"江淮河汉"。"汉"作为地名,指汉中,是汉水流域的中部,在今陕西汉中市。秦时置汉中郡。秦朝末年,刘邦攻克咸阳,被封为汉王。后刘邦在楚汉战争中取得胜利,仍以"汉"为国号,建设了汉朝。汉王朝国力强盛,故后世称中国的主体民族为汉族。古代北方少数民族称汉族的男子为汉子,后成为对男子的称呼,又引申指丈夫。

③惠:这里指汉惠帝。

④说:指傅说(音 yuè),商朝的一位贤臣。
⑤武丁:商朝的一位君主。

【讲析】

　　绮里季挽回了汉惠帝的太子之位,武丁感梦而得贤相傅说。这里出场的是汉代的"商山四皓"和商代的傅说。

　　"商山四皓"的故事见于《史记·留侯世家》。"商山四皓"是秦末汉初的四名隐士,他们是东园公唐秉、夏黄公崔广、绮里季吴实、甪(lù)里先生周术。秦朝末期,天下大乱,这四个德高望重的老人为避乱世隐居在商山(今陕西省商洛市境内),所以人称"商山四皓"。皓是皓首白头、胡子眉毛都白了的意思。楚汉相争,刘邦想请他们出来辅佐自己打天下,无奈四个人听说刘邦对读书人态度轻慢,都不愿意出山。

　　刘邦建立汉朝以后,立了吕后生的儿子刘盈为太子,就是后来继位的汉惠帝。刘盈天生懦弱,才华平庸,戚夫人生的儿子刘如意却聪明过人,才学出众,刘邦有意废刘盈而立如意。吕后非常着急,就恳求张良出主意。张良献计说:"我知道有四个人,是皇上一直想要聘请而又未能如愿的。这四个高人年事已高,皇上非常敬重他们。如果请太子写一封言辞谦恭的书信,多带珠宝玉帛,配备舒适的车辆,派上能言善辩之人去诚恳聘请他们,他们应该会来。然后以贵宾之礼相待,让他们经常随太子上朝,使皇上看到他们,这对太子是很有帮助的。"于是吕后和太子把"商山四皓"请来了。

　　在一次宴会中,太子侍奉在侧,四个老人跟随在后。刘邦突然见那四个老人,都已八十开外,胡须雪白,非常惊讶,问起他们的来历,四人道出自己的姓名。刘邦听了大吃一惊:"多年来我一再寻访诸位高人,你们都避而不见,现在为何自己来追随我的儿子呢?"四个老人回答:"陛下一向轻慢高士,臣等不愿自取其辱。如今听说太子仁厚孝顺,恭敬爱士,天下之人无不伸长脖子仰望着,期待为太子效死,所以臣等自愿前来。"刘邦说:"那就有劳诸位今后辅佐太子了。"四人向刘邦敬酒祝寿之后就彬彬有礼地告辞而去。刘邦叫过戚夫人,指着他们的背影说:"我本想更换太子,但是有他们四人辅佐,看来太子羽翼已成,难以动他了。吕雉这回真是你的主人了!"

戚夫人大哭。刘邦强颜欢笑:"你给我跳舞,我为你唱歌。"刘邦便以太子的事件即兴作歌:"鸿鹄高飞,一举千里。羽翼已就,横绝四海。横绝四海,又可奈何!虽有矰缴,尚安所施!"刘邦死后,刘盈继位,就是历史上的汉惠帝。绮里季等"商山四皓",帮助汉惠帝夺回了他太子的位子,故称"绮回汉惠"。

"说感武丁"的故事见于《古文尚书》中的《傅说之命》三篇,《史记·殷本纪》也有记载。傅说,是继伊尹之后,商朝第二位奴隶出身的贤臣,辅佐殷商高宗武丁安邦治国,形成了历史上有名的盛世"武丁中兴"。

"说感武丁"故事大致如下:殷商在武丁的伯父小辛和父亲小乙的时候,已经很衰弱。武丁即位后,想重振殷商,但是没有贤臣辅佐,所以他三年都不说话,国事都交给冢宰来管理,自己则观察国风。一日,他做了一个梦,梦见一个贤人,说:"我是一个囚徒,姓傅,名说。天下如果有能找到我的,就会知道我不仅仅是个囚徒了。"武丁醒来后分析:"傅"是辅佐的意思,"说"是欢悦的意思,天下是不是有一个人,既能辅佐我又能让百姓欢悦呢?于是就让画工根据梦中的印象画了图形,派人到处寻找,结果在虞、虢之间的傅岩找到了一个叫说的囚徒,和图画很像。说本来是个很有才能的贤人,隐居在傅岩。傅岩,古地名,位于今山西平陆县东。傅岩本是交通要道,因为涧水经常泛滥冲坏道路,所以需要发动囚犯刑徒修筑,傅说是当地的隐士,因生活穷困,也自愿和刑徒一起筑路修城,隐身为奴,目的就是能吃饱肚子。说被带到商,武丁见了他,和他交谈了一番,认定他就是梦中的那个贤人,就起用其为相,结果殷商因此重新振兴起来。《史记·殷本纪》认为傅说原无姓氏,因为他是在傅岩这里被找到的,所以就以"傅"为他的姓氏,称为"傅说"。

傅说被拜为相,辅佐国政,实行了"治乱罚恶、畏天保民、选贤取士、辅治开化"等一系列政治措施,缓解了各种社会矛盾,很快使商王朝达到了鼎盛时期。由于傅说是通过托梦感传给武丁的,所以是"说感武丁"。

俊①乂②密勿③,多④士⑤寔⑥宁⑦。

《千字文》注析

【注释】

①俊:指才智超群的人,引申表示容貌美丽、美称、尊称等义。《说文》:"俊,材千人也。从人,夋声。"《淮南子·泰俗训》:"智过万人者谓之英,千人者谓之俊,百人者谓之豪,十人者谓之杰。"

②乂:古字形像一种刀类工具,本义是指割草或收割谷类植物,是"刈"的本字。割草是为了把草整理得更加整齐,所以被假借为治理、安定等义。《尔雅·释诂下》:"乂,治也。"国泰民安后,百姓也可休养生息,所以"乂"还有休养之意。《书·益稷》:"烝民乃粒,万邦作乂。"又有英才的意思,《尚书·皋陶谟》:"俊乂在官。"《皋陶谟》郑注曰:"才德过千人为俊,百人为乂。"

③密勿:勤勉努力。《汉书·刘向传》:"故其《诗》曰:'密勿从事,不敢告劳。'"颜师古注:"密勿,犹黾勉从事也。"《后汉书·蔡邕传》:"宣王遭旱,密勿祗畏。"李贤注:"勤劳戒惧也。"也指机要,机密,《三国志·魏书·杜恕传》:"与闻政事密勿大臣,宁有恳恳忧此者乎?""密勿大臣"指机要之职。

④多:《说文》:"多,重也。从重夕。"会意字,"夕"指"月",两个月亮相重,即"重夕为多"。清代王国维则认为"夕"指"肉":"多从二肉,会意。"甲骨文从重"肉"之形,与"夕"有别。古代祭祀后要分胙肉,两块肉者为"多"。其本义是重复、众多,数量多,与"少"相反。

⑤士:《说文》:"事也。数始于一,终于十。从一从十。孔子曰:'推十合一为士。'"指有归纳推理能力并能任事的人。但在西周金文中,"士"的字构形与"王"字构形相类似。"士"的金文字形看起来像是一把斧钺。据古籍记载,早在五帝时代,"士"是治狱的刑官。《尚书》中"汝作士,五刑有服",说的就是刑官之义,这也是"士"的本义。又为古代社会阶层的名称,《礼记·王制》:"王者之制禄爵,公侯伯子男,凡五等。诸侯之上大夫卿,下大夫,上士中士下士,凡五等。"又为官吏,同"仕",许多士在王室或基层行政机构担任各类职事官,管理事务。顾炎武《日知录》卷七"士何事"中说,春秋以前的士,"大抵皆为有职之人"。又为读书人、知识分子,《汉书·食货志》:"学以居位曰士。"《后汉书·仲长统传》:"以才智用者谓之士。"

"士"也指对未婚青年男子的称谓,《字汇·士部》:"士,未娶亦曰士。"又为男子的美称,《论语·泰伯》:"士不可以不弘毅,任重而道远。"古代四民——士农工商,士为四民之首。也是指品德好、有学识、有技艺的人。

⑥寔:通"是",相当于"这里"。也通"实",相当于"确实"。

⑦宁:繁体字为"寧",其古字形上部是房屋的形状"宀","心"是指心愿,"皿"字是盛器,也用于祭祀;下部"示"字是祭台的象形。几个字合起来,表示"祭神祈福祷安宁"的心意。这一字形也可以理解为屋中有盛食物的"皿",表示有地方住、有吃有喝,丰衣足食,生活安定。

【讲析】

正是由于以上这些仁人志士的勤勉努力,国家才得以富强安宁。这两句是对上文所列举的诸位贤臣的总结,说明一个国家,一个朝代,要能够兴盛、安定富足,君主除了要英明,还要能招揽人才,礼贤下士,靠贤才的辅佐。

"俊乂密勿",意思就是才俊之人勤勤恳恳地做事。"多士寔宁"语出《诗经·大雅·文王》:"济济多士,文王以宁。"如此众多的能人志士、英雄豪杰,正是依靠了他们,国家才得以富强安宁。

第四节　国事良将

此节讲述了春秋五霸、战国七雄的争霸故事和战国、汉代名将的事迹。

晋①楚②更③霸④,赵⑤魏⑥困⑦横⑧。

【注释】

①晋:甲骨文、金文字形像两支箭放在匣、函中,本义指插。也有人认为它像两支箭射中靶心,射箭者连续射中目标,就有进一步、跟进、递进的意思,所以"晋"的本义就是进、升的意思。但许慎的解释不同,《说文》:"晉,进也。日出万物进。从日从臸。《易》曰:'明出地上,晉。'""晋"的古体是

"晉",意思是太阳每天升起,众人劳作,万物迸发。所以有前进、上升的意思。晋是周代诸侯国名,周成王封他的弟弟叔虞于唐,国号初为唐,唐叔虞之子燮即位后徙居晋水,国号亦改为晋。晋为周代大国,春秋时晋文公称霸中原,春秋末年韩、赵、魏"三家分晋",进入战国时代。山西地处晋国故地,所以山西别称晋。

②楚:本义是丛生的树木,又指一种落叶小灌木,指荆条。《说文》:"楚,丛木。一名荆也。从林,疋声。"又特指楚国。甲骨文"楚"字为 ![字形], 由"林""口"和脚形构成,"口"字表示家园,整个字的意思是脚到森林中去建立家园,形象地表现了楚族"筚路蓝缕,以启山林"的创业经历。周成王封楚人首领熊绎为子爵,建立楚国。楚国偏远弱小,在江汉一带,经过几百年发展,春秋时崛起,奄有江汉,不断兼并周边各小诸侯国。楚庄王邲之战大败晋国而称霸,问鼎中原,开创春秋时期楚国最鼎盛的时代。进入战国,楚国疆土西起大巴山、巫山、武陵山,东至大海,南起南岭,北至今河南中部、安徽和江苏北部、陕西东南部、山东西南部,幅员辽阔。楚国进入了最鼎盛时期。楚怀王时国势渐衰。公元前223年,楚国为秦所灭。

③更:本义是更改。《说文》:"更,改也。"引申指轮换、交替。又引申指重新。

④霸:本是一种月相,指阴历每月之初始见的月光。《说文》段注:"月始生,魄然也。霸、魄叠韵。""霸"同"魄","魄"是阴神之气,所以"霸"是内心阴神之气的外在表现。此义音pò。"霸"后假借为古代诸侯联盟的盟主、首领,通"伯",音bà,意思是"居众之长""老大"。由"首领"又引申指依仗权势或实力横行一方的人。

⑤赵:本义是快步走,指疾走、跳跃。假借表示国名,周穆公封造父于赵,故址在今山西省洪洞县西南,为赵氏。春秋末年作为晋国公卿的赵氏,与韩氏、魏氏三家分晋,建立赵国,为战国七雄之一,在今山西省北部、河北省西部和南部一带。

⑥魏:本义为古代宫门上的楼台。战国七雄之一的魏国,原为晋国公卿,三家分晋时建立魏国,在今河南省北部、陕西省东部、山西省西南部和河

北省南部一带。

⑦困:《说文》:"困,故庐也。从木在口中。"本义是废弃的房屋。"口",像房的四壁,里边是生长的树木。引申指陷在艰难困苦或无法摆脱的环境中。

⑧横:本义指拦门的横木,引申为横向,与地面平行,与"纵"相对。直线为纵,平线为横;南北为纵,东西为横;经为纵,纬为横。这里指"连横",战国时的军事外交策略,与"合纵"相对。

【讲析】

晋文公、楚庄王先后称霸,赵国、魏国受困于连横策略。

"晋楚更霸",说的是春秋时期晋文公和楚庄王先后称霸的事。晋文公,姓姬,名重耳,是晋献公的儿子。晋献公老年时,宠爱一个叫骊姬的妃子。但是骊姬却是个歹毒的女人,设计害死太子申生后,又在献公面前说他另外两个儿子重耳和夷吾的坏话。两人为了活命,便逃回了各自的封地。此时献公已经年老昏聩,听信骊姬的话,派人追杀他们。两人只能继续逃亡,重耳逃到了翟国。其后献公病重,临终前立了骊姬的儿子奚齐为王。大夫里克不服,杀了奚齐。晋国因此陷入了内乱,大臣们将逃亡在外的夷吾请回晋国,并立他为王,夷吾便是晋惠公。重耳自幼德行出众,在晋国有很高的威望,晋惠公执政后,怕重耳与他争夺王位,便派刺客去刺杀重耳。此时重耳已经40岁了,在翟国也住了12年,已经娶妻生子,得知晋惠公要刺杀他的消息,不得已只能与妻子告别,离开了翟国。就这样,重耳带着追随他的五位贤士赵衰、咎犯、贾佗、先轸、魏武子,开始了长达19年的流亡之旅。晋惠公去世后,流亡在秦国的重耳在秦军的护送下,回到了晋国。流亡19年,重耳终于成为晋国的君主,是为晋文公,这一年,重耳已经62岁了。晋文公重耳登位之后,重用贤能,发愤图强,国力日益强盛,"政平民阜,财用不匮"。后来周王室发生内乱,周襄王逃出避难。晋文公利用这一机会兴兵勤王,平定周室之乱,护送襄王回国,受到周天子赏赐。其后又伐曹攻卫、救宋服郑,提高了晋国在中原诸侯中的威望。晋文公联合秦国和齐国,在城濮与楚国交战,以少胜多,大败楚军。之后召集齐、宋等国在践土会盟,一跃成为春秋时期继齐桓公之后的第二位霸主。

楚庄王,芈姓,熊氏,名旅(一作侣、吕),楚穆王之子。楚本来是一个偏远小国,只是一个子爵,地位很低,活动于汉水和长江中游之间,居于群蛮之中,一直被排除在华夏之外。但西周时历代楚君筚路蓝缕,以启山林,励精图治,逐渐发展。进入春秋时期不久,楚国国君即自称为王,后被周惠王授为南方夷越之长,占据了大半个南方,是春秋时期诸国中疆域最大的国家。楚穆王去世,庄王熊旅即位,庄王即位时年龄尚不足20岁,国内矛盾重重。在复杂的形势下,他采取了以静观动的对策,表现出沉湎于声色犬马、不问政事的状况。大臣伍举劝他自强,他说:"三年不飞,一飞冲天;三年不鸣,一鸣惊人。"三年后,他对楚国的政局和各类人物有了一个基本的了解,开始整顿朝政,富国强兵,重用了伍举、孙叔敖等贤臣,发展经济,充实国力。此后开始了"晋楚争霸",楚晋之间进行了长时间的战争,双方互有胜负,楚国在邲之战中大获全胜,终于一鸣惊人。楚国的声威大振,国势日强。楚庄王灭掉了萧国,又连续三年攻伐宋国,迫使宋国向楚求和。楚庄王率军在周王室所在的洛邑郊外耀武扬威,饮马黄河,问鼎中原,实现了自己称霸的愿望。

"赵魏困横"讲的是战国时期著名的说客苏秦、张仪所实行的合纵和连横的策略。战国时期,齐、楚、燕、韩、赵、魏、秦七雄并立。战国中期,齐、秦两国最为强大,东西对峙,互相争取盟国,以图击败对方。其他五国也不甘示弱,与齐、秦两国时而对抗,时而联合。大国间冲突加剧,外交活动也更为频繁,出现了合纵和连横的斗争。合纵就是南北纵列的国家联合起来,共同对付强国,阻止齐、秦两国兼并弱国;连横就是秦或齐拉拢一些国家,共同进攻另外一些国家。《战国策·楚策》:"故从合则楚王,横成则秦帝。"当时最著名的纵横家是苏秦和张仪,他们奔走游说于各个国家,凭三寸不烂之舌,推售其策略。苏秦推行合纵战略,就是六国联合起来共同防御秦国,他先从弱小的国家开始游说,说动了赵王、燕王,最后连南方的楚国也加入,苏秦"并相六国",当了六国的辅相,成为六国合纵长。合纵的结果是"秦人恐惧,不敢窥兵于关中,天下不交兵者二十有九年"(刘向《战国策叙录》)。六国合纵之后,秦国处于四面围困之中,秦惠文王很想改变这一局面,但苦无良策。这时张仪拜会了秦王,陈述了"近交远攻、远交近攻"的"连横"之策,秦王闻而心悦,拜张仪为上卿。张仪使用离间、收买等手段,劝说各国帮助秦国进攻其他的弱国,各国为了自身利益,时而加入"合纵",时而加入"连横",反复无常。张仪在秦推行的连横策略取得了更大的成功,使秦惠文王"拔三川之地,西并巴蜀,北收上郡,南取汉中","散六国之从(纵),使之西面事秦"(《史记·李斯列传》),真正达到了通过连横政策的推行而兼并土地的目的。秦国远交近攻,各个击破,最后灭了六国,统一了天下。

"连横"实施以后,秦国远交近攻,因为赵魏距离秦国最近,首先打击赵国和魏国,所以说是"赵魏困横"。

假途①灭虢②,践土③会盟④。

【注释】

①假途:借路。假,本义是不真实的,引申为代理、借用。

②虢:音 guó,周代诸侯国名,东虢在今河南省郑州市西北,西虢在今陕西省宝鸡县东,后迁到今河南省陕县东南。"虢"通"郭",郭姓源于"虢"。

③践土:古地名。春秋属郑,在今河南原阳西南。晋文公会盟诸侯于此。

④会盟:古代诸侯间会面和结盟的仪式。春秋时代,一些较小的诸侯国为了抵御大国侵略,联合作战,一些较大的国家利用自己的实力和影响,胁迫其他小国加入自己的阵线,都称"会盟"。"会",聚合、会合,引申为盟誓、聚会、相遇、符合等。"盟"字形下面是个接血的盘盂,上面是个"明"字,表示在神前发誓,明志结盟的意思。古人是歃血为盟,在会盟时喝一点牲血,表示诚意。以后发展成在嘴唇涂上牲畜的血,或割自己的血喝血酒,以示信守誓言的诚意。

【讲析】

晋国向虞国借路去消灭虢国,晋文公在践土召集诸侯歃血会盟。

"假途灭虢"的故事见于《左传·僖公五年》。春秋初期,晋献公为了夺取崤函要地,决定南下攻打虢国,但虞国与虢国相邻,攻打虢国必须经过虞国。晋献公害怕两国联合抗晋,便采用大夫荀息的计策,各个击破。荀息出使虞国,向虞国国君送上价值连城的美玉和宝马,并说明晋国向虞国借路攻虢。虞侯贪心很重,见了礼物就要答应晋国。虞国的大夫宫之奇看出其中有阴谋,就力谏说:"虢,虞之表也;虢亡,虞必从之。晋不可启,寇不可玩。一之谓甚,其可再乎?谚所谓辅车相依、唇亡齿寒者,其虞虢之谓也。"虞虢两家表里相依,是腮帮与牙床、嘴唇与牙齿的关系,唇亡则齿寒,虢国完了之后,晋国是不会放过虞国的。虞侯却说,为一个弱朋友去得罪一个强有力的朋友,那才是傻瓜哩!晋大军通过虞国的道路,攻打虢国,胜利班师回国时,把劫夺的财产分了许多送给虞侯。虞侯更是大喜过望。晋军大将里克这时装病,称不能带兵回国,暂时把部队驻扎在虞国京城附近。虞侯毫不怀疑。几天之后,晋献公亲率大军前去,虞侯出城相迎。献公约虞侯前去打猎。不一会儿,只见京城中起火。虞侯赶到城外时,京城已被晋军里应外合强占了。就这样,晋国又轻而易举地灭了虞国。

这个故事留下了两个成语:一是"假道灭虢",在军事上,其意在于先利用甲做跳板,去消灭乙,达到目的后,回过头来连甲一起消灭,或者借口向对方借道为名,行消灭对方之实。"假道灭虢"是"三十六计"之第二十四计,历史上多次用到此计,如春秋时期楚国"借蔡灭息",战国时期秦国"借道伐蜀",三国时期刘备入川等。二是"唇亡齿寒",比喻关系密切,休戚相关,常用来形容国家间、人与人之间的关系。

"践土会盟"的故事前文已经讲过,发生在晋文公时期。晋文公效法齐桓公的尊王政策,平定了周王室的内乱,使自己名声大振。而南方的楚国势力增大,欲问鼎中原,于是晋楚争霸。晋楚两军在城濮(今山东鄄城西南)大战。晋文公首先下令退避三舍,以兑现当年流亡楚国时的诺言。楚人不知是计,中了埋伏,大败。城濮之战的消息传到周都洛邑,周襄王认为晋文公立了大功,周襄王还亲自到践土(今河南原阳西南)慰劳晋军。晋文公也趁此机会,在践土召集诸侯会盟。参加会盟的有晋、鲁、齐、宋、蔡、郑、卫等国,晋被推为盟主。周天子也派出代表参加。与会各国诸侯歃血为盟,约定共同尊重周王室,互不相犯。"践土会盟"是晋文公成就霸业的代表事件。

晋文公凭借自己的实力,继齐桓公之后,成为五霸的第二位。

何①遵②约法③,韩④弊⑤烦刑⑥。

【注释】

①何:指萧何,西汉开国功臣,西汉初年任相国。

②遵:遵照、遵从、沿着、依照、按照。《说文》:"遵,循也。"

③约法:简约法令。也指国家在未成立以前制定的政府与人民共同遵守的根本法。

④韩:指韩非,战国时期法家的代表人物,著有《韩非子》。

⑤弊:从字形上看,"敝"意为"向下歪斜","廾"字形是左右两手,意为"操作""操弄"。"敝"与"廾"联合起来表示故意把物体弄歪斜、有意把事情搞坏,表示人为的错误、弊端、欺蒙人的坏事。

⑥烦刑:烦苛的刑法。

【讲析】

萧何遵奉的是法律从简,韩非的弊端在于刑法烦苛。

萧何是汉朝开国功臣、治国良相,与张良、韩信并称"汉初三杰"。萧何原是沛县丰邑(今属江苏丰县)人,早年入仕秦朝,担任沛县主吏掾,辅佐刘邦起义。刘邦的军队攻克咸阳后,将士们抢掠金银财物,唯独萧何进入咸阳后,一不贪恋金银,二不迷恋美女,却急如星火地赶往秦丞相府、御史府,清查秦朝有关国家律令、户籍、地形等图书档案,分门别类,登记造册,统统收藏起来。针对混乱局面,萧何与张良、樊哙劝刘邦还军灞上,刘邦召集关中父老豪杰约法三章:"杀人者死,伤人及盗抵罪。"其余秦朝的法律一概废除,受到百姓的热烈欢迎。约法三章因为简明扼要,易于理解,在特殊时期起到了稳定人心的作用。楚汉之争时,萧何留守关中,稳固后方,向前线输送士兵、粮饷,对刘邦战胜项羽、建立汉朝起了重要作用。西汉建立后,萧何担任相国,史称"萧相国",册封酂侯,名列功臣第一。

汉朝建立以后,萧何负责制定法律。汉朝初兴之时,本应一切从简,所以立法三章。"其后四夷未附,兵革未息,三章之法不足以御奸,于是相国萧何捃摭(拾取)秦法,取其宜于时者,作律九章。"(《汉书·刑法志》)他采用秦朝六法,制定实施《九章律》,主张无为而治,采用黄老之术,休养生息。司马迁评价他说:"以文无害","奉法顺流"。因萧何遵循简约的原则,制定了汉律九章,故称"何遵约法"。

韩非子是战国时期法家的代表人物。关于他的身世,《史记·老子韩非列传》中记载得非常清晰。"韩非者,韩之诸公子也。喜刑名法术之学,而其归本于黄老。"韩非本是韩国的贵族子弟,有口吃的毛病,不善于讲话,却擅于著书立说。他和李斯都是荀子的学生,李斯自认为学识比不上韩非。他的著作《韩非子》,是法家学派的代表作。著作传到秦国,秦王嬴政(即后来的秦始皇)一见如获至宝,渴望得到韩非。秦王攻打韩国,韩王派遣韩非出使秦国。韩非到了秦国,秦王非常高兴。但还没等秦王重用韩非,李斯因嫉妒而毁谤韩非,说:"韩非本是韩国的贵族后裔,现在大王要吞并六国,韩非到头来还是要帮助韩国的。如果大王不用他,再放他回去,这是自种祸根啊,不如以过法诛之!给他随便加个罪名,处死算了。"秦王于是下令给韩非定罪,李斯送去了毒药,叫他自杀。韩非悲愤交加,在狱中服毒而亡。秦王下令后即悔,马上派人去赦免他,可惜韩非已经死了。

韩非虽然死了,但他的思想学说却在秦国得到推行。韩非学说的核心是以君主专制为基础的法、术、势结合的思想,提倡极端的功利主义,主张严刑峻法,用阴谋权术,借助极权之势,进行专制统治。这些思想主张十分符合执政者的要求,为结束诸侯割据、建立中央集权的国家,提供了理论根据。秦国的各项政策,在很大程度上是根据韩非的理论制定的,所以秦朝法律异常严苛。秦始皇以严刑峻法、苛政暴律夺取和维护政权统一,在政治、经济、军事、文化等多个领域都采取了一系列严苛的法律措施。过于严酷的法律让百姓"道路以目,行同路人",虽敢怒但不敢言,这种情绪在秦始皇死后如潮水一般喷涌而出,最终也成为秦朝二世而亡的一大重要原因。

儒家提倡"义",主张以德治国,推行"仁义礼智信"。而韩非及其法家学派则站在反面,强调"利",他的一切学说都建立在功利主义基础之上,而忽略了道德标准。韩非和在他之前的秦国另外一位法家人物商鞅,都是因为残酷少恩,主张严刑重罚,最后自己落得个车裂、瘐死的悲惨下场。"韩弊烦刑"意思就是,韩非思想的弊端是刑法烦苛。

起翦颇牧,用军最精。
宣威①沙漠②,驰誉③丹青④。

【注释】

①宣威:宣扬威名。

②沙漠:这里主要指塞外、漠北。古代以长城为界,长城以北地区已出边塞,故名塞北。长城边塞是历史上农耕文明与北方游牧部落的分界线。漠北是指中国北方沙漠、戈壁以北的广大地区,曾是匈奴的主要活动地区。自从秦朝起,"大漠"一词就经常在史书中出现。汉武帝派大将军卫青将匈奴赶到漠北,霍去病深入漠北,封狼居胥山(今蒙古国的肯特山脉),宣威沙漠。东汉窦宪与匈奴大战于漠北,登燕然山(今蒙古国杭爱山),刻石纪功而还。

③驰誉:声誉传得很远;驰名。

④丹青:丹指丹砂,青指青雘(音 huò),本是两种可作颜料的矿物。因为古代绘画常用朱红色和青色两种颜色,丹青成为绘画艺术的代称。因丹青不易褪色,故古代史家以此记录历史,丹书记载功勋,青史记录史事,所以"丹青"又指史册。江淹《诣建平王上书》:"俱启丹册,并图青史。"

【讲析】

"起翦颇牧,用军最精。"这里说的是战国时期的四大名将。秦国名将白起、王翦,赵国名将廉颇、李牧,他们用兵作战最为精通。

白起是战国第一名将,有"战神"之称,秦国眉县(今陕西眉县东)人。16岁从军,秦昭襄王时征战六国,历经 70 余战,几无败绩。伊阙之战,大破魏韩 24 万联军,夺取魏城 61 座,彻底扫平秦军东进之路。鄢郢之战,攻陷楚都郢城,焚毁楚国的宗庙,重创楚军,楚国从此一蹶不振。华阳之战,斩首魏赵联军15万人。陉城之战,攻占韩国9座城邑,斩首韩军5万人。长平之战,重创赵国主力,坑杀赵国降卒45万,此战是中国古代军事史上最早、规模最大、最彻底的大型歼灭战,也是战国历史的最后转折,从此秦国一路高歌,统一六国。长平之战是白起的"封神"之战,白起不仅被誉为"战神",而且为六国所畏惧,称其为"杀神"。长平之战也是白起的最后一战,因功高震主,得罪权臣范雎,被接连贬官,后被赐死。

　　王翦,关中频阳东乡(今陕西富平县)人,是秦国继白起之后的杰出军事家。王翦智而不暴、勇而多谋,与其子王贲率军攻破赵国都城邯郸,扫平三晋地区,攻破燕国都城蓟,最后又以优势兵力灭了楚国。在秦始皇统一六国的战争中,除韩国外,其余五国均为王翦父子所灭。王翦是秦始皇统一六国、开疆拓土的最大功臣。

　　廉颇,战国时赵国名将。廉颇曾率赵军伐齐,获大胜,取昔阳,拜为上卿。赵孝成王时,曾任蔺相如为相,位居廉颇之上,廉颇不服,出言辱之。蔺相如屡谦让退避。廉颇感悟,负荆请罪,两人遂为刎颈之交。这就是"将相和"的佳话。秦赵长平之战,赵国先以廉颇为将御秦,廉颇用坚壁固守之策,秦军劳而无功。秦国使用反间计,赵国以赵括取代廉颇,最后遭到惨败。在此后的燕赵之战中,廉颇率军大破燕军,杀燕将栗腹,燕割五城请和。廉颇因功封信平君,为假相国。后与赵将乐乘不和,出奔在外,不获重用,郁郁而终。

　　李牧也是赵国名将,李牧战绩可分为两个阶段,先是在赵国北部边境守边,抗击匈奴。他坚持慎重防守的方针,凭长城之险,加强战备。"习射骑,谨烽火,多间谍",使匈奴数年一无所得。其后赵军兵强马壮,愿为一战。李牧选用精兵良马,巧设奇阵,诱敌深入,"大破匈奴十余万骑",破东胡,降林胡,单于逃跑。此后十多年,匈奴不敢接近赵国边境。赵破匈奴之战是中国战争史中以步兵大兵团全歼骑兵大兵团的典型战例。李牧后期以抵御秦国为主,廉颇离赵后,赵王急命北部边防名将李牧为将军,率所部南下,抗击秦军。李牧在肥之战中采用"围歼战"的战术重创秦军,得到武安君的封号。此后又在番吾之战中大败秦军,保卫了都城邯郸。战国末期,李牧是赵国赖以支撑危局的唯一良将,在一系列的作战中,他屡次重创敌军而未尝败绩,显示了高超的军事指挥艺术。可惜最后赵王中了秦国的离间计,听信谗言夺取了李牧的兵权,不久将李牧杀害。"李牧死,赵国亡",李牧被害后,赵国随后被秦灭。

前面所讲四位名将都是战国时期中原争雄的将领,"宣威沙漠"则说的是在塞北沙漠上建立功勋的名将。

秦汉时期,北方游牧民族匈奴是中原王朝的劲敌。汉朝初期,主要是采用和亲的方式对付匈奴。汉武帝即位后,汉朝迎来了国富军强的盛世。武帝决定主动出击,多次进攻匈奴,屡获胜利。元狩四年(前119年),汉武帝举全国之力讨伐匈奴,派青年将领卫青、霍去病与匈奴决战漠北,消除匈奴对汉帝国的侵扰,史称"漠北之战"。

卫青,河东郡平阳县(今山西临汾西南)人,汉武帝皇后卫子夫之弟,是汉武帝时抗击匈奴的主将。他对匈奴七战七捷,战功卓著。元光六年(前129年),被封车骑将军,首次带兵出征,于龙城之战大胜而归,得封关内侯。元朔二年(前127年),自云中出兵,突袭匈奴,发起河南战役,一举收复河套地区,置朔方郡。元朔五年(前124年),在漠南之战中获大胜,拜为大将军,统率六师。元朔六年(前123年),二出定襄,斩获万余人,重创匈奴单于主力。元狩四年(前119年),漠北之战,与霍去病分兵北伐,在大漠遭遇单于主力,力战破敌,烧其积粟而还。此战后,"匈奴远遁,漠南无王庭",卫青也因功加拜大司马大将军,与霍去病同掌军政。

霍去病是卫青的外甥,少年天才,17岁初次掌兵,即率领800名骁骑,深入敌境数百里,杀得匈奴四散逃窜,获封冠军侯。19岁升任骠骑将军,指挥两次河西之战,饮马瀚海,直取祁连山,俘虏匈奴五王,及王母、单于阏氏、王子、相国、将军等百余人,歼灭和招降河西匈奴近10万人,制霸河西。这是华夏政权第一次占领河西走廊,从此丝绸之路得以开辟。元狩四年(前119年),漠北之战时,霍去病只有21岁,他率5万骑兵,深入漠北,奔袭2000多里,歼敌7万,俘虏匈奴屯头王、韩王,以及将军、相国、当户、都尉等,兵锋直指贝加尔湖畔,在狼居胥山(今蒙古国肯特山脉)举行祭天封禅大礼。后以"封狼居胥"喻指建立显赫功勋。霍去病战后加拜大司马骠骑将军。元狩六年(前117年),霍去病病逝,年仅24岁。霍去病用兵灵活,注重方略,不拘古法,善于长途奔袭、快速突袭和大迂回、大穿插、歼灭战,为汉武帝时期的军事扩张作出重大贡献。

最终彻底解决北方匈奴问题的是东汉名将窦宪。窦宪,扶风平陵(今陕西咸阳)人,东汉名将、外戚,官至大将军。窦宪对北匈奴先后四次大战:稽落山之战、伊吾之战、河云北之战、金微山之战,彻底歼灭了北匈奴主力。东汉永元元年(89年),窦宪率大军奔袭3000里,大败北匈奴,登上燕然山(今蒙古国杭爱山),命随军出征的中护军班固撰写《封燕然山铭》,勒石铭刻,宣扬了东汉与北匈奴最后一场大战的战绩与汉朝的德威。后"燕然勒功"成为建立或成就功勋的典故。匈奴被窦宪击败后,其残部的去向,《后汉书》说是"不知所终"。而按照英国历史学家爱德华·吉本在《罗马帝国衰亡史》中的说法,"这些从获胜的敌人面前逃跑的匈奴人",采取了"转而向西方进军"的战略。他们先是长途奔袭到欧洲的黑海和多瑙河一带,接着又同这里的原住民哥特人一起,继续向西侵袭,直到兵临罗马城下,最终导致了古老的罗马帝国"在众多'蛮族'的强大军事压力下",一朝覆亡。所以,窦宪对北匈奴的作战不仅影响了中国历史,也间接推动了欧洲的历史进程。

"驰誉丹青",是说这些名将的肖像被画师用丹青妙笔画下来,永垂青史。汉朝有为功臣画像立卷的习俗,例如汉宣帝时将有功之臣的画像藏于麒麟阁,汉明帝时将这类画像藏于云台。

第五节　神州圣迹

此节介绍幅员辽阔的神州大地,高山大河,雄奇关隘。

九州①禹迹,百郡②秦并。

【注释】

①州:本义为水中的陆地。其甲骨文字形 用三条曲线的"川"字表示

河流,河流中间的小圆圈,表示水中有块陆地。《诗经·周南·关雎》中有"关关雎鸠,在河之洲"的句子,"洲"本作"州",后来"州"被用来指行政区划,就造出"洲",专指水中的陆地;"州"专指行政区划的单位。

②郡:古代行政区域。中国秦代以前郡比县小,自秦代起比县大,相当于"省"下的"市"。秦分天下为三十六郡;汉代起,郡成为州的下级行政单位,介于州、县之间;隋朝废郡,县直隶于州;唐朝将行政区划分为道、州、县;明清称"府"。

【讲析】

九州之内都留下了大禹的足迹,全国各郡在秦并六国后归于统一。

"九州",是中国汉族先民自古以来的民族地域概念,自战国以来"九州"即成为古代中国的代称。"九州"最早见于《禹贡》,《禹贡》是中国古代著名的地理著作,记载了各地山川、地形、土壤、物产等情况。以前的学者都认为《禹贡》是夏朝史官甚至是大禹本人的著述,现在这种观点早已为学界所否定。王国维在《古史新证》中认为《禹贡》为周初人所作;史念海在《论〈禹贡〉的著作时代》一文中认定作者为战国时魏国人;顾颉刚认为出自战国时秦国人之手。比较公认的说法是,《禹贡》是战国后的作品,托名为大禹所作。

《禹贡》收录在《尚书》中,《史记》中也有收录,文字略有不同。其文开篇说:帝尧时,洪水泛滥,大禹受命治理水患。他视察河道,检讨其父鲧治水失败的原因,决定变堵截为疏导。大禹翻山蹚河,从西向东,一路随山开道,疏通江河,引洪水入海。大禹治水,足迹遍天下,对各地的地形、山脉、河流、土壤、田地、道路、习俗、物产等了如指掌。在治水的同时,大禹将天下划分为九州,砍削树木作为路标,以高山大河为标志,确定各州的疆界,根据各州土地情况,分别制定出了不同的田赋标准。全书分五部分:一是"九州"。叙述上古时期洪水横流,不辨区域,大禹治水以后则划分为冀、兖、青、徐、扬、荆、豫、梁、雍九州,并扼要地描述了各州的地理概况。二是"导山"。分九州山脉为四列,叙述主要山脉的名称、分布特点及治理情形。三是"导水"。叙述九条主要河流和水系的名称、源流、分布特征以及疏导的情形。

四是"水功"。总括九州水土经过治理以后,河川皆与四海相通,再无壅塞溃决之患。五是划分"五服"。以京都为中心,由近及远,将全国分为甸、侯、绥、要、荒五服,根据五服亲密程度确定向天子朝贡的次数。

《禹贡》所载"九州"对应的地区为:冀州——河北平原与山西高原;兖州——黄河与济水之间;青州——山东半岛,黄河以南,泰山以东;徐州——淮河平原,泰山以南,淮河以北;扬州——淮河以南,长江下游;荆州——湖北及长江中游;豫州——河南及中原;雍州——关中与陇西,即甘肃和陕西一带;梁州——秦岭以南与四川盆地。

《禹贡》以地理为据,分当时的天下为九州,这是撰著者理想中的政治区划,是当时学者设想诸侯称雄的局面统一之后对未来统一国家的一种规划,反映了他们的一种政治理想。

秦始皇统一中国以后,将天下分为36郡,刘邦建立汉朝以后又将天下分为103郡,取其整数,就是百郡。汉朝的百郡是在秦灭六国、并土地的基础上而来的,所以叫作"百郡秦并"。郡和县,是古代两级区域行政管理单位,叫"郡县制"。

中国古代行政区划历经变迁。商周时期实行分封制,在各地分封众多的诸侯国。进入春秋以后,随着诸侯国的发展,郡县开始出现。县是最早的地方行政区划,"县"者"悬"也,因悬于诸侯的采邑地之外而命名。县的来源,一是新开辟的边区,二是新吞并的小国。设"郡"晚于设县,乃是各诸侯国为了边地防卫的需要而设。最初郡与县互不统属,县或悬在郡的上面,或悬在郡的下面。后因经济开发、人口增长,中原诸侯各国的郡开始分县而治,县越来越小,数目增多,于是县上置郡,形成郡县两级政区。秦统一六国后,废除分封制,实行郡县制,分天下为36郡,下辖近千个县。西汉实行郡国制,有郡也有国,无论郡还是国,下面都管辖县。西汉初年,全国大部分郡分封给诸侯国,中央仅直辖少量几个郡,结果重蹈战国时封建割据之势,引发七国之乱。平乱后,西汉朝廷恢复了郡县制。汉武帝时,为了加强对地方的控制,在全国设立13个"州",每州设刺史监察地方,不过这时的州刺史只是监察官,没有形成一级行政单位。黄巾起义爆发后,朝廷为镇压起义,改刺史为州牧,执掌一州军政大权,于是全国行政区划由郡县二级制变为州郡县三级制。由于州牧手握重兵,割据一方,导致中央集权瓦解,最终形成了三国鼎立的局面。魏晋南北朝时期,地方行政制度极为混乱。隋统一全国后,简化整顿,改州为郡,推行以郡统县的二级制。唐代按山川地形将全国分为若干"道",又把"府"引进行政区划中来,形成道、府(州)、县三级制。并在边地设"藩镇",以加强防卫。宋代沿袭唐制,仅将"道"改为"路"。从元代开始,我国又出现了"行省制",地方行政区划进入划省而治的阶段。元代省制分为四级,行省下设路,路领府(州),府(州)下辖县,县仍是最低级行政单位。明代撤销了路,改为三级制。清承明制,实行省府县三级为主的行政区划系统,并在省级以上设总督,总督相当于大军区。

综上所述,自秦统一以来,我国古代地方行政区划经历了郡县制、州县制、道路制、行省制四个发展阶段,尽管每个时期行政区划单位都在变化,但变化最大、最为频繁的是最高一级的行政区划单位,如郡、州、道、省,而最稳定的是县,县始终是我国行政区划中最基本和最低一级的行政单位。

岳①宗②泰③岱④,禅⑤主⑥云亭⑦。

【注释】

①岳:本义指高大的山,后来成为"五岳"的专称。繁体字为"嶽",意思是大山高峻,住在大山里的人,周围都是高山环绕,像在牢狱中一样。《说文》对其解释为:"东,岱;南,霍;西,华;北,恒;中,泰室。王者之所以巡狩所至。从山狱声。岳,古文象高形。"(泰室即嵩山。)许慎先指出"五岳"的名称,然后分析古文"岳"的字形。这一古文字形与甲骨文"岳"一脉相承,甲骨文的"岳"字形由两部分构成,下为山,上为两座相连的山的形状,较为接近今体的"岳",形象生动地表现出山岳的高峻。

②宗:甲骨文和金文的古字形,上部是"宀",像房屋,此处可视为庙宇;下部是"示",像祭台,表示祖先的牌位。古人一般在室内祭祀祖先,所以"宗"是放置祖先神主的房屋,祭祀祖先的场所,即宗庙。古人对宗庙中的祖先灵位十分尊敬,故又指尊崇。参加祖先祭祀的通常为同一家族,故引申为祖宗、同祖家族等意思。

③泰:《说文》:"滑也。从廾从水,大声。冭,古文泰。"本义是滑,手中捧着水,水从手指中滑走。段注:"字从水,水在手中,下溜甚利也。"所以"泰"有通达之义。《周易》:"泰,通也;否,塞也。"古文字写作"冭","从大声",即读为"大",所以也可用"冭"表示"大",且转写为"太"。泰、太、大,三字相通。何琳仪《战国古文字典》:"典籍之中,大、太、泰三字往往通用。大为象形,太为分化,泰为假借。""泰"多用为"大"的意思。《书·泰誓上》孔颖达疏:"泰者,大之极也。"因为"大而稳,稳而安",所以"泰"可引申为"安",有安宁之义,如成语"国泰民安"。今多指泰山。

④岱:泰山的别称,也叫"岱宗""岱岳"。

⑤禅:本义是古代帝王清理出一块地面以祭天地。《说文》:"禅,祭天也,从示单声。"段注:"凡封土为坛。除地为墠。"后来改"墠"为"禅"。所谓封,就是增天之高,归功于天;所谓禅,就是扩地之广。天高不可及,于泰山上立封,又禅而祭之,希望接近神灵。"禅"是个多音字,音为 shàn 的时候,指帝王祭祀天地;又可指帝王让位他人,即"禅让"。音为 chán 的时候,与佛教有关,是佛教的一种修行方式,意为"思维修、静虑"。

⑥主:其古字形 像灯中有火炷的样子。《说文》:"主,镫中火主也。"对于灯来讲火头是最主要的,因此引申指最基本的、最突出的,又引申转指君主。又引申为掌管、主持、主宰。也引申为"为首的"。

⑦云亭:云云山、亭亭山的并称,二山是泰山下梁父山附近的小山,古代帝王封禅时在这里祀地。古时"云"字的简体与繁体各有分工,繁体字为"雲",作本义,指天上的云;简体字"云"用作假借义,作"如此",如"子曰诗云"。前文已有"雲腾致雨",这里写作简体。

【讲析】

五岳以泰山为尊,古代帝王都在云山和亭山主持禅礼。

"五岳",是中华传统文化中的五大名山,分别是中岳嵩山、东岳泰山、西岳华山、南岳衡山、北岳恒山。五岳是中国历史上的神山、圣山、文化之山,对五岳的崇拜,是中国历史上的一个独特的文化现象。五岳巍巍高大,与天神接近,古人把五岳看成是神的象征。《国语·鲁语》云:"山川之灵,足以纪纲天下者,其守为神。"所以,五岳曾是古代帝王仰天功之巍巍而封禅祭祀的地方。《周礼·春官·大宗伯》:"以血祭祭社稷、五祀、五岳。"对五岳的祭祀,一方面作为国家政权重要的地理符号,在自然层面表达了国家之权威;另一方面更是古代帝王"受命于天"的政治象征。

五岳之中,泰山为尊。因为在"五行"和"五方"观念中,东方属木,五行为首。泰山雄起于东方,凌驾于齐鲁平原之上,高大伟岸,气势磅礴。孟子说:"孔子登东山而小鲁,登泰山而小天下。"(《孟子·尽心上》)古谓:"泰山吞西华,压南衡,驾中岳,轶北恒,为五岳之长。"泰山高耸,离天最近。《史记集解》:"天高不可及,于泰山上立封禅而祭之,冀近神灵也。"古代帝王认为自己"受命于天",自称"天子",所以当他们认为自己建立了文治武功,创造了太平盛世或有祥瑞降临的时候,都要登临泰山,告祭于天,对佑护之功表示答谢,并诏告天下,宣扬自己的丰功伟业,塑造自己的光辉形象,提升自己的历史分量。司马迁在《史记·封禅书》开篇就说:"自古受命帝王曷尝不封禅?盖有无其应而用事者矣,未有睹符瑞而不臻乎泰山者也。"班固《白虎通义》说:"王者受命,易姓而起,必升封泰山。何?教告之义也。始受命之时,改制应天,天下太平,物成封禅,以告太平也。"战国时,齐鲁儒士就认为五岳中泰山最尊,帝王应到泰山祭祀。《管子·封禅》说:"古者封泰山,禅梁父者七十二家。"司马迁说有十二位远古帝王曾先后封禅泰山,他们是无怀氏、伏羲氏、神农氏、炎帝、黄帝、颛顼氏、帝喾、尧、舜、禹、汤、周成王。东汉王充在《论衡·书虚》中也有记载:"为王太平,开封泰山,泰山之上,封可见者七十有二。"可见,早在远古传说时期,泰山封禅就已经成为圣明帝王所必须举行的国家大典。这些远古帝王,要么是华夏祖先,要么是明君贤主。所以,在后来的皇帝们看来,能够重温远古帝王的光辉历程,登临泰山封禅,绝对是至高无上的荣誉。

所谓"封禅",是"封"和"禅"两种祭祀天地的仪式。在泰山上筑土为坛祭天,表示报答上天之功,称为"封";又在泰山下的小山梁父山上分划区域祭地,表示报答大地之功,称为"禅"。"禅主云亭",是说在云云山和亭亭山主持禅礼,云云山、亭亭山均为梁父山附近的山名。

《千字文》注析

据正史记载,中国古代共有六位帝王在泰山封禅,他们分别是秦始皇嬴政、汉武帝刘彻、汉光武帝刘秀、唐高宗李治、唐玄宗李隆基、宋真宗赵恒。这六位皇帝除了宋真宗功绩不显,另外五位皇帝在历史上都是鼎鼎大名的人物。

雁门①紫塞②,鸡田③赤城④。

【注释】

①雁门:这里指雁门关。
②紫塞:指长城,北方边塞。
③鸡田:古代地名。
④赤城:今河北省张家口市赤城县。

【讲析】

名关有北疆雁门,要塞有万里长城;驿站有边地鸡田,重镇有塞外赤城。

"雁门紫塞"说的是雁门关和万里长城。语出鲍照《芜城赋》:"南驰苍梧、涨海,北走紫塞、雁门。"

雁门关是北方著名关隘,位于山西省忻州市代县县城以北约20公里处的雁门山中,是长城上的重要关隘,以"险"著称,被誉为"中华第一关"。《吕氏春秋》:"天下九塞,雁门为首。"雁门关得名于古语"雁门,飞雁出于其门"。雁门山群峰阻隔,只有过雁峰两旁有两道比较低矮的山口。大雁不能从别处飞过,只能从这里经过,雁门关就正好坐落在山口之上。相传每年春天,南雁口衔芦叶北飞,在雁门关前吐叶盘旋,直到叶落方才过关,故有"雁阵过关"的奇景。

战国时代,赵武灵王胡服骑射革新赵国军事后,建立北部三郡:云中郡、雁门郡和代郡,为保卫北部边疆安宁,拜名将李牧为将军,常驻雁门,防备匈奴。李牧"大破匈奴十余万骑"。其后10余年,匈奴不敢寇赵。当地百姓为纪念李牧的功绩,为其建"靖边寺"。这是有明确历史记载的汉民族第一次与匈奴的大规模骑兵作战。秦始皇统一六国以后,曾派遣大将蒙恬率兵

30万从雁门出塞,"北击胡虏,悉收河南之地",把匈奴赶到阴山以北,并且修筑了万里长城。此后历代名将如卫青、霍去病、李广等,都曾驰骋在雁门关内外,保家卫国。自春秋以来直到20世纪,发生在雁门关前的战事,有记载的就有1000余次,可见此关确实是兵家必争之地。此外历史上有名的"昭君出塞"也是从雁门关出塞和亲的。昭君出塞,为西汉元帝时期,匈奴呼韩邪单于向大汉求和并自请为婿,王昭君听闻后请求出塞。"昭君出塞"在很大程度上缓和了汉匈矛盾,有利于民族融合。

"紫塞",指长城。长城西起嘉峪关,东至渤海,全长6000公里。在西北一段的长城尤为壮观,因西北植被少、地域辽阔,一望无际。其地表又多红土,车马过后腾起的烟尘,在阳光的照耀下红尘滚滚。尘埃中若隐若现的关塞真的像在梦幻中一般,故称为"紫塞"。

"鸡田",古代地名,具体位置已不可考,应是古代西北塞外古驿站。驿站是传递文书的信使中途换马和休息的地方。唐代有鸡田州,是在回纥地区建立的羁縻政权,属燕然都护府,其治所大致在今宁夏灵武一带。《旧唐书·地理一·关内道》:"鸡田州,寄在回乐县界,突厥九姓部落所处。户一百四,口四百六十九。"

"赤城"即今河北省张家口市赤城县。春秋战国时,赤城属燕国之地。秦汉时期,赤城属幽州上谷郡。魏晋南北朝时期,赤城属燕州广宁郡的北部地区,是北魏军事重镇之一。《魏书·明帝本纪》载:"泰常八年(423年)在长川(即长川城,今内蒙古左兴和县)之南修筑长城,从赤城向西至五原,东西长二千余里。"赤城位于中原与塞外的交界,是古代内地与北方民族地区的重要驿站。

昆池①碣石②,钜野③洞庭④。

【注释】

①昆池:这里指云南昆明的滇池。

②碣石:高耸的巨石,又指圆顶的石碑。《说文》:"碣,特立之石也。东海有碣石山。"汉代以前的刻石没有固定形制,大抵刻于山崖的平整面或独

立的自然石块上,后人将刻有文字的独立天然石块称作"碣"。《后汉书·窦宪传》注:"方者谓之碑,圆者谓之碣。"河北昌黎县城北有著名的碣石山,东临大海。秦始皇东巡,曾在此刻石铭功。

③钜野:也作"巨野",泽名,亦称大野泽,在今山东巨野县北。

④洞庭:湖名,在今湖南省北部。

【讲析】

赏池赴昆明滇池,观海临河北碣石;看泽去山东钜野,望湖到湖南洞庭。

"昆池"就是云南昆明的滇池,又称昆明湖、昆明池、滇南泽、滇海,是我国第六大淡水湖,湖面的海拔高度为1886米,是高原之湖。因其水似倒流,故称为滇(颠)。晋常璩《华阳国志·南中志》:"下流浅狭,如倒流,故曰滇池。"古滇池方圆五百里,清朝的孙髯称其"五百里滇池,奔来眼底"。滇池形似弦月,四周群山环绕,湖滨土地肥沃,气候温和,是云南著名的鱼米之乡。战国时期的楚将庄蹻曾率兵进驻滇池,变服从俗建立了滇国,称滇王。滇池风光秀丽,碧波万顷,湖光山色,气象万千,历史上一直是观光避暑的胜地。

"碣石"是河北昌黎县城北的碣石山,山顶有巨石高耸如柱,形似石碑,故称"碣石"。碣石山近临山海关,面向大海,登临山顶,山海奇观尽入眼帘,天海一体,景观壮阔,确是"碣石观海"胜地。碣石山为古代名山,《山海经》《尚书·禹贡》均有记载,虽在五岳之外,但有"神岳"之美誉。秦始皇东巡,亲临碣石,勒石记功,刻下《碣石门辞》,并求长生不老,江山万代。汉武帝曾"行自泰山,复东巡海上,至碣石",并在山顶修建仙台,祈仙求神。曹操征伐乌桓回军,东临碣石,写下千古名篇《观沧海》:"东临碣石,以观沧海。水何澹澹,山岛竦峙。树木丛生,百草丰茂。秋风萧瑟,洪波涌起。日月之行,若出其中。星汉粲烂,若出其里。幸甚至哉,歌以咏志。"

"钜野",指巨野泽、大野泽。故址在今山东菏泽市巨野县北,早已干涸。巨野泽为古济水所汇,济水中流在此通过,出黄水入菏水,通泗水,入淮,入海。因交通便利,水产丰富,自古是先民生存争夺之地。《禹贡》中"大野既都,东原底平"就是大禹治水涉及大野泽的记录。西周时,鲁哀公西狩大野,于此获麟,巨野县麒麟镇有获麟台遗址。汉以前文献称"大野",《史记》始有"巨野泽"之称。隋唐以前,水面广大,《元和郡县志》:"大野泽一名巨野泽,在县东五里,南北三百里,东西百余里。"五代以后,由于黄河屡次决口冲击,湖面被淤积,由南向北逐渐干涸,南部淤积成平地,北部环梁山而成湖,称梁山泊。因此,大野泽也就成了历史,不为今人所知。

"洞庭"是洞庭湖,中国第二大淡水湖,跨湘鄂两省,号称"八百里洞庭"。范仲淹《岳阳楼记》描述为"衔远山,吞长江,浩浩荡荡,横无际涯,朝晖夕阴,气象万千"。洞庭湖古称"云梦泽"。《汉阳志》说:"云在江之北,梦在江之南。"合起来统称"云梦"。《地理今释》载:"东抵蕲州,西抵枝江,京山以南,青草以北,皆古之云梦。"司马相如《子虚赋》:"云梦者方八、九百里。"到了战国后期,由于泥沙的沉积,云梦泽分为南北两部,长江以北成为沼泽地带,长江以南还保持一片浩瀚的大湖,自此不再叫云梦,而将这片大湖称为洞庭湖,因为湖中有一座著名的君山,原名洞庭山。《湘妃庙记略》称:"洞庭盖神仙洞府之一也,以其为洞庭之庭,故曰洞庭。后世以其汪洋一片,洪水滔天,无得而称,遂指洞庭之山以名湖曰洞庭湖。"湖中有岛名洞庭山,因舜帝的二妃在此泣血染竹,故又名君山。与古代相比,洞庭湖的面积虽然缩小了一半多,但还是全国第二大淡水湖。名胜岳阳楼,临洞庭,吞长江,气势雄伟,其前身为三国时期东吴将领鲁肃的阅兵楼,与江西南昌滕王阁、湖北武汉黄鹤楼、山西运城鹳雀楼并称四大名楼,所以有"洞庭天下水,岳阳天下楼"的说法。

旷①远绵②邈③,岩岫④杳⑤冥⑦。

【注释】

①旷:本义为光明、开朗、日光充足。《说文》:"旷,明也。"段注:"广大之明也。"引申为空旷,辽阔,地域广大。

②绵:本义是指蚕丝结成的丝絮。《说文》:"绵,联微也。"徐灏《注笺》:"纺絮成缕谓之绵,联微者,言其微眇续也。引申为绵长之称。"故引申为连绵不断、联结细密。

③邈：因距离远而面貌看不清。

④岫：本义是山穴或山洞的意思。《说文》："岫，山穴也。"也指山峰。

⑤杳：本义是日落于树下，日落而天黑，所以指昏暗、深幽。《说文》："杳，冥也。从日在木下。"由幽暗引申为极远，由极远又引申为寻不到踪影。《楚辞·九歌·山鬼》："杳冥冥兮羌昼晦，东风飘兮神灵雨。"

⑥冥：本义是幽暗不明。《说文》："冥，幽也，从日从六，冖声。日数十。十六日而月始亏幽也。"每月十六日后月亏缺而幽暗。夜晚幽暗，故又指夜晚。引申为头脑愚昧、不明事理，如"冥顽不灵"。由幽暗义又引申为深邃。也指人死后所去的阴间地府。

【讲析】

中国的土地辽阔遥远，没有穷极；名山奇谷幽深秀丽，气象万千。

这两句是对前文所述壮丽山河的总结和赞美。我们祖国的疆域辽阔，山谷高峻幽深，湖海波澜壮阔，锦绣中华景色秀丽，气象万千。

第四章　社会生活

此章的内容较为庞杂,共分九节,主要是治家立身、田园归隐、居家生活、名人奇技、岁月感喟等,最后以谦逊的言辞结束全文。

第一节　治家立身

这一节讲治家立身,分为三层意思。前六句说治家的根本在于务农;中间四句说立身的根本在于要有善良、正直、中庸、勤谨的品德;后面六句说为人处世的道理和方法,诸如待人接物要恭敬谨慎、与人为善、自省自警等。

治本①于农②,务③兹④稼穑⑤。
俶⑥载⑦南亩⑧,我艺⑨黍稷⑩。
税⑪熟贡⑫新,劝赏⑬黜⑭陟⑮。

【注释】

①治本:治家的根本。

②农:繁体字为"農",古字形似一个人手持工具(辰或辱)在山林草地耕作,本义指耕作,引申泛指农事、农业,又指农民。

③务:本义是专力从事,致力追求。后引申为要事、事业,泛指工作、公务等。

④兹:本义为草木茂盛。这里为代词"这""此"。

⑤稼穑:音 jià sè。播种和收割庄稼,泛指农业劳动。种植叫"稼",收割叫"穑"。《诗经·魏风·伐檀》:"不稼不穑,胡取禾三百廛兮?"《毛传》解释说:"种之曰稼,敛之曰穑。"

⑥俶:开始。《尔雅·释诂》:"俶,始也。"本义是善、美好。《说文》:"俶,善也。"又有作、建造的意思。《诗·大雅·崧高》:"有俶其城。"又有整理的意思,如俶装,意为出门远行前整理行装。

⑦载:这里指从事劳作。"载"的意义比较复杂。作动词时,音 zài,本义是乘坐、装载。《说文》:"载,乘也。"引申为担任、担负。又引申为施行。还可作记载。还可作连词,如"载歌载舞"。作名词时音 zǎi,意思是年,如"千载难逢"。

⑧南亩:这里指农田。《诗经·小雅·大田》:"以我覃耜,俶载南亩。"

⑨艺:古字写作"埶",字形像一个人双手持草木,表示种植。繁体字为"藝"。种植草木是一门技术,所以,"艺"又引申为才能、技能等义。一定的技艺,如果能达到出神入化的地步,都会给人以艺术性的享受,故"艺"有艺术之义。

⑩黍稷:泛指五谷等农作物。"黍",是一种粮食作物,去皮后北方通称黄米,性黏,可酿酒。"稷",是一种粮食作物,但具体所指说法不一,一说为谷子,一说为高粱,一说为不黏的黍。稷在古代是非常重要的粮食作物,被当作百谷之长。稷由百谷之长演变为五谷之神,和土神合称"社稷",后成为国家的代称。

⑪税:上税,交税。本义是田赋,征收的农产品。《说文》:"税,租也。"《急就篇》注:"敛财曰赋,敛谷曰税,田税曰租。"一般是指国家集体或个人征收的货币或实物。

⑫贡:上贡,进贡。本义是指进献给朝廷的各地特色工艺品。《说文》:"贡,献功也。"

⑬劝赏:鼓励、嘉奖、赏赐。

⑭黜:音 chù,降职或罢免、废除、取消。《说文》:"黜,贬下也。"

⑮陟：音zhì。甲骨文字形 像两脚交替沿山而上，本义是从低处走向高处，后也指抽象的升高，如登上帝位、提拔升迁等。

【讲析】

治家的根本是农事，一定要做好庄稼的播种与收获。在田地里耕作，我们要播种黍子和谷子。百姓用新收获的粮食缴纳赋税，国家依据税收给予官员奖励和升降。

中国自古以农业立国，农业是国家的根本。"王治之始，崇本抑末，务农重谷"（《三国志·魏志·司马芝传》）。中国传统文化强调"以农为本"，重农轻商，从而形成了辉煌的农业文明。在中国传统文化产生和发展的过程中，农耕文化是基础，它决定着中华民族的生产生存方式，影响和塑造着中华民族文化的形成和发展。

在中国传统社会中，农耕既是立国之本，也是立家之本。在乡村传统住宅上，我们常常见到"耕读传家"的匾额，或者"耕读传家久，诗书继世长"的门联。"耕读传家"是古代小康农家所努力追求的理想生活图景。"耕为本务，读可荣身。"对于一个传统农家来说，耕田和读书是本分的事情。耕田可以事稼穑，丰五谷，养家糊口，以立性命；读书则可以知诗书，达礼义，修身养性，以立高德，并可以通过读书作为晋身的阶梯，科举入仕，从而改变个人和家庭的命运。所以在古代家庭教育中，"耕读传家"是最主要的传统。"教子孙两行正路，惟读惟耕。"江西《铜鼓卢氏家训》中，强调"耕读"是"治家之本"："重耕田：为工为商，亦是求财之路，终不如在家种田，上不抛离父母，下能照顾妻子，且其业子孙世守，永远无弊。重读书：读书变化气质，顽者可以使灵，邪者可以反正，俗者可以还雅，此其大要。至日常应用文字，万不可少。慎择良师，读一年有一年之用，读十年有十年之用。欲光大门庭，通晓世事，舍读书无他择。"中国传统社会，以"亦耕亦读"为合理的生产生活方式，以"耕读传家"为理想的人生追求和价值取向。"一等人忠臣孝子，两件事读书耕田。"这种文化传统，是中华民族根深蒂固的聚族而居、安土重迁等农业文明心态的根本表现。

《千字文》注析

"务兹稼穑","稼"是种,"穑"是收。每年的一种一收是粮食生产的最重要的两个环节。后世把春耕叫"稼",秋收叫"穑"。"稼穑"两个字就代表了整个的农业,指"春生夏长,秋收冬藏"整个农业生产过程。

"俶载南亩"语出《诗经·小雅·大田》:"大田多稼,既种既戒,既备乃事。以我覃耜,俶载南亩。"这首诗是农事诗,记述了当时从春天播种到农事祭神的全过程。春天选好良种,修缮农具,下田耕种;夏天除草灭虫,灌溉施肥,做好田间管理;秋天收割捆束,颗粒归仓;冬天祭祀,以求来年更大的丰收。

"我艺黍稷"语出《诗经·小雅·楚茨》:"楚楚者茨,言抽其棘。自昔何为?我艺黍稷。"意思是说,铲除那些茂盛的有刺蒺藜。为什么自古就这样做呢?为的是要种植黍和稷。"黍"和"稷",是古代北方的主要农作物。我国古代主要的农作物即俗称的"五谷",指稻、黍、稷、麦、菽。

"税熟贡新,劝赏黜陟"说的是古代农业税收制度。西周时代,基本的土地制度是井田制,土地以"井"字形分成九块,四周的八块土地交由八户人耕种,收成归自己,中间的一块是"公田",收成归国家。春秋战国时期,井田制崩坏,各诸侯国对耕种土地者按比例收租,赋税制度便出现了。这里所谓的"赋",就是"户赋""口赋",简单来说就是按人头收税,而"租"就是按土地收租。中国历朝历代都在不断地调整赋税制度,春秋时鲁国初税亩,汉朝"三十税一",魏晋南北朝"租调制",唐朝"两税制",宋代"方田均税制",明代"一条鞭法",清代"摊丁入亩"。我们回看历史可知,凡是在某一时期实行得比较得当的赋税制度,都能够在农民收入与国家财政收入之间取得较好的平衡。也就是说,农民要负担的租赋不能明显超过他们所能承受的限度,否则,如果将国家财政收入定得过高,农民负担过重,就会引起一系列矛盾,引发社会动荡。

孟轲敦素①,史鱼秉直②。
庶几③中庸④,劳谦⑤谨敕⑥。

【注释】

①敦素：敦厚素雅。"敦"，厚道，笃实，诚心诚意。"素"，本色，白色，单纯，素雅。

②秉直：持心正直，为人秉直。"秉"，本义指手里拿着一把庄稼，引申为拿着，如秉持。

③庶几：差不多，接近。

④中庸："中"，内、中央。"庸"，同用，又指平常、平凡的、不出众的。"中庸"是儒家学说的一个重要概念，儒家为人处世的道德标准。待人接物保持中正平和，"执其两端而用其中"。朱熹《中庸章句》："中者，不偏不倚、无过不及之名。庸，平常也。"

⑤劳谦：辛勤谦虚。《周易·谦卦》："劳谦，君子有终，吉。"

⑥谨敕："谨"，《说文》："慎也。"指言语慎重、小心；又可引申为恭敬。"敕"，音chì，《说文》："诫也。"告诫的意思。"谨敕"，意思是谨慎、自律，即"严谨"。

【讲析】

为人处世要具备淳朴、刚正的品性，行事时要秉持中庸之道，除了要做到谦虚、勤奋、谨慎，还要懂得适时地自我劝诫。为此，文中列举了孟子和子鱼的事例。

"孟轲敦素"，就是孟子要人保持质朴善良的本性。孟子一向主张人性本善，做人要从本性出发，质朴、纯真，做本分的事，走该走的路。《孟子·告子上》说："人性之善也，犹水之就下也。人无有不善，水无有不下。"人性本善，就如同水永远往下流动一样，是人的本性。孟子看重心的道德本性，以人的"不忍人之心"论"本心"，得出"四端"说："恻隐之心，仁之端也；羞恶之心，义之端也；辞让之心，礼之端也；是非之心，智之端也。人之有是四端也，犹其有四体也。"（《孟子·公孙丑上》）"四端"是人之本性的自然呈现，是人与动物的不同之处，没有"四端"，则不能成为人；有了"四端"，才有"仁义礼智""四德"。孟子认为"善"这种本性是生而有之的，是先验的，人们只要尽心、知性、知天，尽自己的道德本心去行事，就可以安身立命，行有所宜了。《孟子·尽心上》:"尽其心者,知其性也。知其性,则知天矣。存其心,养其性,所以事天也。殀寿不贰,修身以俟之,所以立命也。"

"史鱼秉直"是说要像史鱼那样做一个正直本分的人。史鱼是卫国史官,与孔子同时代,以直谏著称。他觉得卫灵公疏远有才能的蘧伯玉,却重用无能的小人弥子瑕,十分不妥,于是多次直言进谏。可惜他的谏言一直不被重视,他对此一直不能释怀。在病逝前,他叮嘱儿子,由于他还没有尽到卫国史官的本分,所以尸体不能下葬,要置于窗下,他要用自己的尸体来劝谏卫灵公。当前来祭拜的卫灵公看到子鱼的尸体时,感慨不已,于是马上起用了蘧伯玉,远离了弥子瑕。孔子称赞说:"直哉!史鱼。邦有道如矢,邦无道如矢。"(《论语·卫灵公》)不管环境如何,无论社会动乱还是安定,史鱼的言行永远都像箭一样,尖锐而正直。

"庶几中庸"意思是:做人要尽可能合乎中庸的标准。"中庸"是儒家的核心思想之一。在《论语·雍也》中孔子说道:"中庸之为德也,其至矣乎!民鲜久矣。"孔子称"中庸"为至德,则可见他对这一思想的重视。但是在《论语》中孔子只提到"中庸"一次,他的孙子子思发展了孔子的中庸思想,子思写了一篇文章《中庸》专门阐述"中庸",这篇文章后来被收入《礼记》中。宋代学者对《中庸》推崇备至,不但将其从《礼记》中拿出,单独成书,还将其与《论语》《孟子》《大学》一起并称为"四书",成为儒家最重要的经典之一。

儒家认为,处世要持"中庸之道"。中庸是最高的德行。什么是"中庸"呢?朱熹说,"不偏不倚,无过不及",行为选择恰到好处,谓之"中";日常生活之长期坚持,谓之"庸"。办任何事情都要有一个标准,不能超过这个标准,也不能达不到这个标准,应该中正不偏,准确适度。事物对立的两端是客观存在的,对于对立的两个方面,正确的态度是"允执其中","执其两端而用其中"。中庸又被理解为"中道",中道就是不偏于对立双方的任何一方,调和折中,使双方保持均衡状态。中庸又称为"中行",即人的气质、作风、德行都不偏于一个方面,辩证统一,对立的两方面互相牵制、互相补充。中庸还可以理解为"中和",生活态度上温良和顺、知足常乐、心态平和,处世原则上主张和平、重安定、忌动荡、刚柔相济、有理有节,达到行为有致、社会有序。中庸是一种高度和谐的思想。调和与均衡是事物发展过程中的一种状态,这种状态是相对的、暂时的,却是人们所应当追求的。子思在《中庸》中说:"中也者,天下之大本也;和也者,天下之达道也。致中和,天地位焉,万物育焉。"达到中和状态,宇宙万物和人类社会便各安其位,各得其所了。他把"中庸之道"推崇到圣人之道、人生的最高境界:"君子尊德性而道问学,致广大而尽精微,极高明而道中庸。"君子应当尊奉德性,善学好问,达到宽广博大的境界同时又深入细微之处,达到极端的高明同时又遵循中庸之道。中庸思想是东方文化的精髓,体现了中国人的处世之道和生存智慧,规范了人们的行为,平和了人们的心理,维护了社会秩序的和谐稳定,对中国社会长期的稳定和发展起到了积极作用。

修身处世,除了中庸,还要做到"劳谦谨敕",即要勤劳、谦逊、谨慎、自律。"劳谦",出自《周易》的第十五卦"谦卦"。《周易》六十四卦中,每一卦都有吉和凶的一面。只有一卦,没有凶,全是吉,这就是"谦卦"。卦象上卦为坤为地,下卦为艮为山。山本高大,但处于地下,高山把自己隐含在地平线下,表示这个人德行很高,但不张扬,谦逊内敛。"谦卦"的六条卦辞都是最好的征兆,其中第三爻说:"劳谦,君子有终,吉。"又说:"劳谦君子,万民服也。"勤劳且谦虚的君子,一定会有吉利的结果。"谨敕"是作风严谨,能够谨慎、自律。古人常用"谨敕之士"称一个生活态度严谨的人。做人做事要认真,庄重,严格要求自己,谨言慎行,不可太过随意、玩世不恭、放浪形骸。

聆①音察理,鉴②貌辨色③。
贻④厥⑤嘉猷⑥,勉⑦其祗⑧植⑨。

【注释】

①聆:倾听。

②鉴:观察。本义指盛了水的大盆,古人作照脸的工具,类似于后来的镜子,引申指映照,再引申为审查、观察。

③色:脸色,神情,神态。

④贻:音 yí,本义是赠送,引申义为遗留。

⑤厥:音 jué,本义为憋气发力。后作代词:其。

⑥嘉猷:善谋,妙法。"嘉",好。"猷",音 yóu,谋划,谋略。

⑦勉:鼓励。本义为力所不及而强作,后引申为努力、劝人努力。

⑧祗:敬。

⑨植:把树木直插在土地中,本义是立、树立。也有栽种、种植的意思。

【讲析】

与人交往,要仔细听别人说话,分辨其中的道理;要学会察言观色,分析他的真实意图。要把正确的做人道理留给子孙,勉励子孙恭敬谨慎地立身处世。

《礼记·大学》中说:"诚于中,形于外。"人的内心世界可以通过外貌、言行表现出来。所以了解一个人,一定要通过观察他的外在表现,了解其内心思想的变化。《论语·为政》中孔子说:"视其所以,观其所由,察其所安,人焉廋哉?人焉廋哉?"要客观综合地评判一个人,其一要看他当前言行的好坏,其二要看是什么原因导致了他当前的言行,其三要看他的用心和出发点是否纯良。如果用这三种方法来考察一个人的话,那此人还有什么可隐藏和掩饰的呢?也就可以给此人作评判了。

"贻厥",意思是为子孙的将来做安排。语出《尚书·五子之歌》:"明明我祖,万邦之君,有典有则,贻厥子孙。"《诗经·大雅·文王有声》:"丰水有芑,武王岂不仕?贻厥孙谋,以燕翼子。"是说周武王把治国的谋略留给他的子孙,以此来庇护子孙安定长久。"嘉猷"出自《尚书·周书·君陈》:"尔有嘉谋嘉猷,则入告尔后于内,尔乃顺之于外。"意思是你如果有好的谋划、好的道理,就进到宫中告诉君王,在外面则要施行它。

中国古代十分重视家庭教育和家风的传承,有些家族或知识分子将治家立身的经验撰写成家规或家训,流传下来,告诫子孙后代。历代先贤都有宝贵的家书、家训遗留下来,中国古代最为著名的家训如《周公诫子书》《颜氏家训》《诸葛亮诫子书》《了凡四训》《朱子治家格言》《曾国藩家书》等,不胜枚举。这些家书、家训早已超越了一个家庭家族,成为中国传统文化的一部分,字字值千金。

与《千字文》编者周兴嗣同时且同朝为官的南朝梁代的徐勉,曾留下一篇给他的儿子的家书《为书诫子崧》,十分感人。书中说:"吾家世清廉,故常居贫素。至于产业之事,所未尝言,非直不经营而已。薄躬遭逢,遂至今日,尊官厚禄,可谓备之。每念叨窃若斯,岂由才致?仰藉先代风范及以福庆,故臻此耳。古人所谓:详求此言,信非徒语。"徐勉幼而孤贫,然天才勤奋,官至左仆射中书令,负责国家的最高政务。他尽职尽守,清正方直,为梁武帝所器重,为世人所称颂。徐勉虽居显职,然两袖清风,家无蓄积,俸禄亦分别赡养亲族中之贫乏者。门人故旧纷纷进言,要他稍为子孙后代着想,他慨然答之:"人遗子孙以财,我遗之以清白。"这封给长子徐崧的书信,叙述了自己虽显贵三十年而不纳家产的经过,抒发了自己清白治家之志。他告诉自己的儿子:"以清白遗子孙,不亦厚乎!""遗子黄金满籯,不如一经。"这实在是一种远见卓识。无数历史事实已经证明,依靠先人的遗产过活的子孙,往往是没出息的后代;而前辈过于丰厚的遗产,常常不仅不能造福后人,反而会造成意想不到的祸事和灾难。在教育子女问题上,徐勉表现的高尚情操,即便在千余载之后,也不失其思想光彩。

省躬①讥②诫③,宠④增抗极⑤。

【注释】

①省躬:反躬自省,自我反省。省,检查。躬,自身。

②讥:指责,规劝。

③诫:告诫,劝诫。

④宠:尊荣,荣宠,朝廷的恩遇。

⑤抗极:指荣宠无以复加。"抗",通"亢",高傲、强硬的意思。"极",极限。

【讲析】

当听到别人的规劝和告诫时,要反省自己;荣宠增加到极盛之时,要知道物极必反,要时时提防,避免因为荣宠太过招来灾祸。

孟子说:"行有不得,皆反求诸己,其身正而天下归之。"(《孟子·离娄上》)如果一件事做得不够好,不要埋怨别人,要多从自己身上找原因。孟子还打了个比方:"仁者如射:射者正己而后发;发而不中,不怨胜己者,反求诸己而已矣。"(《孟子·公孙丑上》)射箭时自己先站正再发射,如果射不中,不要怨人家射正的人,要反躬自省,是自己的原因。儒家特别强调自我反省精神,孔子说:"躬自厚而薄责于人,则远怨矣。"(《论语·卫灵公》)曾子做得最好,他"吾日三省吾身:为人谋而不忠乎?与朋友交而不信乎?传不习乎?"时时反省自己,检查自己的思想。严以律己,宽以待人,凡事多作自我批评,这也是做人的美德。

荣辱是我们每个人一生中都会遇到的顺境和逆境。荣宠、尊荣是多数人追求的目标,但荣和辱是一对,有荣就有辱。老子对此看得非常清楚,《老子》第十三章说:"宠辱若惊,贵大患若身。"意思是:宠辱都不是好东西,哪个来了我都惊恐不安。苏辙对这句话的解释是:"古之达人,惊宠如惊辱,知宠之为辱先也。"宠在辱之先,宠来了,辱也就马上到了。"宠增抗极",物极必反,荣宠在身时,要居安思危,决不可得意忘形、恃宠骄横、目中无人,否则必招灾祸,这方面的历史教训比比皆是。

第二节　归隐田园

此节共十八句,前十句写归隐的心态和生活,后八句写田园景色。

殆辱①近耻,林皋②幸③即④。
两疏⑤见机⑥,解组⑦谁逼。

【注释】

①殆辱:即辱殆、困辱和危险。《汉书·疏广传》:"疏广行止足之计,免辱殆之累。"《老子》:"知足不辱,知止不殆,可以长久。"

②林皋:山林和水边地,引申为退隐之地。皋,音 gāo,水边的高地。

③幸:侥幸。

④即:靠近。

⑤两疏:指西汉疏广、疏受两叔侄。汉宣帝时,疏广担任太子太傅,疏受担任太子少傅,在任 5 年后,两叔侄一起称病辞官归乡。

⑥见机:看机会,辨形势。机,这里指机兆、先兆。

⑦解组:解下印绶,指辞官。"组",官印的绶带,或指官印、官位。

【讲析】

在朝做官,如果宠荣极盛,可能物极必反,反遭灾祸。那么怎么办呢?"殆辱近耻,林皋幸即。"如果感到危险和耻辱就要来临,那就归隐山林乡野,这样或许能幸免于难。

世无常衡,富贵难远,利害常变;福祸相依,荣辱相连。所以,人要懂得满足,在功成名就、志满意得时,要适可而止,为自己留一条后路。《老子·四十四章》说:"故知足不辱,知止不殆,可以长久。"懂得满足,就不会受到屈辱;懂得适可而止,就不会遇见危险;这样才可以保持住长久的平安。《老子·九章》说得更明白:"金玉满堂,莫之能守,富贵而骄,自遗其咎,功遂身退,天之道。"功成身退,也是古代士人的一种人生策略和人格追求。在成就功业、宠荣盛极之时,如果能及时选择功成身退,庶几可以保持自己人身的安全和人格的独立。退到哪里去?"林皋幸即"。林是山林,皋是水边之地。庄子说过:"山林欤!皋址欤!使我欣欣然而乐欤!"(《庄子·知北游》)退隐到山林田园中去吧,兴许还能幸免于难。

接下来,《千字文》讲了"两疏见机,解组谁逼"的故事。"两疏"是汉宣帝时候的疏广、疏受,他们是叔侄两个人。此二人分别为太子太傅与太子少傅,是太子的两位老师,位高名显,满朝瞩目。他们看到,太子已经成人,朝廷内外围绕皇帝、太子之间有太多的权力争斗,他们叔侄二人作为太子的老

《千字文》注析

师,极容易在权力的更替中首当其冲,相当危险。于是疏广对疏受说:"吾闻知足不辱,知止不殆,功遂身退,天之道也。今仕官至二千石,宦成名立。如此不去,惧有后悔。岂如父子相随出关归老故乡,以寿命终,不亦善乎?"(《汉书·疏广传》)当天二人向朝廷告病辞官。叔侄二人回乡后,认为置办太多的田地房屋,只会使子孙懒惰,还会招致众人怨恨,于是就将皇帝赐给的养老金与同乡宾客共享,整天与亲戚朋友聚会宴乐,颐养天年,至寿终正寝。二人辞世后,其乡人将其故里分别命名为"东疏""西疏"。后来陶渊明路过其故乡时还写过著名的《咏二疏》,称颂"二疏"立功不居、功成身退、有金不私的贤达事迹。

"两疏见机,解组谁逼。""机"是机兆、先兆,同"几",是事情还尚未发出之时的微小状态。《周易·系辞下》:"几者动之微,吉之先见者也,君子见几而作。""解"是解除,"组"是系官印的绶带,代指官印或官位。"解组"表示辞官。"谁逼"是有谁逼你们这样做了吗?没有,是自己辞官不做的。疏广、疏受叔侄见到事情苗头不对,就见机归隐,有谁逼迫他们辞去官职呢?"两疏"辞官归隐是自己的选择,没有人逼迫。

索居①闲处②,沉默③寂寥④。
求古⑤寻论⑥,散虑⑦逍遥⑧。
欣奏⑨累遣⑩,感⑪谢⑫欢招⑬。

【注释】

①索居:孤独散居。《礼记·檀弓上》:"吾离群而索居,亦已久矣。"

②闲处:在家闲居。

③沉默:深沉闲静。

④寂寥:寂静无声。

⑤求古:寻求古人古事。

⑥寻论:探讨古论。"论",议论、思想。

⑦散虑:排解、遣散思虑杂念。

⑧逍遥：悠然自得的样子。

⑨欣奏：欣，欢悦。奏，进。

⑩累遣：累，劳累。遣，排除。

⑪感：同"慽"，忧伤、悲伤。《说文》："慽，忧也。从心戚声。"《千字文》又有"亲戚故旧"之"戚"，意为亲属。"感"与"慽"简化后写作"戚"。

⑫谢：辞绝。

⑬欢招：欢，开心。招，招致，引来。

【讲析】

中国士大夫的人格通常是由儒道两家思想共同熔铸而成的，入仕以儒，出世以道，"达则兼济天下，穷则独善其身"。在得志进取时，总是秉持治国平天下的儒家思想；在失势退隐时，便津津乐道于老庄之学，修身养性。所以，隐逸文化是我国传统文化的重要组成部分，也是一种非常特殊且耐人寻味的文化现象。

归隐以后的生活是什么样子的呢？

"索居闲处，沉默寂寥。""索居"是一个人独处，"索"是萧索、冷冷清清；"闲处"是闲居，无所事事、清静悠闲。"沉默"是沉静、不多讲话；"寂寥"是没有声音、没有形状，这里指心中空寂、没有杂念。这两句话是说：离群独居，悠闲地过日子；安于清静寂寞，恬静淡泊，享受孤独，不谈是非。

孤独也是人生的一种境界。德国哲学家叔本华在《人生的智慧》中说："没有相当程度的孤独，就不可能有内心的平和。"一个人独处，远离世事的纷扰、人声的喧嚣，在"沉默寂寥"的恬静时光中，无丝竹之乱耳，无案牍之劳形，没有俗事的羁绊，可以回归内心，享受心灵的自由和幸福。

"求古寻论，散虑逍遥。"探求古人古事，读点至理名言；驱散忧虑，排除杂念，自在逍遥。孤独的时候可以读点古书，探究点玄理。"求古"是探求古人古事，"寻论"是探究哲理。阅读是一种精神生活，通过阅读可以逃避世事的纷扰，获得精神的自由。所以"求古寻论"所获得的结果就是"散虑逍遥"。"散虑"是驱散、放逐心中的忧虑和杂念；"逍遥"是自由自在、无拘无束、优游自得的样子。庄子所言"逍遥游"，指精神自由，逍遥于六合之外,游戏乎太虚之间。上下左右前后为六合,让心灵到宇宙之外去逍遥,到形而上的太虚去做神仙,那才是真逍遥、真自在。

"欣奏累遣,慼谢欢招。"欢喜之情产生了,忧虑就消解了;悲戚之情退却,欢乐自然就到来了。

隐居山林乡野,做一个闲云野鹤般的隐士,是中国士人的一种人格追求。隐士的人格特点是寻求诗意的栖居,是人性的一种回归,是对仕途名利情结的一种解脱。孔子周游列国累了,便说沂水春风"吾与点";庄子看惯了大小诸侯尔虞我诈,便要去做精神的"逍遥游";陶渊明在仕途上倦了,便吟出"采菊东篱下,悠然见南山"。《千字文》编者周兴嗣所处的魏晋六朝时代,是隐士文化颇为盛行的时代,这既与当时的文人崇尚自然和清谈玄远的风气有关,也和当时战乱频仍,特别是门阀士族之间倾轧争夺的社会现实有关。在残酷的门阀斗争的旋涡中,知识分子有一种逃避现实的心态,远离政治,避实就虚,探究玄理,乃至隐逸高卧,最直接的表现就是一批名士遁迹山林,当起隐士,如著名的"竹林七贤"。这种情况不但赋予魏晋文化以特有的色彩,即所谓风流任诞、洒脱通达的魏晋风度,而且给整个六朝的精神生活烙下了深深的印记。

渠①荷的历②,园莽③抽条④。
枇杷⑤晚翠⑥,梧桐蚤凋⑧。
陈根⑨委翳⑩,落叶飘摇⑪。
游鹍⑫独运⑬,凌摩⑭绛霄⑮。

【注释】

①渠:本义是水停积处。《说文》:"渠,水所居。"也指人工开凿的壕沟、水道。又可作人称代词,相当于"他"。疑问代词,相当于"岂""哪里"。一说通"蕖",芙蕖,荷花的别名。

②的历:音 dì lì,意思是光亮、鲜明。"的",原本作"旳",《说文》:"旳,明也。从日,勺声。"段玉裁注:"旳者,白之明也。故俗字作的。"表示明亮、

鲜明。假借为箭靶的中心:"目的。""的"字在现代汉语中多用作结构助词,使用频率居所有汉字之首。"历",繁体字为"歷",本义为有所经过。《说文》:"历,过也。"引申指分明、清晰,如"历历在目"。

③莽:会意字,从犬,从茻。原意是犬跑到草丛中逐兔,意思是草丛。引申为茂密、盛多。《楚辞·九章·怀沙》:"滔滔孟夏兮,草木莽莽。"引申为广大、辽阔,如"莽原"。又指粗鲁、冒失,如"莽撞"。

④抽条:树木长出枝条。

⑤枇杷:常绿乔木,是一种观赏树木和果树,果味甘酸,供生食、蜜饯和酿酒用,可供药用。

⑥晚翠:指植物经冬而苍翠不变的意思,也可以指日暮时苍翠的景色。

⑦梧桐:落叶乔木。原产中国,是一种优美的观赏植物,点缀于庭园、宅前,也种植作行道树。叶掌状,裂缺如花。

⑧蚤凋:早早地凋谢。"蚤",即"早"。

⑨陈根:逾年的宿草。"陈",繁体字为"陳",本义为陈列。《说文》认为是地名:"宛丘,舜后妫满之所封。从阜从木,申声。"宛丘即是今河南省周口市淮阳区,周代为陈国,是陈姓的发源地。清徐灏《说文段注笺》:"陈之本义即谓陈列,因为国名所专而后人昧其义耳。……又引申为陈说之义。盖凡言事者必条举其得失、指陈其利害,故谓之陈,又因行列而为积聚之称,所谓陈陈相因是也。"所以又有"陈说""陈述"之义,又有"陈旧"之义。"根",植物生长在土中的部分。《说文》:"木株也。"徐锴《系传》:"入土曰根,在土上者为株。"

⑩委翳:萎谢。委,通"萎"。翳,音 yì,用羽毛做的华盖,车的顶盖。车盖作遮蔽之用,故又指掩盖、遮蔽、阴影。又指树木枯死后倒伏于地。

⑪飘摇:指在空中随风摆动,常形容落叶。也指动荡不安、飘忽不定。

⑫游鹍:游,本义是指动物在水中行动,这里指鸟在空中飞翔。鹍,古代指像鹤的一种大鸟。

⑬独运:独自飞翔。

⑭凌摩:升入空中。凌,本义为结冰。冰凌高出水面,有升高之义。摩,摩空之意,指逼近空中。

⑮绛霄:又名紫霄,古代神话中的九霄之一,这里指天空的极高处。

【讲析】

这一段话是对田园风光的描绘。

夏天水渠里的荷花开得亮丽鲜艳,春天园子里丛生的草木长出了嫩绿的枝条。枇杷树在冬日里依然青翠,梧桐叶子一到秋天就早早地凋谢。隔年的草木已经枯萎腐烂,凋落的叶子在风雨中飘摇。鹍鸟独自在天空中翱翔,扶摇直上,在云霄之上自在逍遥。

这一段语言优美,情景交融,文学意境极高,可以看作是一首优美的田园诗。前四句描绘春夏秋冬四季的田园景色,展现了四幅优美的风景画:荷花亭亭玉立,百草葳蕤吐翠,梧桐挺拔伟岸,枇杷凌霜高洁。我们阅读的时候,随着文字的描写,视野在字里行间展开,像摄像机的镜头,时而是长镜头的远眺,时而是近距离的特写,画面感极强。而且,荷花、芳草、梧桐、枇杷在中华传统文化中都是有特定内涵的审美意象,象征着高洁纯粹、独立不迁的君子形象。第五、六句"陈根委翳,落叶飘摇",写老树枯萎,落叶飘摇,既是对岁月流逝的叹惋,也表达了其旷达坦然的人生态度。最后两句"游鹍独运,凌摩绛霄",隐者以鹍鸟自喻,特立独行,壮志凌云,高飞冲天,直击长空。

第三节　日常生活

此节写日常家庭生活,分别讲读书、说话、饮食和内室的生活起居。

耽①读玩市②,寓目③囊箱④。
易⑤輶⑥攸⑦畏⑧,属⑨耳垣⑩墙。

【注释】

①耽:本义为耳朵大而且下垂,转义为沉溺,又有迟延、停留、拖延之义。

②玩市:市场。

③寓目:过目,观看。寓,本义是寄居、居处、住所。

④囊箱:装书的箱子,指书籍之多。

⑤易:轻易。

⑥輶:音 yóu,古代一种轻便的车子,此处引申为轻。

⑦攸:音 yōu,所。《尔雅·释言》:"攸,所也。"《易·坤卦》"君子攸行",意为"君子所行"。

⑧畏:畏惧,有戒心。

⑨属:本义是连。引申为种类、类属。引申还指连缀、接连,音作 zhǔ,这里是附着之义。

⑩垣:矮墙。

【讲析】

　　喜欢读书的人,就是在闹市之中,他满眼也只能看到书箱和书囊。不要轻易发表议论,要有所警惕,防止隔墙有耳。

　　"耽读玩市,寓目囊箱",讲的是王充的故事。王充是东汉思想家,所著《论衡》是中国历史上一部重要的思想著作。《后汉书·王充传》载:"家贫无书,常游洛阳市肆,阅所卖书,一见辄能诵忆,遂博通众流百家之言。"王充少时家中贫穷,酷爱读书的他只能到集市上的书店中借书看。集市人流不绝,环境嘈杂,面对琳琅满目的百货和熙熙攘攘的人群,王充眼中只有书箱和书囊。沉浸在书中的王充能够自动屏蔽外界的所有干扰,心中只记挂着读书。

　　"易輶攸畏,属耳垣墙",出自《诗经·小雅·小弁》:"君子无易由言,耳属于垣。"意思是说,君子要小心言论,即使有墙相隔,也会有人将耳朵贴在墙上偷听。俗语"隔墙有耳"即是此意。言语事大,不可轻忽;"祸从口出",不可不慎;"隔墙有耳",不可不防。其实《千字文》前面已说到"空谷传声,虚堂习听",君子说话,影响远大,可以产生良好的作用,但也会兴起战争,因而不可不慎。这是从正面说慎言的重要性。"易輶攸畏,属耳垣墙"是从反面说慎言的重要。因为"隔墙有耳",人心叵测,所以讲话要小心,要有所畏惧；言语轻忽不慎，可能会招致是非，甚至引来祸患。因言治罪，说话闯祸，是自古常有的事。

具①膳②餐③饭，适口充肠。
饱饫④烹宰⑤，饥厌⑥糟糠⑦。

【注释】

①具：准备。甲骨文及金文中，"具"的字形像双手捧起鼎的样子。本义指"供设酒食"。后引申指筹办、准备，如具备、具有。由此又引申为完备。由本义又引申指物品、工具，如餐具、炊具。

②膳：饭食。《说文》："膳，具食也。从肉，善声。"一般指肉食类美食。《周礼·天官·膳夫》："掌王之食饮膳羞。"郑玄注："膳，牲肉也。"

③餐：本义为动词：吃饭、食用。《说文》："餐，吞也。"《广雅》："餐，食也。"也作名词，指饭食。

④饫：吃饱，满足。《玉篇》："饫，食过多。"《广雅》："饫，饱也，厌也。"

⑤烹宰：宰杀烹煮。这里是指鲜美的肉食。

⑥厌：同"餍"，吃饱，满足。吃饱了东西，就不再想吃了，所以"厌"引申为满足，成语有"贪得无厌"。过分的满足就在心理上产生不喜欢的感觉，就是嫌弃、厌倦的意思。由嫌弃、厌倦的意思再引申为讨厌、厌恶。

⑦糟糠：指用来充饥的粗糙食物。糟，指酒渣。糠，指谷子的外壳。后也用"糟糠"来形容贫困时共患难的妻子。

【讲析】

"具膳餐饭，适口充肠"，意思是：普通人的居家生活，准备平时一日三餐的饭菜，只要适合口味、填饱肚肠即可。"具"是准备、料理的意思。"餐"在古汉语中本义是动词"吃"的意思。"膳""饭"是名词，指不同的饮食种类。"膳"带个肉月旁，肉食为"膳"；五谷煮的素食叫"饭"。我们平头百姓说吃饭，家常便饭；帝王吃饭叫传膳，钟鸣鼎食。"具膳餐饭"说的是荤素饮食的准备,要注意两个原则:一个是"适口",一个是"充肠"。"适口"是要可口、咸淡适宜;"充肠"是要能吃饱。人的饮食越简单,身体越健康,所以我们平常在饮食上能"适口充肠"就可以了,千万不要浪费,不要奢侈。

"饱饫烹宰,饥厌糟糠",意思是说,吃饱的时候,就是有鲜美的肉食也无法引起食欲;饿肚子的时候,即使再粗糙的食物也能让人满足。我们一般都有这样的感受:当你饥饿的时候,吃什么都是香的;相反,当你吃饱的时候,再好的东西也不想再吃。所以,"饱为好"。山珍海味,总有吃腻的时候,到头来还是平常的饭菜最可口,吃起来最香最健康。因此,一般说来,日常饭菜不必太过精致,口味适中,饭量得当即可。当然,如果是宴请亲戚朋友,或是举办宴会,饮食安排可以依据具体情况做出适当的调整。

亲戚①故旧②,老少异粮③。

【注释】

①亲戚:跟自己家庭有婚姻和血缘关系的家庭或这个家庭的成员。
②故旧:意思是故交、旧友、老朋友。
③异粮:不同的食物。

【讲析】

款待亲戚朋友时,给老人和孩子的饭菜应当有所不同。

在亲属关系中,夫妻、子女、父母、同胞兄弟姐妹等亲属称"亲人"或"家人",其他则称为"亲戚"。中国亲属系统,传统以父系为核心,所以又分为"亲"和"戚"。孔颖达《礼记正义》:"亲指族内,戚言族外。""亲"是指父系的、同姓的、有血缘关系的亲属,如叔、伯、姑、侄、堂兄、堂叔等,为"宗亲"。"戚"是指有婚姻关系的亲属,又分为"外亲"和"妻亲"。"外亲"是母亲的亲属,如姥姥、姥爷、舅、姨;"妻亲"是妻子的亲属,如岳父母、小舅子、小姨子。因为中国古代是宗法社会,特别强调血缘亲疏关系,所以中国人的亲属称谓,具有尊卑有序、内外有别、条理分明的特点,这成为中华文化的一大特征。

对于老人和孩子,要优先照顾。老人和孩子因年龄不同,在饮食、起居等方面与青壮年不同。对于老人,在饮食方面,要以柔软、温热、易嚼、清淡的为主。对于孩子,正在身体生长发育阶段,饮食要注意营养,培养好的饮食习惯。

妾①御②绩纺③,侍巾④帷房⑤。
纨扇⑥圆絜⑦,银烛⑧炜煌⑨。
昼眠夕寐,蓝笋⑩象床⑪。

【注释】

①妾:商代甲骨文字形从"辛"(刑具),从"女",本义指有罪的女人,即女奴。后指旧时男子除正妻外另娶的女子。"妾"又用作女子对自己的谦称。这里代指妻妾。

②御:本义为驾驭车马,引申为从事、管理。

③绩纺:纺织。

④侍巾:服侍穿衣戴帽。巾,指头巾,古人以巾束发,这里代指衣帽。

⑤帷房:内室、寝房。

⑥纨扇:用细绢制成的团扇。

⑦絜:本义为修整、修饰。又同"洁",简化字为"洁"。《千字文》中前有"女慕贞洁",智永《真书千字文》写作"絜";后有"纨扇圆絜",智永《真书千字文》写作"潔"。

⑧银烛:银色而精美的蜡烛。

⑨炜煌:辉煌、华盛。炜,光明。

⑩蓝笋:指用青竹编成的席子。蓝,深青色。

⑪象床:象牙装饰的床。

【讲析】

"妾御绩纺,侍巾帷房",意思是:妻妾要做好纺织裁衣等家务,在内室里服侍好丈夫的起居穿戴。"妾"在这里代指妻和妾,"御"是管理、负责的意思,"绩十八纺"是指纺织裁衣等家务,"侍"是服侍,"巾"是拢发包头的布。古代男子十八岁至二十岁行冠礼,戴帽子,表示成人了。秦汉以后,有官职、有禄位的人才可以戴冠,没有功名的白丁只能戴头巾。

男耕女织,是古代社会的基本分工。纺纱织布、缝补衣裳,是妇女的主要事务。"妇"的本义应该是指从事家务劳作的女性。古代妇女婚后的主要任务是服侍丈夫和操持家务。《说文》:"妇,服也。从女持帚,洒扫也。""服"就是服侍。《释名·释亲属》:"妇,服也,服家事也。"古籍中以"服"训"妇",足见中国古代妇女在家庭中的地位低下,也显示了古代夫尊妇卑的地位差异。

"帷房"是寝房内室,古代的房中都有帷幕,床上有幔帐,既可以隔音,又可以保护隐私。布幔在两旁的叫"帷",在上的叫"幕"。

接下来四句是对寝房内室用具的描写:圆圆的绢扇洁白素雅,银白的蜡烛把室内照得明亮辉煌;白天小憩,夜晚安眠,用的都是青竹编织的席子和象牙雕饰的床。

第四节 居家礼仪

此节写家庭的重大礼仪活动,主要介绍宴饮之乐、祭祀礼俗和书信言语的交际应酬方式。

> 弦歌①酒宴,接杯举觞②。
> 矫手顿足③,悦豫④且康⑤。

【注释】

①弦歌:用琴瑟等弦乐器伴奏而歌唱。弦,指丝竹一类的弦乐器。歌,咏歌,唱歌。《史记·孔子世家》:"三百五篇,孔子皆弦歌之。"又引申指礼

《千字文》注析

乐教化。

②觞:用兽角做的酒具。

③矫手顿足:举手,跺脚。手舞足蹈,形容高兴、欢乐。

④悦豫:都是喜悦的样子。悦的本义是高兴、愉快。豫的本义是大象,《说文》:"豫,象之大者。"大象是瑞兽,不伤害人,且步态从容安闲,所以假借为"安乐"或"喜乐"之义。《易·豫卦疏》:"谓之豫者,取逸豫之义,以和顺而动,动不违众,众皆悦豫也。""豫"是河南的简称。《周礼·职方》:"河南曰豫州,豫州在九州之中,言常安逸。"河南为中原,适宜人居住,生活安逸,故称豫州。

⑤康:安乐。

【讲析】

酒宴上人们弹着琴,唱着歌,觥筹交错,开怀畅饮。喝到高兴处,和着音乐手舞足蹈,欢欣愉悦而康泰安详。

宴饮文化在人们的生活中占重要地位。饮食,本来是人的一种重要的生活内容,但美食佳肴、琼浆玉液、笙箫歌舞与高朋满座所构成的宴会,则不仅是一项满足口腹之欲的饮食聚会,而且会被当作是一种社会交际方式,甚至是一种国家政治活动,因而具有丰富的文化内涵。集中体现古代礼乐文化的"三礼"《周礼》《仪礼》《礼记》,都记载和解释了周代宴饮礼仪"飨燕礼"。《周礼·春官·大宗伯》:"以飨燕之礼,亲四方之宾客。""飨燕礼"分为"飨礼"和"燕礼"两种。"飨礼"是天子大宴,在太庙举行,非常隆重,配有级别最高的音乐和舞蹈。飨礼重在礼仪形式,并不真正食肉饮酒。"燕",就是宴会的"宴","燕礼"则是天子、诸侯在寝宫举行的小型宴会,主要是招待大臣,增进情谊,场面轻松快乐,加强亲善友好的关系。除官方的宴会之外,《礼记》中还有《乡饮酒仪》,对乡间百姓的宴饮礼仪作了详尽的规定。《诗经·小雅》中保留了很多周代宴饮诗,可以看到当时歌舞升平的宴乐场面。如《鹿鸣》:"呦呦鹿鸣,食野之苓。我有嘉宾,鼓瑟鼓琴。鼓瑟鼓琴,和乐且湛。我有旨酒,以燕乐嘉宾之心。"全诗洋溢着欢快的气氛,体现了殿堂上嘉宾的琴瑟歌咏以及宾主之间的互敬互融之情状。这首诗是古人在宴会上所唱的歌。据朱熹《诗集传》的说法，此诗原是君王宴请群臣时所唱，后来逐渐推广到民间，在乡人的宴会上也可唱。《诗经·小雅》中的《宾之初筵》一诗则描写了贵族酒宴的全过程。第一章写初筵射礼，宾客入席，左右列座，菜肴精致，美酒醇厚，并且"钟鼓既设"，"弓矢斯张"，编钟和金鼓奏乐，以射箭斗酒；第二章描写百礼既至；第三章写饮酒渐多，由开始的"温温其恭"，到酒酣耳热时"舍其坐迁，屡舞仙仙"，情不自禁地离开座位，手舞足蹈；第四章写酒后狂态；第五章以劝诫作结。全诗生动再现了当时宴饮的情景。

两汉之前，宴饮礼仪的主旨是维护尊卑有序的等级秩序、长幼有别的伦理关系。燕礼是明君臣之义，乡饮酒礼是明长幼之序。汉代末年，战乱不止，礼教对士人的束缚松弛，宴饮中士人们纵情诗酒，慷慨以任气，宴饮成为文人士大夫物质与精神生活中雅趣的重要组成部分。魏晋南北朝时期，游宴是文人名士集会的重要方式，是他们展示个人才华的重要舞台，他们在宴游时交流思想、品评诗赋、比竞文采，促进了诗赋的创作和繁盛。如书圣王羲之著名的《兰亭序》，写的就是一场文人雅集、曲水流觞、饮酒赋诗的宴乐盛事。汉魏六朝，宴饮游乐之风兴盛，席间助兴项目繁多，有乐舞、投壶、杂技、百戏等表演和娱乐活动，增添了宴饮氛围的趣味性，宴饮的娱乐性、游戏性大大增强，也促进了汉魏六朝文学艺术的发展和繁荣。

这里值得一说的还有"弦歌"一词。"弦歌"有丰富的文化意义。第一，"弦歌"的本义是依琴瑟而咏歌。《史记·孔子世家》："三百五篇，孔子皆弦歌之。"意思是说，孔子是个音乐家，对于《诗经》的305篇诗歌，孔子都能依着琴瑟歌唱出来。第二，古人讲究音乐的教化作用，所以也用"弦歌"指代礼乐教化，即文化教育事业。《庄子·秋水》："孔子游于匡，宋人围之数匝，而弦歌不辍。""弦歌不辍"，指读书或教学活动没有间断，后来常用"弦歌不辍"来表达保持教化育人的精神。《史记·儒林列传》："及高皇帝诛项籍，举兵围鲁，鲁中诸儒尚讲诵习礼乐，弦歌之音不绝，岂非圣人之遗化，好礼乐之国哉？"

《庄子·让王》中生动地记述了孔子"陈蔡绝粮、弦歌不辍"的故事。孔子在陈蔡间遭受困厄，七天不能生火做饭，他脸色疲惫，可还弦歌不辍，不停地弹琴唱歌。当他的学生子路和子贡为所受困厄而发牢骚时,孔子讲了一段话:"今丘抱仁义之道以遭乱世之患,其何穷之为!……内省而不穷于道,临难而不失其德。天寒既至,霜雪既降,吾是以知松柏之茂也。陈蔡之隘,于丘其幸乎!"意思是,我孔丘怀抱着仁义之道,虽生逢乱世遭困顿,但我仍要坚守自己的志向,不失节操。严寒已至,霜雪降临大地,松柏仍是郁郁葱葱,令人起敬。陈蔡的困厄,对我来说恐怕还是幸事啊!孔子说罢"烈然返瑟而弦",乐音响遏行云。子路领略了老师的精神,"抗然执干而舞"。子贡呆若木鸡,喃喃曰:"吾不知天之高也,不知地之下也!"更加景仰孔子伟大的人格!一个君子,他的生命的意义就在于对真理的不懈追求和为践行真理而不懈奋斗,君子在危难的情况下也不能放弃自己的理想信念、人格操守和精神自尊。这是一种高贵的品格,在今天河南淮阳纪念孔子"陈蔡绝粮"的弦歌台正殿两边的石柱上,镌刻着一副对联,为"堂上弦歌七日不能容大道,庭前俎豆千年犹自仰高山"。

嫡后①嗣续②,祭祀③烝尝④。
稽颡⑤再拜⑥,悚惧⑦恐惶⑧。

【注释】

①嫡后:正妻所生的后代。嫡,正妻。

②嗣续:子孙世代传承。"嗣",由"册""口""司"组成。"册"是帝王对臣下封土授爵的文书。"口",口头命令。"司",世代从事某专业。联合起来表示"关于子承父业的皇帝批文"。所以本义是经皇帝准许父亲传位或传业给嫡长子,有接续、继承、子孙等意思。《说文》:"嗣,诸侯嗣国也。"

③祭祀:"祭"甲骨文字形 左边是一块鲜肉,右边是一个"又"(指手),下边是一个祭台"示",表示向神灵、祖上献上供品,并举行仪式,表达崇敬、祈求保佑。"祀"指永久祭祀。《说文》:"祀,祭无已也。"

④烝尝:本指冬秋二祭,这里泛指祭祀。《礼记·王制》:"天子诸侯宗庙之祭,春曰礿,夏曰禘,秋曰尝,冬曰烝。"

⑤稽颡:古代的一种礼节,屈膝下跪,双手朝前,以额触地,表示极度的虔诚。后世称为"五体投地"。"稽"是停留、到达的意思。《说文》:"稽,留止也。"颡,音 sǎng,指额头,脑门。《说文》:"颡,额也。"额头触地停留一会儿叫稽颡。

⑥再拜:拜,行礼表示敬意。古时的拜为拱手弯腰,后来的拜为屈膝顿首,两手着地或叩头及地。再拜,拜了又拜的意思。

⑦悚惧:恐惧,害怕。

⑧恐惶:恐惧不安。

【讲析】

"嫡后嗣续,祭祀烝尝"意思是:祖先的血脉和基业代代传续,一年四季的祭祀不能疏忽遗忘。

"嫡后嗣续",讲的是嫡长子继承制。嫡长子继承制是中国古代一夫一妻多妾制下实行的一种继承原则,是维系宗法制的核心制度之一。嫡即正妻,正妻所生之长子为嫡长子,妾所生之子为庶子,庶是众多的意思。先秦礼制,嫡长子享有优先继承权。该制度起于商末,定于周初。商代的继承制度是父死子继,辅之以兄终弟及。商朝前期,主要实行兄终弟及制,从商朝后期起,向嫡长子继承制转变。西周初年,周公制礼作乐,明确实行嫡长子继承制。周代上层阶级划分为天子、诸侯、卿大夫、士四个等级,财产和地位世世相传,实行世袭制。在各个等级中,继承财产和职位者,必须是嫡妻长子;如果嫡妻无子,则立庶妻中地位最尊的贵妾之子,即所谓"立嫡以长不以贤,立子以贵不以长"(《春秋公羊传·隐公元年》)。西周天子的王位由其嫡长子继承,而其他的庶子为别子,他们被分封到全国各重要的战略要地。由嫡长子继承的王位可以确保周王朝世世代代大宗的地位,庶子对嫡子的大宗来说,是小宗,而在自己的封地内又为大宗,其继承者也必须是嫡长子。嫡庶之争,无论在皇家还是士族,历来都是家族动乱的根源。嫡长子继承制有效地避免了家族内部兄弟之间为争夺权位和财产的继承而引发的祸乱,从而维护了王权的威严和社会的稳定。自西周以后,汉族王朝基本上都执行周朝宗法制所规定的嫡长子继承制,即嫡长子拥有政治继承权。嫡次子和庶子按照身份等级不同，获得不同的次级政治地位。

"祭祀烝尝"，讲的是祭祀活动。在中国传统社会中，祭祀是最重要的礼俗。因为传统中国是一个宗法社会，宗法社会是以血缘关系为基础的。"宗"，上部是"宀"，像房屋；下部是"示"，像祭台，表示祖先的牌位。所以"宗"就是祭祀祖先的场所，即宗庙。参加祖先祭祀的是具有同一血缘的同一家族，即"宗族"。中国古代没有西方意义上的宗教，中国古人不信上帝信祖宗，西方人拜上帝，中国人拜祖宗。在中国人的精神世界里，上帝和神灵是靠不住的，最可靠的是血缘。中国是一个农业社会，聚族而居，固着在土地上，只有靠血缘观念才能将家族和社会凝聚在一起，这是中国社会尊崇"宗法至上"的根本原因所在。

祭祀之礼，是宗法观念的具体体现。《礼记·祭统》："凡治人之道，莫重于礼。礼有五经，莫重于祭。"《左传·成公十三年》："国之大事，在祀与戎。"国有大事，必告于宗庙。一个家族也是这样，通过对祖先的祭祀，强调血缘亲情，维护家族统一，保证血脉延续，传承家道传统，即所谓"慎终追远、敦亲睦族、敬亡励生"。

"祭祀烝尝"中的"烝尝"是"礿禘尝烝"的简称。上古祭祀很多，在一年中春分、秋分、夏至、冬至，四个正时都要祭祀。《礼记·王制》规定："天子诸侯宗庙之祭，春曰礿，夏曰禘，秋曰尝，冬曰烝。""礿禘尝烝"是四时之祭祀。中国传统家庭祭祀自己的先父母先祖辈，是父亲(或"家长")带领全家人行祭礼，通常在除夕晚，或清明，或父母等先人的忌日。一个家族，尤其是人口众多的家族，则是族长带领族人(各家选派家长为代表)在祠堂中、或在族墓中、或在某空旷处行祭礼。族祭是一件比较复杂的活动，因为行祭祀礼时，必须按照各房在家族中的血缘地位排列行礼的次序，即按长房、次房、再次房等的次序行礼。现在中国最大最集中的家祭活动是清明节的上坟扫墓。从2008年开始，中国将清明节认定为法定节假日，意在恢复传统，以淳化民心。

在祭祀的时候，要"稽颡再拜，悚惧恐惶"，意思是：跪着磕头，拜了又拜；礼仪要周全恭敬，心情要悲痛虔诚。"稽颡"就是叩头，是屈膝下跪，以额触地的一种跪拜礼。"拜"在古代是两手合于胸前，头低到手的一种礼节,后世发展为两手着地的大礼。"再拜"是拜了又拜。按古制,一拜是三叩首,最多是三拜共九次叩首,故此"三拜九叩"是大礼,是最高的礼节。"悚惧恐惶"描述敬畏、畏惧、战战兢兢的心理,是一个人诚敬到极点时的心理反应。祭拜祖先时,一定要心怀虔诚,庄严郑重。

笺①牒②简要③,顾答④审详⑤。

【注释】

①笺:繁体字为"牋",细窄的条形竹片,可用来记写简短文字。《说文》:"笺,表识书也。字亦作牋。"本来是指对古书的注释或表记,是在正文、旧注旁边记下自己的见解,如"笺注"。在纸张发明之前,用竹简,有所表记或注释,削竹为小笺,系之于简。纸张发明后,也用小幅华贵的纸张题咏或写书信笺,如便笺,信笺。这里指书信。

②牒:古代书写用的木片或竹片,也指公文。《说文》:"牒,札也。"本义为古代书写用的木片或竹片,也泛指书写在纸上的文书、证件等,如通牒、度牒、尺牒等。后多指公文。

③简要:简明扼要。"简",本义是指古代用于书写的狭长竹片。竹简窄长,单支竹简写字不多,书写时文字要简要精当,所以引申为少、简易等义。

④顾答:回答。"顾",本义是回头看。《说文》:"顾,还视也。"

⑤审详:详细。"审",详尽了解,仔细辨别。"详",审察、审理、审议。审议要周详,所以引申为周全、细致、繁多、详尽。又引申为详细了解。

【讲析】

这两句说的是与人交际时应该注意的问题。语言是人类最重要的交际工具。语言分为口头语言和书面语言两类。本来书面语言应该是记录口头语言的,但中国古代从汉代以后书面语言和口头语言是分开的,即书面语言用的是文言文,口头语言则是白话文。一直到五四运动以后,废除文言文,口头语言与书面语言才逐渐统一。文言文是以先秦时期的口语为基础而形成的书面语言。春秋战国时期,记载文字用的是竹简、丝绸等物,由于书写不便,所以用字简练。随着历史变迁,口语演变,文言文和口语的差别逐渐扩大,文言文成了读书人的专用语言。古人在写文章时,用的是文言文,而日常口语则是白话。文言文的特点是言文分离、行文简练、庄重典雅。

"笺牒简要","笺牒"是书信和公文的代称。"笺"是信纸,如便笺、手笺等。"牒"是古代书写用的木片或竹简,小的曰牒,大的曰册;薄者曰牒,厚者曰牍。"简"的本意是竹简。简、牍、牒、册、笺都是纸张发明前用于书写的工具,但又有不同。朱骏声《通训定声》:"竹谓之简,木谓之牒,亦谓之牍,亦谓之札,联之为编,编之为册。"简是竹子做的,牍和牒是木片,用线绳编在一起则为册。几个字就能说清楚的小事,写在一根简牍上就可以了,所以杜预在《春秋序》上说"大事书之于策,小事简牍而已"。

书信和公文用的是书面语言,是文言文,所以语言要简明扼要,文雅庄重。书信和公文都是实用类文体,这类文体在古代一般称为"书牍",都有一定的格式和用语规范。在通信和交通不便利的古代,书牍是人们交流信息时用得最广的文体。如《后汉书·蔡邕传》曰:"相见无期,唯是书疏,可以当面。"江南有古谚语云:"尺牍书疏,千里面目也。"形象地说明了书牍文体的重要性。"书牍"种类繁多,南北朝时期的文学家刘勰论述各种文体写法的著作《文心雕龙》中有《书记》一篇,其中说:"夫书记广大,衣被事体,笔札杂名,古今多品。"其涉及的文体有书、奏记、奏笺、谱、籍、簿、录、方、术、占、式、律、令、法、制、符、契、券、疏、关、刺、解、牒、状、列、辞、谚共二十七种之多。刘勰对每种文体的写法都有论述,总的要求是简洁、务实。他说:"随事立体,贵乎精要。意少一字则义阙,句长一言则辞妨。"即应根据情况的不同来确定体制,而以精当简要为贵。意思是缺少一字就会不全面,一句之中多一个不必要的字也有妨害。

"顾答审详"的意思是:回答别人的问题要审慎周详。这是说别人当面询问问题,用口头语言回答,一定要态度认真,表达详尽清楚,让人听明白,不可敷衍了事。这是人际交往应酬的礼貌和对别人的尊重。

第五节 纷杂事物

此节写生活中的几种杂事:洗浴乘凉,饲养牲畜,诛捕罪犯。

骸①垢②想浴,执热③愿凉。

【注释】

①骸:身体。

②垢:污垢。

③执热:酷热。

【讲析】

这两句说的是生活中简单的道理。身上脏了就想洗个澡,酷暑难耐的时候希望用冷水来冲凉。

语出《诗经·大雅·桑柔》:"谁能执热,逝不以濯。"《毛传》:"濯所以救热也。"郑玄笺:"当如手执热物之用濯。"段玉裁曰:"执热,言触热、苦热。濯,谓浴也……此诗谓谁能苦热,而不澡浴以洁其体,以求凉快者乎?"意思是:谁在天气炎热时,不用冷水来冲凉?《孟子·离娄上》:"今也欲无敌于天下,而不以仁,是犹执热而不以濯也。"朱熹解释说:"言谁能执热物而不以水自濯其手乎?"

驴骡犊①特②,骇③跃超骧④。

【注释】

①犊:小牛。《说文》:"犊,牛子也。"

②特:本义即指体形庞大的公牛。《说文》:"特,从牛,寺声。朴特,牛

父也。"《玉篇·牛部》:"特,牡牛也。"后引申为雄性兽类之泛称;又由大义引申出独特、特殊义,由独特义引申出特立、杰出、单独等义。

③骇:惊吓,震惊。《说文》:"骇,惊也。"

④骧:音 xiāng,本义是马昂首腾跃、奔跑。后泛指马。

【讲析】

"驴骡犊特"泛指家中的大小牲畜。"骇"是惊骇,受到惊吓;"跃"是跳起来了;"超"是一个跳到另一个前面去。"骧"是腾跃不已。汉张衡的《思玄赋》:"仆夫俨其正策兮,八乘腾而超骧。"

这两句话的字面意思是:家中的驴子、骡子大小牲畜,惊奔欢跃,东奔西跑。古代农业社会,马、牛、驴、骡等大小牲畜,既是生产工具,又是交通工具,是主要劳力。因此,这里更深一层的含义是告诫后人,治家之道中对牲畜的饲养和管理很重要,一定要谨慎小心,用心饲养管理,注意安全。

诛斩①贼盗②,捕获叛亡③。

【注释】

①诛斩:诛灭、斩杀。诛,本义是谴责、责备;引申有杀戮,治罪,讨伐。斩,本义一般认为是杀,也有人认为是砍断,特指砍杀。后引申为断绝。

②贼盗:贼,金文字形是一个人持戈击贝,所以本义是破坏,引申指作乱叛国、危害百姓的人。盗,甲骨文的本义是过河越界,劫物掠货。后来扩大引申为行窃、偷窃。再引申为行窃者、偷窃者。

③叛亡:背叛逃亡。

【讲析】

"贼"指叛国作乱、危害人民的人,如"乱臣贼子"。"盗"是偷窃人家东西。"诛"字的本义是声讨、谴责,所谓"口诛笔伐"。引申义为诛灭、剪除,但偏于诛心,揭露、指责人的用心,所谓"千夫所指,无疾而终"。"斩"是切开、砍断,"斤"是斧子,用刀斧斩首或腰斩。所以"诛斩"二字不同,一个是诛心、一个是杀身。"诛斩贼盗",是说:要注意保卫家园,防止盗贼偷窃财物,害人性命。"捕获叛亡",意思是:抓捕犯罪逃跑的叛乱分子和亡命之徒,维护社会治安。

第六节　名人奇技

这一节共八句,讲了10位名人,前六句讲八位身怀精湛技艺的名人,后两句讲了历史上两位美人。

布射①僚丸②,嵇琴③阮啸④。
恬笔⑤伦纸⑥,钧巧⑦任钓⑧。
释纷⑨利俗⑩,並⑪皆佳妙。
毛施⑫淑姿⑬,工⑭颦⑮妍⑯笑。

【注释】

①布射:吕布善于射箭。布,即吕布,东汉末年武将,曾为徐州刺史。

②僚丸:宜僚善玩弹珠。僚,即熊宜僚,春秋时楚国勇士。

③嵇琴:嵇康善于弹琴。嵇,即嵇康,魏晋名士,"竹林七贤"之一。

④阮啸:阮籍善于长啸。阮,即阮籍,魏晋名士,"竹林七贤"之一。

⑤恬笔:蒙恬制造了毛笔。恬,即蒙恬,秦代名将。

⑥伦纸:蔡伦改进了造纸术。伦,即蔡伦,东汉人。

⑦钧巧:马钧发明了水车。钧,即马钧,三国时巧匠。

⑧任钓:任公子善于钓鱼。任,即任公子,传说中善于钓鱼的神人。

⑨释纷:解除纠纷。

⑩利俗:有利于社会大众。

⑪並:同"并",共同,一起。前文已有"百郡秦并",这里用"並"。

⑫毛施:即毛嫱、西施两位美女。

⑬淑姿：优美的姿态。淑，美好。
⑭工：善于。
⑮颦：皱眉。
⑯妍：美丽、美好。

【讲析】

　　第一位是吕布，"布射"是吕布辕门射戟的故事。《后汉书·吕布传》载：刘备与袁术不和，袁术就派了大将纪灵领兵三万来伐刘备，刘备不敌，只好求助于吕布。吕布从中调解。他派人将自己的兵器大戟远远地插在辕门，弯弓引箭对众人说："诸君观布射小支。中者，当各解兵；不中可留决斗。"大家看我吕布射戟上的月牙支，如果射中，你们双方就和解，各自退兵；如果射不中，你们留下来决战。话毕发箭，正中戟支，顿时喝彩声雷动，于是双方退兵。

　　第二位是宜僚，"僚丸"是宜僚抛丸的故事。熊宜僚是楚国人，会一手抛球的绝活儿，类似马戏团小丑扔瓶子、抛火把一类的杂耍。熊宜僚的技艺高超，八个球在空中，一个球在手里，一次就抛九个，还是单手。《庄子·徐无鬼》："市南宜僚弄丸而两家之难解。"楚国的白公胜欲作乱，打算杀令尹子西。有人向白公胜推荐市南的熊宜僚，说他是个勇士，可敌五百人。白公胜派人去请熊宜僚，熊宜僚正上下弄丸，不同使者说话。使者用剑威胁他，他也不怕，既不从命，也不说什么。白公胜不得熊宜僚，便没有作乱，所以说"两家之难解"。

　　第三位是嵇康，"嵇琴"是嵇康抚琴的故事。嵇康是西晋时的名士，善弹琴赋诗。三国魏晋时，嵇康、阮籍、山涛、向秀、刘伶、王戎及阮咸七人，常在当时的山阳县（今河南焦作修武县，现今云台山一带）竹林之下喝酒纵歌，肆意酣畅，世称"竹林七贤"。嵇康是个思想家、音乐家、文学家。他喜爱老庄学说，与阮籍等人共倡玄学新风，主张"越名教而任自然"，成为"竹林七贤"的精神领袖。嵇康工诗善文，其作品风格清峻，反映出时代思想，并且给后世思想界、文学界带来许多启发。文学上有《嵇康集》传世。嵇康精通音乐，善于弹琴，著《琴赋》，善弹奏《广陵散》。西晋时，司马氏掌权后，嵇康隐居不仕。因受构陷,遭掌权的大将军司马昭处死。嵇康行刑当日,3000名太学生集体请愿,请求朝廷赦免他。临刑前,嵇康神色不变,如同平常一般。他看了看太阳的影子,知道离行刑尚有一段时间,便向兄长嵇喜要来平时爱用的琴,在刑场上抚了一曲《广陵散》。曲毕,嵇康把琴放下,叹息道:"从前袁孝尼(袁准)曾跟我学习《广陵散》,我每每吝惜而固守不教授他,《广陵散》现在要失传了。"说完后,从容就戮,时年40岁,海内的士人没有不痛惜的,司马昭不久后便意识到错误,但追悔莫及。

第四位是阮籍,"阮啸"是阮籍长啸的故事。阮籍是三国时期魏国诗人,著有《咏怀八十二首》《大人先生传》等,其著作收录在《阮籍集》中。阮籍也是"竹林七贤"之一,西晋时,常与刘伶等人任性放诞,饮酒、弹琴、长啸,发泄对司马氏的不满。《世说新语·栖逸》载:"阮步兵(阮籍曾任步兵校尉)啸,闻数百步。"阮籍长啸,声音能传一两里远。苏门山里来了个得道的真人,阮籍去见他,两人伸开腿对面打坐。阮籍评论古代的黄帝、神农,往下说到夏商周三代,那人仰着个头,并不回答。阮籍又说到儒家的德教、道家的导气,他还是像原先那样,目不转睛地凝视着。阮籍便对着他长啸一声。过了好一会儿,他才笑着说:"可以再来一次。"阮籍又长啸一次。待到意兴已尽,便退下来,回到半山腰处,听到山顶上众音齐鸣,好像器乐合奏,树林山谷都传来回声。阮籍回头一看,原来是刚才那个人在长啸。

第五位是蒙恬,"恬笔"是蒙恬造笔的故事。蒙恬是秦始皇的大将军,领兵驻边,督造修筑万里长城,传说他创造了毛笔。晋朝崔豹的《古今注》说,自古有书契以来,就已经有笔了,但为什么说蒙恬造笔呢?在蒙恬之前,毛笔用兔毛制成,写字太软。因为蒙恬常年在塞北抗击匈奴,打猎捕兽是常有的事,他发现狼毫、鹿毛和羊毛既柔软又挺直,更适宜用来造笔,于是对毛笔的制作进行了改造。"蒙恬始作秦笔,以枯木为管,鹿毛为柱,羊毛为被,谓之苍毫。"因此,旧时制笔行业中,蒙恬被供奉为行业祖师爷。

第六位是蔡伦,"伦纸"是蔡伦造纸的故事。造纸术是中国四大发明之一,纸是中国劳动人民长期经验的积累和智慧的结晶。蔡伦是东汉和帝的常侍,开始时做宫中的杂役,以后负责监制宫廷用具。当时的书信或写在竹简上,或写在锦帛上,前者很不方便,后者又太昂贵了。其时,民间已有用麻纤维造的纸,但成本高、原料受限制,不能普及。蔡伦经过深入观察、研究,用树皮、麻头、破布、旧渔网为原料来造纸,人称"蔡侯纸"。此事记载于《后汉书》。

第七位是马钧,"钧巧"是巧匠马钧的故事。马钧是三国时期的发明家,他性巧又善于动脑筋,曾改进织绫机,使丝织效率提高了五倍。他发明的龙骨水车,可以连续提水灌溉,直到今天仍然可以使用。他还通过想象力复原了黄帝时代的指南车,并利用水力推动齿轮制造了多种玩具,他制作的木头人能跳舞,奇妙无比,被誉为天下名巧。对于马钧事迹的记载见于《续后汉书》。

第八位是任公子,"任钓"是任公子钓鱼的故事。《庄子·外物》载:任公子钓鱼是大手笔,鱼线是粗黑绳,鱼饵是五十头牛。他蹲在会稽山上,投竿东海,整整一年也没钓到鱼。有一天,突然大鱼吞饵,牵动钓钩,沉入水下,又突然冒起。一时间,白浪滔天,海水震荡,声如鬼神,震惊千里。任公子得到此鱼,做成腊肉,浙江以东、苍梧以北的人无不饱食这条大鱼。

"释纷利俗,并皆佳妙。"这两句话是对上述八个人的技艺和发明所下的评语。"释纷"是解人纠纷,"利俗"是便利俗民,二者合起来的意思就是:他们的技艺或解人纠纷,或利益百姓,造福社会,都是高明巧妙,为人们所称道。

第九位、第十位是两个美女。"毛施"是指毛嫱、西施两个人,这两位是春秋时期越国的美女。《管子·小称》:"毛嫱西施,天下之美人也。"《庄子·齐物论》:"毛嫱丽姬,人之所美也,鱼见之深入,鸟见之高飞,麋鹿见之决骤。"可见"沉鱼落雁"说的就是这两位。毛嫱的故事不为人所知,只是有的典籍上说"毛嫱,越王嬖妾"。西施的名气则很大,西施与王昭君、貂蝉、杨玉环为中国古代四大美女,而西施又名列四美之首。传说西施姓施氏,本名施夷光,春秋末期出生于越国苎萝村(今浙江省绍兴市诸暨苎萝村),自幼随母浣纱江边,故又称"浣纱女"。她天生丽质,倾国倾城。越王勾践在对吴国战争中失利后,采纳文种的美人计,"遗美女以惑其心,而乱其谋",于苎萝山下得西施,经过3年训练,派范蠡献于吴王。吴王夫差大悦,宠幸西施,沉溺酒色,荒于国政,勾践趁机灭吴。传说西施帮助卧薪尝胆的越王勾践雪耻,灭了吴国以后,她与范蠡一起泛舟西子湖,双双归隐了。

"毛施淑姿,工颦妍笑"这两句话的意思是:毛嫱、西施,姿容姣美,皱起眉头都俏丽无比,笑起来更格外动人。"淑"是美、善的意思,女子名字中用"淑"字的很多。"姿"是仪态、姿容。"淑姿"是姿容姣美,从音容笑貌,到体态形质无一不美。"工"是善于干某事,"颦"是皱眉头,"妍"是美丽。"工颦妍笑"一句语出《庄子·天运》:"西施病心而颦其里,其里之丑人见而美之,归亦捧心而颦其里。其里之富人见之,坚闭门而不出;贫人见之,挈妻子而去之走。彼知颦美,而不知颦之所以美。"西施长得很娇美,但有心口疼的毛病,发作起来就手捂心口,皱眉咬唇,惹人爱怜,有病的样子都很美。施家村东头有个丑女叫东施,她看"病西施"样子娇美,也学着皱眉捂胸,结果更加难看,富人见之,闭门而不出;贫人见之,避之而走。这就是成语"东施效颦"的故事。

第七节　岁月感怀

此节用优美的语言表达对光阴易逝、人生短暂的感叹,并希望日月永照,福德长存。

年矢①每催,曦②晖③朗④曜⑤。
璇玑⑥悬斡⑦,晦⑧魄⑨环照。
指薪⑩修祜⑪,永绥⑫吉劭⑬。

【注释】

①年矢:时光易逝,其速如流矢。"矢"本义为箭,这里指漏矢,即计时的滴漏壶中的浮箭。

②曦:早晨的阳光。

③晖:阳光。本作"晕",本义是日月周围的光圈。

④朗:本义是月光明亮,光线充足。引申为开朗等意思。

⑤曜:本义是照耀、明亮。《诗经》有"日出有曜"。又指日、月、星,"七曜"即日、月、火、水、木、金、土七星的合称。

⑥璇玑:北斗七星中的两颗星,其中的第二颗为天璇星,第三颗为天玑星,此处用璇玑来代表北斗七星。又指玉质天文仪器。

⑦悬斡:悬,悬挂、悬吊起来的意思;斡,旋转、斡旋。

⑧晦:《说文》:"晦,月尽也。从日,每声。""晦"为农历每月的最后一天,这时月亮是看不见的,因而"晦"也就有了"黑暗"的意思,也可以泛指黑夜。也引申为隐微、愚昧、凋零等义。

⑨魄:本义是阴神,指依附于人的身体而存在的精神。《说文》:"魄,阴神也。"如"魂魄"。《礼记外传》:"人之精气曰魂,形体曰之魄。"引申为人的形体,如"体魄"。通"霸",指月出月没的微光。这里指月光。

⑩指薪:即脂薪,用脂膏做烛,以取光照亮。"指"通"脂","薪"为柴草。

⑪修祜:修福、积德。"祜"是福德、福禄。

⑫绥:安定、和平。

⑬劭:高尚、美好。

【讲析】

"年矢每催",意思是:岁月流逝,每每催人向老。"矢"是漏矢,即计时的滴漏壶中的浮箭。《后汉书·律历志》:"孔壶为漏,浮箭为刻。"古代的计时工具用孔壶滴漏,盛水于壶中,壶底有小孔,水滴下漏;壶内放置一个刻有十二个时辰的箭,水滴一落,箭就上浮。"年矢每催",时光流逝,水声滴答,就像现代钟表的"嗒嗒"声一样,频频催促,非常形象。

"曦晖朗曜",意思是:太阳的光辉永远明朗地照耀在空中。"曦""晖"皆为日光。"曦"为晨光,"晖"是阳光外面的那层晕晕的光圈,"朗"是明朗,"曜"是照耀。

"璇玑"是北斗七星中的两颗星,此处用来代表北斗七星。"斡"是旋转、斡旋。"璇玑悬斡",意思是:高悬的北斗七星不断地转动着斗柄。前面讲"日月盈昃,辰宿列张"的部分讲到中国古代天文学,北斗七星的勺柄围绕着北极星旋转,以斗柄所指的方面确定四季:斗柄指东天下皆春,斗柄指南天下皆夏,斗柄指西天下皆秋,斗柄指北天下皆冬。北斗七星不停地转动,就代表了一年四季不断地推移交替,表现了时序的变化。

"晦魄环照"说的是月亮,意思是:月亮盈亏明暗周而复始变化无尽。前一句"曦晖朗曜"说的是太阳的光芒,此处再以月亮的光辉与前文相对应,两句形成对仗。农历每月的最后一天叫作"晦",这一天是暗的,看不见月光。每月第一天叫"朔"。"魄"指月光,每月十五月光最亮,叫"望"。"环照"表示月亮由朔、望、晦完成从亏到盈再到亏一个回环,周而复始,没有穷尽。

"指薪修祜",语出《庄子·养生主》:"指穷于为薪,火传也,不知其尽也。""指"通"脂",燃火用的油脂。庄子这句话的意思是:燃火的脂膏有烧尽的时候,而火却可以一直传下去没有穷尽。也就是成语"薪尽火传""薪火相传"的意思,比喻家族或品德、技艺的传承延续。"祜"是福德、福禄,"修祜"就是修福、积德;"绥"是安定、和平;"劭"是高尚、美好。"指薪修祜,永绥吉劭",两句话的意思连起来就是:人的一生只有修福积德,才能像薪尽火传那样福德长存,子孙后代会在你这棵大树下永远安定、和平、吉祥、幸福!

这一小节的几句话也是富有诗意的好文章,文辞优美,感情充沛,充分表达了对人生的深切感悟:光阴易逝,人生短暂。日月朗照,斗转星移,年复一年,月复一月,循环往复,时光每每催人老!人的生命是有限的,但就好像薪尽火传一样,一个人的肉体会消失,但他高尚的精神品德却可以与日月同辉、与天地永存,永垂不朽。所以,在这有限的生命时光中,努力修福积德吧,把你的精神品德传之后世,让子孙在你的福荫下,永享平安幸福。

第八节 举止风仪

这一节讲的是大臣上朝时的举止风仪。

矩步①引领②,俯仰③廊庙④。
束带⑤矜庄⑥,徘徊⑦瞻⑧眺⑨。

【注释】

①矩步:迈着方步。矩,本义为画直角或方形的工具矩尺。又指方形。引申为法则、规则,如循规蹈矩。规矩,规为圆,矩为方。

②引领:伸着脖子、昂着头。

③俯仰:低头与抬头。指人的一举一动,行为举止。

④廊庙:这里指朝廷。廊,在古代指厅堂周围的屋子或有顶的通道。庙,祭祀祖先的宗祠。

⑤束带:腰带一类的带子。这里指整理衣冠束带立于朝。

⑥矜庄:神态庄重。矜,《说文》:"矛柄也。"其实是"无刃之矛",常作仪仗矛,作为军权和武备的象征。长矛在握,人便有了几分胆量,也有了庄重、严肃的威仪。

⑦徘徊:本义是在一个地方来回走动,或比喻犹豫不决。这里是欲进又止、小心谨慎的样子。

⑧瞻:仰视。

⑨眺:远望。

【讲析】

这里是说一个君子要有威严风仪。在各种场合,君子要衣冠严整,举止端庄,走路的姿态要昂首阔步,高瞻远瞩。行为举止要合规矩,有威仪,要像在朝廷上朝、在祖庙中参加祭祀大典一样,庄严肃穆、恭谨敬畏。

孔子说:"出门如见大宾,使民如承大祭。"(《论语·颜渊》)就是说出门工作要像去会见重要的宾客一样,严肃恭敬;治理百姓要像承担重大祭奠一样,庄严肃穆。这是一个作风严谨之人的精神面貌。《后汉书·郭躬传》说到一个正人君子的行为举止:"桓帝时,汝南有陈伯敬者,行必矩步,坐必端膝。"行步时,步伐必定端正合度;坐下时,膝部一定要端正。这是一个正人君子的风度仪表。《周易·乾卦》:"君子终日乾乾,夕惕若厉,无咎。"一个君子,要终日自强不息,努力上进,每天晚上对自己进行深刻反省,保持严肃谨慎的态度,检查自己的失误之处,才不会给自己带来灾难。

其实,这几句话也可以想象为周兴嗣完成"次韵"《千字文》的任务后,向梁武帝呈献时的情形。周兴嗣是南朝萧梁时期梁武帝的文学侍臣,官职是员外散骑侍郎、给事中,主要职责是为皇帝起草文稿。梁武帝把很多重要的文章起草任务交给他,他完成得很好,皇帝赏赐甚厚。史载:"自是《铜表铭》《栅塘碣》《檄魏文》《次韵王羲之书千字》,并使兴嗣为文;每奏,高祖辄称善,加赐金帛。"这篇《次韵王羲之书千字》是周兴嗣奉梁武帝的敕诏编写的。梁武帝为了教他的皇子们识字、写字,将拓印的晋代书法家王羲之的一千个不重复的字,交给周兴嗣,"卿有才思,为我韵之",命周兴嗣编次成文。周兴嗣字斟句酌,呕心沥血,编缀成这篇绝妙文章。现在文章完成了,要向梁武帝交差,于是他怀着志得意满而又忐忑不安的复杂心情上殿呈献给皇帝:端正步伐,抬头前行,朝廷在上,恭敬景仰;我穿戴整齐,态度端庄,忐忑不安,敬献此章!

第九节 结束全文

最后是作者的自谦之词,并巧妙地把四个语气虚词放在结尾,结束全文。

孤陋寡闻①,愚蒙②等诮③。
谓④语助⑤者,焉哉乎也。

【注释】

①孤陋寡闻:是个成语,意思是知识浅薄,见闻不广。《礼记·学记》:

《千字文》注析

"独学无友,则孤陋而寡闻。"

②愚蒙:愚昧不明。

③诮:责备,讥笑。

④谓:称,叫作。

⑤语助:语气助词。

【讲析】

《千字文》至此已经结束,这四句是结语。

周兴嗣奉梁武帝的敕诏编纂《千字文》,文章完成,向皇帝呈献,他最后自谦:本人学识浅陋,见闻不广,又蒙昧无知,作此陋文,等待大家的批评与讥笑。

作者用1000个不重复的字,连缀成一篇内容丰富的绝妙韵文,内容包罗万象,文采飞扬。前面的字全是实字,最后几个是虚词,虽无实义,但在文章中常常作为语气助词使用,行文中表达情感时不可缺少。所以,放在最后:说到语气助词嘛,还有"焉、哉、乎、也",仅此而已!

这个结束语的妙处在于,既列出了这几个语气助词,同时在收笔的时候,也通过这几个词表达了"焉哉乎也"的感叹!读来浑然天成,又饱含情感。

附录一

《千字文》全文

天地玄黄,宇宙洪荒。日月盈昃,辰宿列张。寒来暑往,秋收冬藏。
闰余成岁,律吕调阳。云腾致雨,露结为霜。金生丽水,玉出崑冈。
剑号巨阙,珠称夜光。果珍李柰,菜重芥姜。海咸河淡,鳞潜羽翔。
龙师火帝,鸟官人皇。始制文字,乃服衣裳。推位让国,有虞陶唐。
吊民伐罪,周发殷汤。坐朝问道,垂拱平章。爱育黎首,臣伏戎羌。
遐迩一体,率宾归王。鸣凤在竹,白驹食场。化被草木,赖及万方。
盖此身发,四大五常。恭惟鞠养,岂敢毁伤。女慕贞洁,男效才良。
知过必改,得能莫忘。罔谈彼短,靡恃己长。信使可覆,器欲难量。
墨悲丝染,诗赞羔羊。景行维贤,克念作圣。德建名立,形端表正。
空谷传声,虚堂习听。祸因恶积,福缘善庆。尺璧非宝,寸阴是竞。
资父事君,曰严与敬。孝当竭力,忠则尽命。临深履薄,夙兴温清。
似兰斯馨,如松之盛。川流不息,渊澄取映。容止若思,言辞安定。
笃初诚美,慎终宜令。荣业所基,籍甚无竟。学优登仕,摄职从政。
存以甘棠,去而益咏。乐殊贵贱,礼别尊卑。上和下睦,夫唱妇随。
外受傅训,入奉母仪。诸姑伯叔,犹子比儿。孔怀兄弟,同气连枝。
交友投分,切磨箴规。仁慈隐恻,造次弗离。节义廉退,颠沛匪亏。
性静情逸,心动神疲。守真志满,逐物意移。坚持雅操,好爵自縻。
都邑华夏,东西二京。背邙面洛,浮渭据泾。宫殿盘郁,楼观飞惊。
图写禽兽,画彩仙灵。丙舍傍启,甲帐对楹。肆筵设席,鼓瑟吹笙。

升阶纳陛,弁转疑星。右通广内,左达承明。既集坟典,亦聚群英。
杜稿钟隶,漆书壁经。府罗将相,路侠槐卿。户封八县,家给千兵。
高冠陪辇,驱毂振缨。世禄侈富,车驾肥轻。策功茂实,勒碑刻铭。
磻溪伊尹,佐时阿衡。奄宅曲阜,微旦孰营。桓公匡合,济弱扶倾。
绮回汉惠,说感武丁。俊乂密勿,多士寔宁。晋楚更霸,赵魏困横。
假途灭虢,践土会盟。何遵约法,韩弊烦刑。起翦颇牧,用军最精。
宣威沙漠,驰誉丹青。九州禹迹,百郡秦并。岳宗泰岱,禅主云亭。
雁门紫塞,鸡田赤城。昆池碣石,钜野洞庭。旷远绵邈,岩岫杳冥。
治本于农,务兹稼穑。俶载南亩,我艺黍稷。税熟贡新,劝赏黜陟。
孟轲敦素,史鱼秉直。庶几中庸,劳谦谨敕。聆音察理,鉴貌辨色。
贻厥嘉猷,勉其祗植。省躬讥诫,宠增抗极。殆辱近耻,林皋幸即。
两疏见机,解组谁逼。索居闲处,沉默寂寥。求古寻论,散虑逍遥。
欣奏累遣,慼谢欢招。渠荷的历,园莽抽条。枇杷晚翠,梧桐蚤凋。
陈根委翳,落叶飘摇。游鹍独运,凌摩绛霄。耽读玩市,寓目囊箱。
易𬨎攸畏,属耳垣墙。具膳餐饭,适口充肠。饱饫烹宰,饥厌糟糠。
亲戚故旧,老少异粮。妾御绩纺,侍巾帷房。纨扇圆絜,银烛炜煌。
昼眠夕寐,蓝笋象床。弦歌酒宴,接杯举觞。矫手顿足,悦豫且康。
嫡后嗣续,祭祀烝尝。稽颡再拜,悚惧恐惶。笺牒简要,顾答审详。
骸垢想浴,执热愿凉。驴骡犊特,骇跃超骧。诛斩贼盗,捕获叛亡。
布射僚丸,嵇琴阮啸。恬笔伦纸,钧巧任钓。释纷利俗,并皆佳妙。
毛施淑姿,工颦妍笑。年矢每催,曦晖朗曜。璇玑悬斡,晦魄环照。
指薪修祜,永绥吉劭。矩步引领,俯仰廊庙。束带矜庄,徘徊瞻眺。
孤陋寡闻,愚蒙等诮。谓语助者,焉哉乎也。

附录二

智永《真草千字文》(部分)

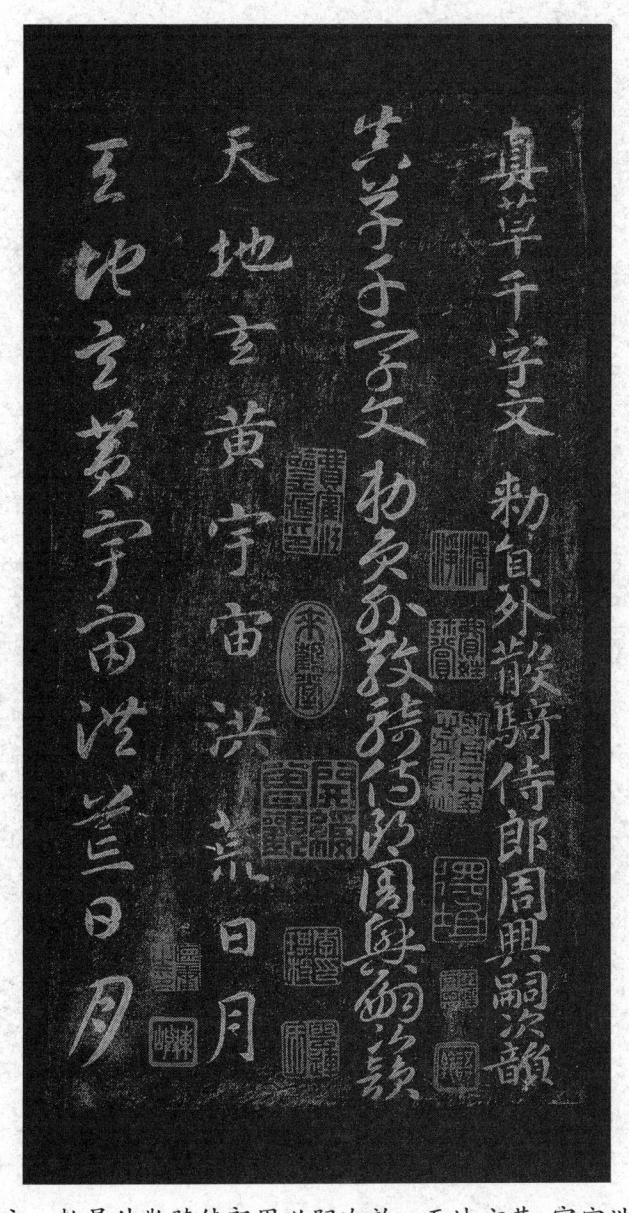

真草千字文　敕员外散骑侍郎周兴嗣次韵　天地玄黄,宇宙洪荒。日月

《千字文》注析

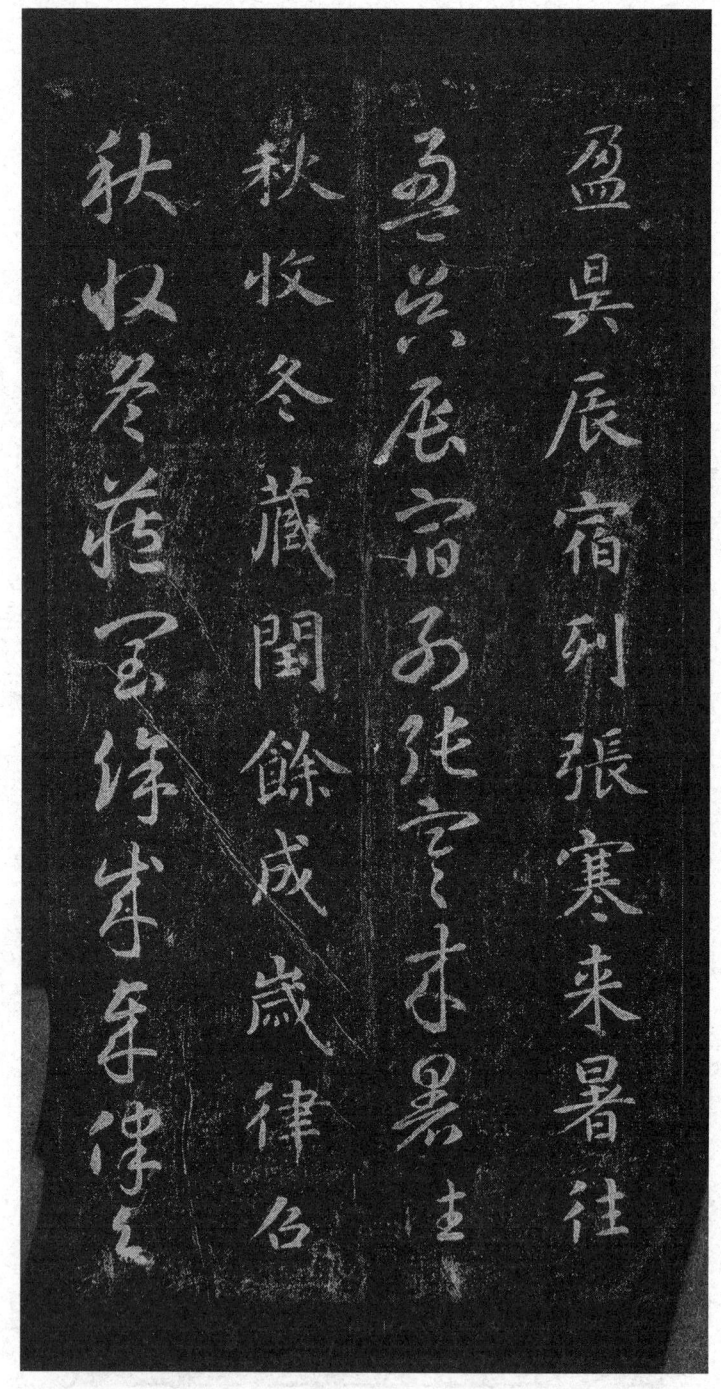

盈昃，辰宿列张。寒来暑往，秋收冬藏。闰余成岁，律吕

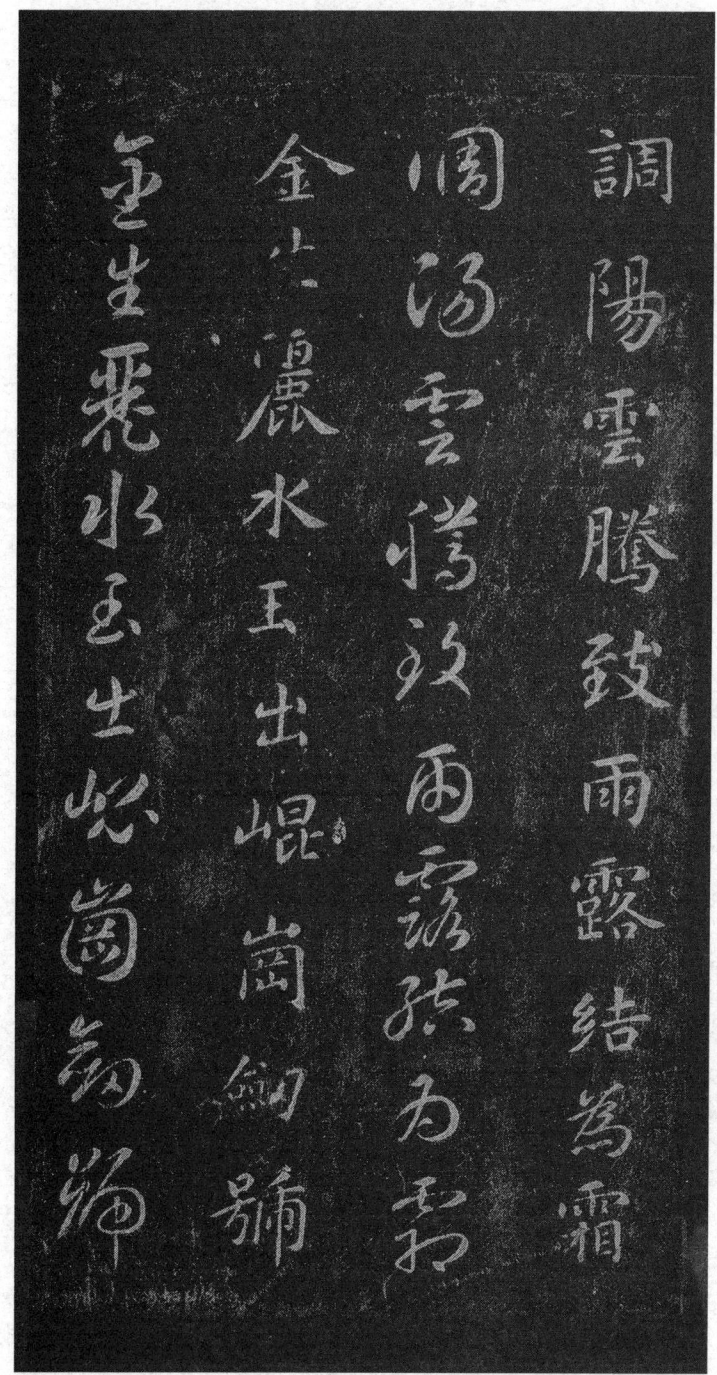

调阳。云腾致雨,露结为霜。金生丽水,玉出崑冈。剑号

《千字文》注析

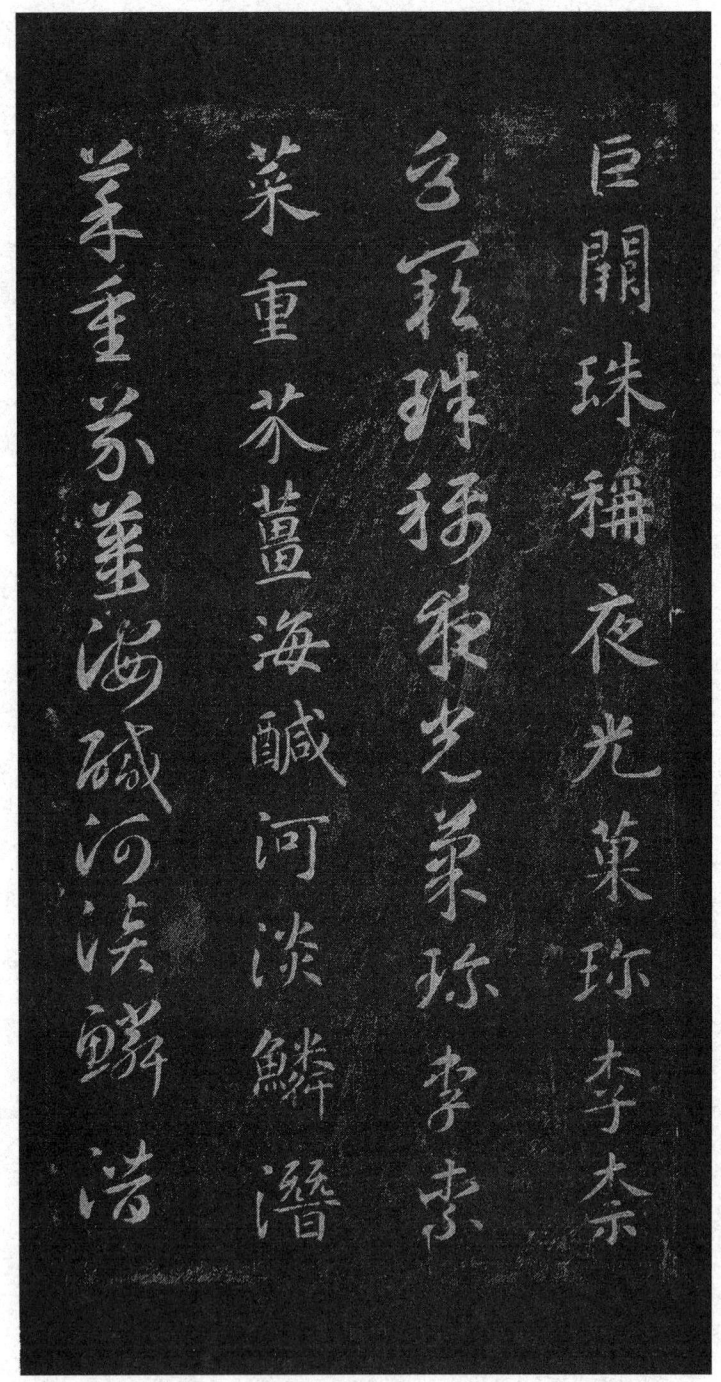

巨阙,珠称夜光。果珍李柰,菜重芥姜。海咸河淡,鳞潜

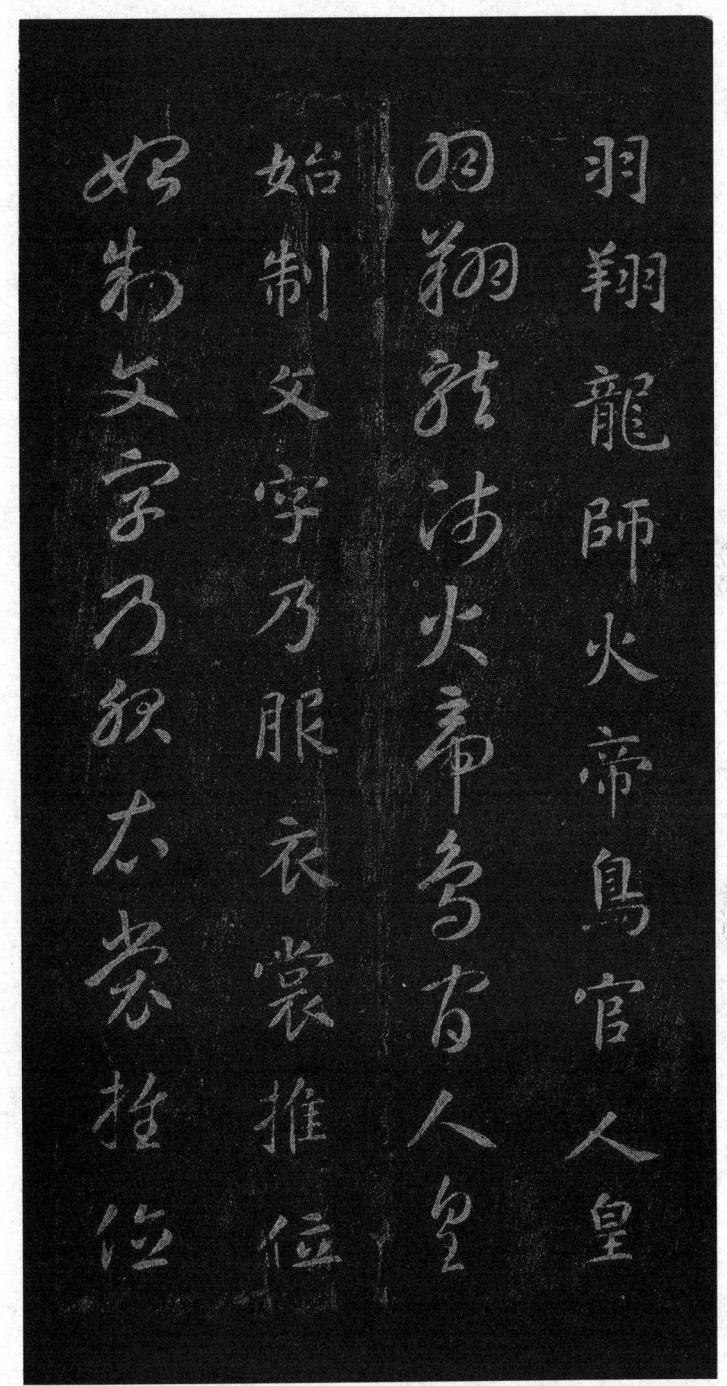

羽翔。龙师火帝,鸟官人皇。始制文字,乃服衣裳。推位

《千字文》注析

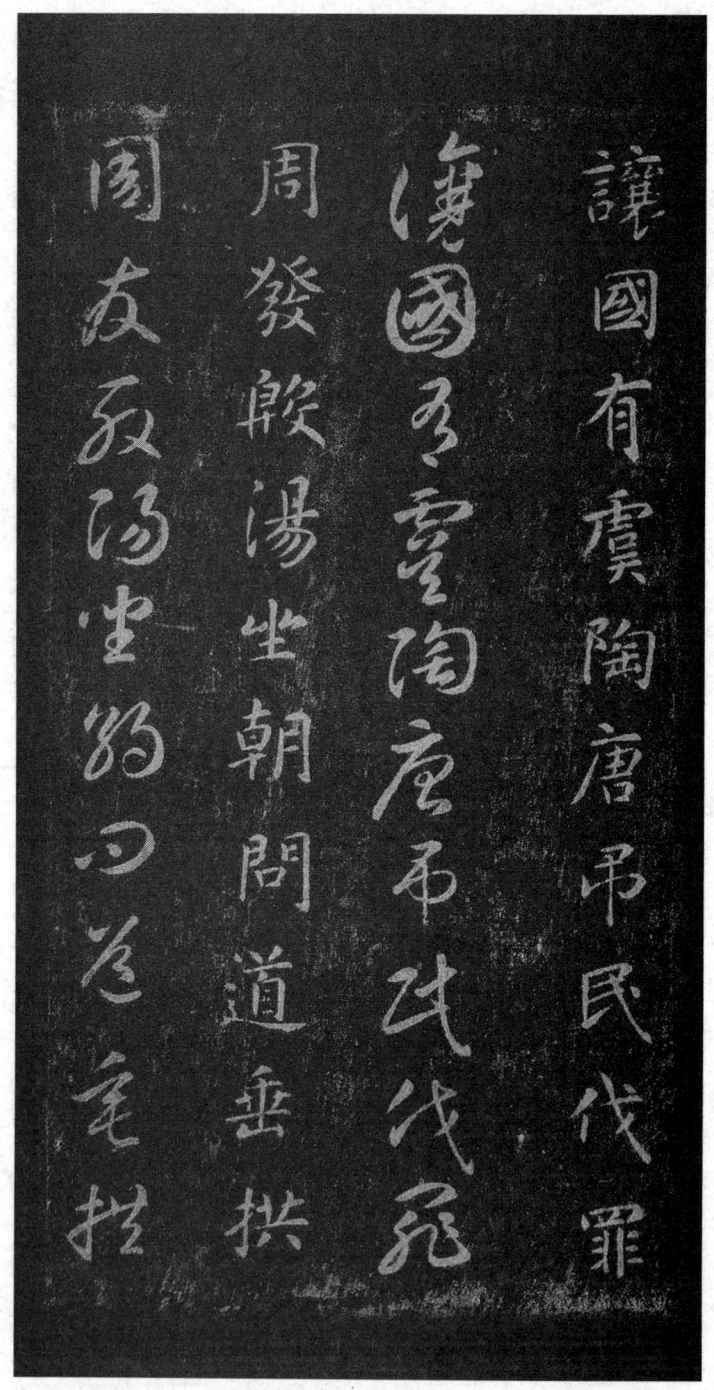

让国,有虞陶唐。吊民伐罪,周发殷汤。坐朝问道,垂拱

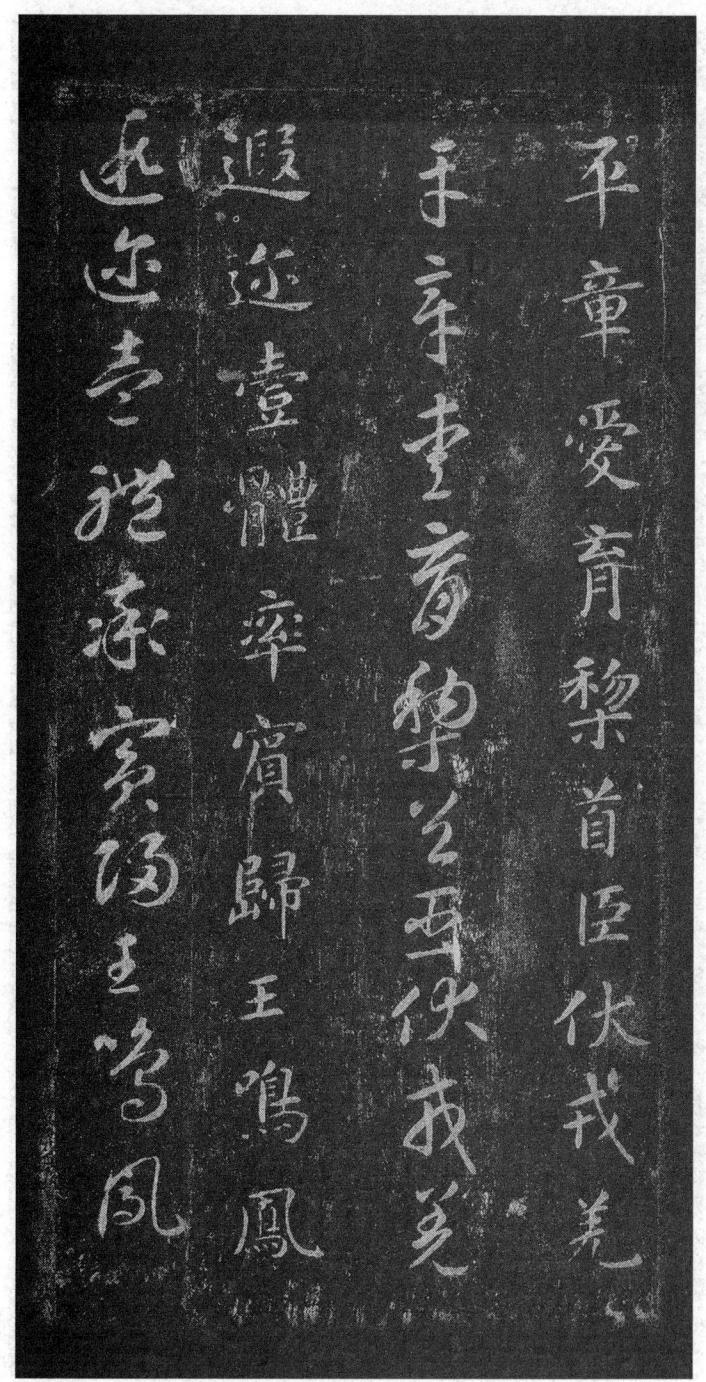

平章。爱育黎首,臣伏戎羌。遐迩一体,率宾归王。鸣凤

《千字文》注析

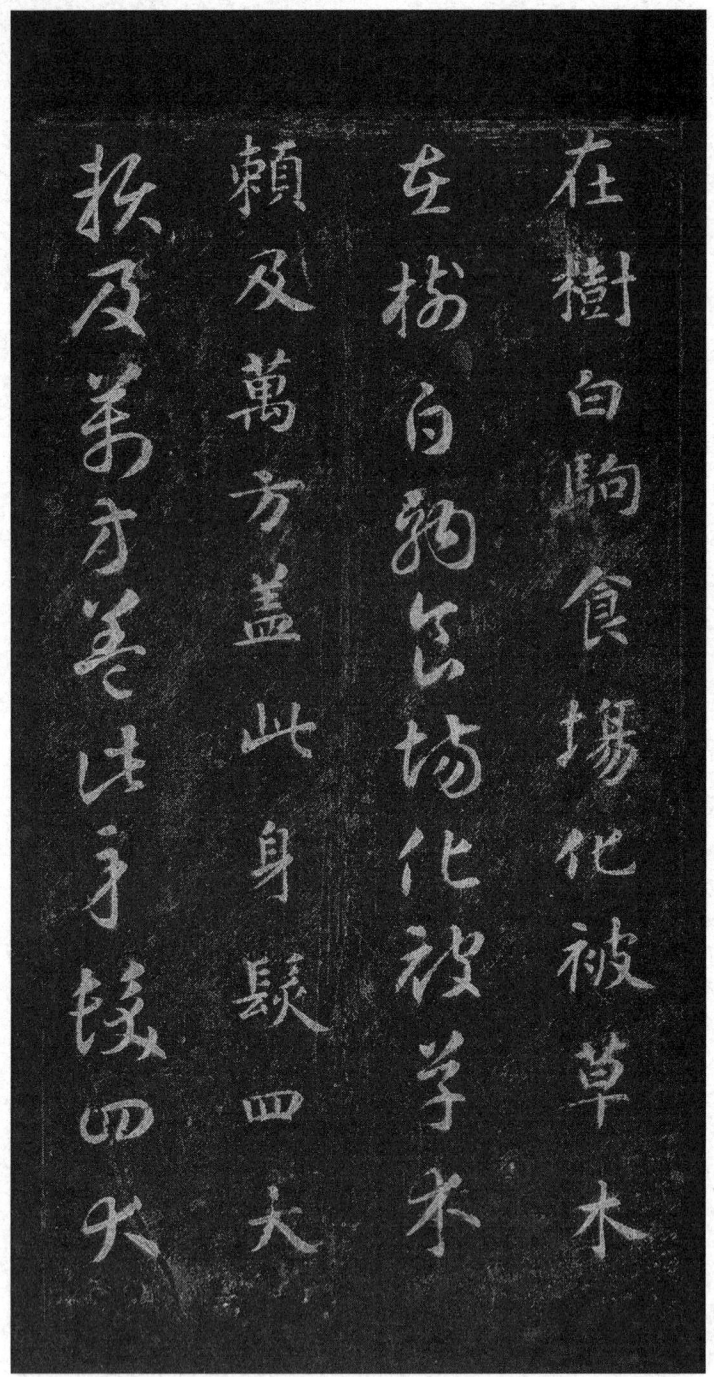

在树,白驹食场。化被草木,赖及万方。盖此身发,四大

后 记

　　南朝梁代周兴嗣编著的《千字文》诞生 1500 年来，出现过很多注本。在《隋书·经籍志》著录的典籍中，紧随周兴嗣的《千字文》之后，有梁国子祭酒萧子云注和胡肃注的两种注本，说明当时就有人作注。《千字文》是隋唐以后所使用的最主要的启蒙识字教材，所以历代注释和解说层出不穷。这些注本通常是将《千字文》作为一种启蒙教材，而对其作字词义的讲解。随着时代的发展，《千字文》已成为一部国学经典，我们需要以新的学术眼光重新认识其学术价值和文化意义。这是我们今天撰写这部《〈千字文〉注析》的目的所在。

　　需要说明的问题是：

　　一、关于版本。本书以中华书局 2012 年版《千字文》（李逸安译注）为版本依据，同时参阅了隋代智永的《真书千字文》。

　　二、关于文字注释。《千字文》是一部字书，其用途是教人识字、学习书法，所以本应该每字皆注。但本书重在对其文化价值的解读，所以重点选择在文化史上有重要意义的字词作注解，而对阅读理解障碍不大的字词，或简要注释，或略过不注。

　　二、关于译文。周兴嗣《千字文》以语言典雅精粹著称，译成现代汉语难以达到其语言的艺术高度，所以本书只对每句话的意思作大致的意译，放在每篇讲析的开头，融在讲析之中，不单独列出。

　　三、关于讲析。《千字文》的内容包罗万象，对于其中的历史文化知识，本书在考据的基础上作引申性的阐发，几乎每两句或每一层意思的讲析都写成一篇小论文。在讲析中，力求兼顾到知识性、学术性和可读性。

关于章节。《千字文》原不分章节,为讲析方便,本书参考清代汪啸尹纂辑、孙谦益参注的《千字文释义》,将其分为四章二十四节,并根据内容拟定各章节的标题。

笔者在撰写过程中参考借鉴了许多前人的注本和研究著作。主要参考书目有:清代汪啸尹纂辑、孙谦益参注《千字文释义》(中国书店1991年影印版),天秀著《千字文综述》(紫禁城出版社1990年版),李逸安译注"中华蒙学经典"《千字文·弟子规》(中华书局2012年版),冯国超译注"国学经典规范读本"《千字文》(商务印馆2020年版),李佐丰、章展编注《千字文》(上海财经大学出版社2018年版),杨忠主编《千字文新读》(科学技术文献出版社2008年版),万献初、郭帅华著《千字文探源》(中华书局2021年版)等。在此,一并表示感谢。

笔者学识有限,疏漏错误之处在所难免,敬请方家批评指正。

王剑

2022年3月